Rüdiger Lux
Jiftach und seine Tochter

Biblische Gestalten

Herausgegeben von
Christfried Böttrich und Rüdiger Lux

Band 33

EVANGELISCHE VERLAGSANSTALT
Leipzig

Rüdiger Lux

Jiftach und seine Tochter

Eine biblische Tragödie

EVANGELISCHE VERLAGSANSTALT
Leipzig

Rüdiger Lux, Dr. theol., Jahrgang 1947, studierte Evangelische Theologie in Halle und Greifswald. Er war Gemeinde- und Studentenpfarrer in Cottbus und Halle sowie Dozent für Altes Testament an der Kirchlichen Hochschule in Naumburg. Von 1995 bis zu seiner Emeritierung 2012 war er Professor für Exegese und Theologie des Alten Testaments an der Universität Leipzig und viele Jahre Universitätsprediger.

Bibliographische Information der Deutschen Nationalbibliothek
Die Deutsche Nationalbibliothek verzeichnet diese Publikation in der Deutschen Nationalbibliographie; detaillierte bibliographische Daten sind im Internet über http://dnb.dnb.de abrufbar.

© 2021 by Evangelische Verlagsanstalt GmbH · Leipzig
Printed in Germany

Das Werk einschließlich aller seiner Teile ist urheberrechtlich geschützt. Jede Verwertung außerhalb der Grenzen des Urheberrechtsgesetzes ist ohne Zustimmung des Verlags unzulässig und strafbar. Das gilt insbesondere für Vervielfältigungen, Übersetzungen, Mikroverfilmungen und die Einspeicherung und Verarbeitung in elektronischen Systemen.

Das Buch wurde auf alterungsbeständigem Papier gedruckt.

Cover: Friedrich Lux, Halle/Saale
Satz: Steffi Glauche, Leipzig
Druck und Binden: CPI books GmbH

ISBN 978-3-374-06755-8 // eISBN (PDF) 978-3-374-06756-5
eISBN (EPUB) 978-3-374-06757-2

www.eva-leipzig.de

INHALT

Vorwort. 9

A EINFÜHRUNG

  1. Jiftachs Tochter – eine hebräische
     Iphigenie?. 13
  2. Die Tragödie und das Tragische. 20
  3. Das Tragische und die Bibel Israels. 30

B DARSTELLUNG

  1. Richter, Retter, Helden. 37
  2. Jiftach im Deuteronomistischen
     Geschichtswerk. 40
  3. Jiftachs Ort im Richterbuch. 43
  4. Die Komposition der Jiftacherzählung. 46
  5. Die Entstehung des Jiftachzyklus. 50
  6. Jiftach – eine literarische Biographie. 54
  6.1. Prolog: Israels Ungehorsam –
      JHWHs Zorn 56
  6.2. Vertreibung und Heimholung. 70
     6.2.1. Ammoniter und Gileaditer. 72
     6.2.2. Jiftachs Vertreibung. 75
     6.2.3. Jiftachs Heimholung. 82
  6.3. Gescheiterte Diplomatie 90
     6.3.1. Der Vorwurf des Ammoniterkönigs. . 93
     6.3.2. Jiftachs Verteidigung. 94
    Exkurs I: Kemosch, der Gott der Ammoniter . 97
  6.4. Jiftach und seine Tochter 104
     6.4.1. Die Verleihung des Geistes. 106

6.4.2. Das Gelübde 108
Exkurs II: Gelübde in der Bibel Israels...... 109
   6.4.2.1. Was gelobte Jiftach?.............. 116
Exkurs III: Menschenopfer im alten Israel?... 118
   6.4.2.2. Krieg und Sieg.................. 127
   6.4.2.3. Reigentänze für den Sieger 129
   6.4.2.4. Die Selbsterniedrigung des
         Vaters......................... 132
   6.4.2.5. Die Selbstbehauptung der
         Tochter........................ 139
Exkurs IV: JHWHs Rache................. 141
Exkurs V: Die Mädchentragödie............ 145
   6.4.2.6. Opfertod und Memorialkultur 149
   6.4.2.7. JHWHs Schweigen 158
6.5. Jiftachs Bruderkrieg mit Efraim 162
   6.5.1. Efraims Anklage und Drohung
       gegen Jiftach 165
   6.5.2. Dialekt mit Todesfolge 169
6.6. Jiftachs Tod und Begräbnis 174
6.7. Abrahams Sohn und Jiftachs Tochter –
   eine kanonische Lektüre 177

C WIRKUNG

1. Innerbiblische Stimmen 192
2. Jüdische Stimmen 195
2.1. Josephus: Vom Unglück im Glück........ 195
2.2. Pseudo-Philo: Vom rechten Beten 199
2.3. Rabbinica: Toratreue oder
   Toravergessenheit?..................... 207
3. Christliche Stimmen 214
3.1. Origenes: Ein stellvertretendes Opfer..... 215
3.2. Ambrosius: Eine Kollision der
   Pflichten............................. 218

3.3. Johannes Chrysostomos:
   Des Teufels List und Gottes Pädagogik. . . . 223
3.4. Aurelius Augustinus: Vom gerechten
   und vom ungerechten Töten. 225
3.5. Martin Luther: Die Entzauberung
   der Helden. 228

D VERZEICHNISSE

Literaturverzeichnis. 230
Abbildungsverzeichnis 239

VORWORT

Manchmal bedarf es nur eines einzigen Augenblicks, der ein ganzes Leben von Grund auf verändert. In der Philosophie, Theologie und Religionswissenschaft spricht man in diesem Zusammenhang von Kontingenzerfahrungen. Solche Erfahrungen beziehen sich immer auf Gegebenes, das sich einstellt, aber nicht notwendig so sein muss wie es ist. Nicht alles, was der Mensch erwartet, trifft ein. Nicht alles Gegebene ist auch das Erhoffte und Erwünschte. Es kann mitunter ganz anders kommen. Jede Erwartung birgt eine Enttäuschungsgefahr in sich. Denn die Zukunft ist eine offene Tür, von der man nicht weiß, wer und was uns aus ihr entgegenkommt. Da kann sehr schnell aus der freudigen Erwartung eine tiefe Bestürzung werden.

Wenn es eine biblische Erzählung gibt, die sich solch einer Kontingenzerfahrung stellt, dann ist es die von Jiftach und seiner Tochter, in der die offene Tür zum Symbol einer bösen Überraschung wurde. So wie Jiftach nicht erwartete, dass ihm bei seiner siegreichen Rückkehr aus der Schlacht seine Tochter entgegenkäme, so erwartete die jubelnde Tochter nicht, dass sie damit zum Opfer ihres Vaters würde. Beiden wurden ihre Erwartungen zum tragischen Verhängnis. Wer aber hat das tragische Verhängnis über Jiftach und seine Tochter verhängt? Wer hat das im Moment der Begegnung Gegebene gegeben? Wer ist dafür verantwortlich zu machen, Gott, Dämonen, der Mensch, das Schicksal? Der biblische Erzähler der Jiftacherzählungen verweigert seinen Lesern jede eindeutige Antwort auf diese Fragen. Und gerade durch diese Verweigerung zwingt er sie dazu, sich selbst den durch die Erzählung aufgeworfenen Kontingenzerfahrungen zu stellen. Was er zu erzählen wusste, ist nicht abgeschlossen. Erfahrungen des Tragischen bleiben eine Gegebenheit menschlicher Existenz. Man kann an ihnen scheitern, aber auch wachsen. In jedem Fall müssen sie auf die eine oder andere Art bestanden und bewältigt werden.

Die Religion wurde in diesem Zusammenhang als eine Form der »Kontingenzbewältigungspraxis« beschrieben (*Hermann Lübbe*). Damit wird zum Ausdruck gebracht, dass sie auf die aufgeworfenen Fragen nach der Verantwortlichkeit oder dem Sinn der scheinbar sinnlos-tragischen Gegebenheiten zwar auch nicht in jedem Falle und jedermann überzeugende Antworten zu geben weiß. Aber sie hält seit alter Zeit erprobte und bewährte Handlungsmuster bereit, die im Umgang mit und im Bestehen von tragischen Kontingenzerfahrungen hilfreich sein können: Klagen, Gebete, Erinnerungsriten, die Gestaltung einer Memorialkultur, die den menschlichen Schmerz und die Trauer nicht beim Einzelnen belassen, sondern helfen, ihn gemeinschaftlich zu tragen. Alles das tritt selbst in einer nichtreligiösen Gesellschaft plötzlich wieder in Erscheinung, wenn diese durch eine unvorhersehbare Katastrophe in ihren täglichen Gegebenheiten erschüttert wird. Zu diesen Handlungsformen gehören auch biblische Texte, die dem Sprache verleihen, was uns sprachlos macht. Als solch einen Text lese und befrage ich auch die Erzählung von Jiftach und seiner Tochter. Eine Erzählung, die uns an die Grenzen des Menschlichen wie auch die Grenzen unserer Rede von Gott führt.

Griechische und hebräische Worte sind durchweg *kursiv* gesetzt und werden in einer vereinfachten Umschrift wiedergegeben. Der Gottesname, das Tetragramm JHWH, bleibt ohne Vokale. Man kann ihn der jüdischen Tradition folgend als *Adonaj* aussprechen und wie in deutschen Bibeln üblich mit »Herr« übertragen.

Mein Dank gilt allen, die zur Entstehung und zum Gelingen dieses Buches beigetragen haben, Dr. Michael W. Lippold für die sorgfältige Lektorierung, Stefan Selbmann für die gewissenhafte Betreuung der Drucklegung, Frau Dr. Annette Weidhas für gelegentliche Erinnerungen und bleibendes Interesse, meinem Sohn Friedrich Lux für die bewährte Zusammenarbeit bei der Gestaltung des Covers auch dieses Bandes und meiner Frau für hilfreiche Gespräche und kritische Rückfragen. Die Verantwortung für Fehler und alles, was nicht gelungen ist, liegt selbstverständlich allein beim Autor.

Leipzig im August 2020
Rüdiger Lux

Jeder Glaube muss paradox sein; für das Klare und selbst für das Wahrscheinliche braucht man kein Glauben.

Leo Baeck[1]

Kein Sterblicher lebt, dem bis ans Ziel hold lächelt das Glück; schmerzfrei ward keiner geboren.

Euripides[2]

A EINFÜHRUNG

1. Jiftachs Tochter – eine hebräische Iphigenie?

Die Gestalt und das Schicksal der Iphigenie findet seit der griechischen Antike bis in die Gegenwart ihren Platz auf den Bühnen der Welt und bewegt die Gemüter der Zuschauer. Euripides hat sich mehrfach dem Stoff gewidmet und mit den Tragödien »Iphigenie bei den Taurern« und »Iphigenie auf Aulis« gegen Ende des 5. Jh. v. Chr. am Dichter-Agon anlässlich der Großen Dionysien in Athen beteiligt.[3]

Iphigenie war die Tochter Agamemnons, des Königs von Mykene, und der Klytaimestra. Als seine Schwägerin Helena nach Troja entführt worden war, wurde Agamemnon zum Oberbefehlshaber der vereinigten griechischen Seeflotte ernannt, die sich in Aulis sam-

---

1   L. Baeck, Werke 6, 55.
2   D. Ebener, Euripides, Iphigenie in Aulis (IA), 8.
3   S. B. Zimmermann, Euripides, 284 f.

melte und vor Anker lag. Es galt, gegen Troja einen Rachefeldzug zu führen. Allerdings hatte Agamemnon zuvor in Aulis auf der Jagd eine heilige Hirschkuh der Artemis erlegt, woraufhin der Zorn der Göttin entbrannte. Sie verfügte eine Windstille und hinderte auf diese Weise die Kriegsflotte am Auslaufen. In dieser prekären Situation, so wird es in der »Iphigenie bei den Taurern« erzählt, habe Agamemnon der Artemis – nichts Böses ahnend – gelobt, ihr »die schönste Frucht des Jahres« als Opfer darzubringen, um sie wieder freundlich zu stimmen. Da öffnete ihm der Seher Kalchas die Augen für das Opfer, das die Göttin von ihm fordere:

»Gebieter des Hellenenheeres, Agamemnon,
kein Schiff legt ab vom Strand, bevor nicht Artemis
zum Opfer deine Tochter Iphigenie
erhielt! Des Jahres schönste Frucht versprachst du ihr,
der Göttin mit der Fackel, feierlich als Gabe.«[4]

Damit stürzt Agamemnon in einen unlösbaren, tragischen Konflikt. Bricht er das Gelübde, wird er schuldig an seinem Bruder Menelaos und ganz Hellas, die auf Rache und Gerechtigkeit sinnen. Löst er es ein, wird er zum Mörder an seiner eigenen Tochter. Alle Versuche Agamemnons, dem Konflikt durch Nichterfüllung des Gelübdes zu entgehen, scheitern. So bleibt dem verzweifelten Vater nichts als die Klage:

»Weh mir! Was soll ich Armer sagen? Wo beginnen?
In welch verhängnisvolles Netz bin ich verstrickt!

---

4 D. EBENER, EURIPIDES, Iphigenie bei den Taurern (IT), 249, 17–21.

Ein Daimon schlich sich hinterrücks an mich heran:
Mit seiner List hat weit er meine übertroffen!
[...]
Ich freilich sehe mich vom Schicksal jetzt gezwungen,
den blutgen Mord an meiner Tochter zu vollziehen.
[...]
Das ist mein Leid. Ich Armer, welche Not ward von
den Göttern, ausweglos, mir heute aufgebürdet.«[5]

Ebenso bleiben auch die Bemühungen Klytaimestras ohne Erfolg, die Tochter Iphigenie, die noch unverheiratet und dem Achilleus als Braut versprochen war, mit dessen Hilfe zu retten. Energisch interveniert sie bei Agamemnon, um ihn doch noch umzustimmen und von der Erfüllung des Gelübdes abzuhalten. Leidenschaftlich stellt sie ihm die Folgen vor Augen, die die Opferung der Iphigenie für ihn hätte:

»Du opferst hin dein Kind – was willst du dabei beten?
Um welchen Segen flehn als Mörder deiner Tochter?
Bin ich etwa berechtigt, dir Erfolg zu wünschen?
Wir sprächen ja den Göttern jede Einsicht ab,
wenn Mördern unsre Gunst wir schenkten! Willst du etwa
nach Argos heimgekehrt, umarmen deine Kinder?
Das darfst du nicht! Wer von den Kindern wird dir noch
ins Auge schaun, damit du ihn umarmst – und mordest?«[6]

Der zur Tragödie gehörende Chor verstärkt die Intervention der Klytaimestra und beschwört Agamemnon ebenfalls:

---

5   D. EBENER, EURIPIDES, IA, 39, 442–445; 43, 511 f. 536 f.
6   D. EBENER, EURIPIDES, IA, 77, 1185–1193.

»Gib nach! Dein Kind mit zu behüten, Agamemnon,
bringt dir nur Ehre! Dem wird niemand widersprechen.«[7]

Und schließlich kommt Iphigenie selbst zu Wort. Sie bittet den Vater eindringlich, sie zu verschonen:

»Lass leben mich, ich bin so jung! Des Lichtes Anblick
erfreut mich. Zwing mich nicht, die Unterwelt zu schauen!
[...]
Und alle Gründe schlage ich mit einem Wort:
Die Sonne schauen bleibt des Menschen höchste Lust;
die Unterwelt ist finster. Töricht, wer den Tod
herbeiwünscht! Lieber elend leben als schön sterben.«[8]

Schließlich aber wächst in ihr die Einsicht, dass sie sich um des Vaters und Hellas' willen dem Opfer des eigenen Lebens nicht entziehen kann. Man mag in diesem Stimmungswandel der Iphigenie wie Aristoteles in seiner »Poetik« einen Mangel der Charakterführung durch den Dichter sehen, »denn die bittflehende ›Iphigenie in Aulis‹ hat nichts mit der gemein, die sie im weiteren Verlauf des Stückes ist.« Ja, in den Geschehnissen einer Tragödie dürfe nichts »Ungereimtes« sein.[9] Wichtig war es aber für Euripides allein, die Notwendigkeit der inneren Wandlung Iphigenies als solche zur Darstellung zu bringen.

---

7 D. EBENER, EURIPIDES, IA, 79, 1209f.
8 D. EBENER, EURIPIDES, IA, 79, 1218f.; 81, 1249–1252.
9 ARISTOTELES, Poetik 15, 49. Vgl. dazu H. FLASHAR, Aristoteles, 58.

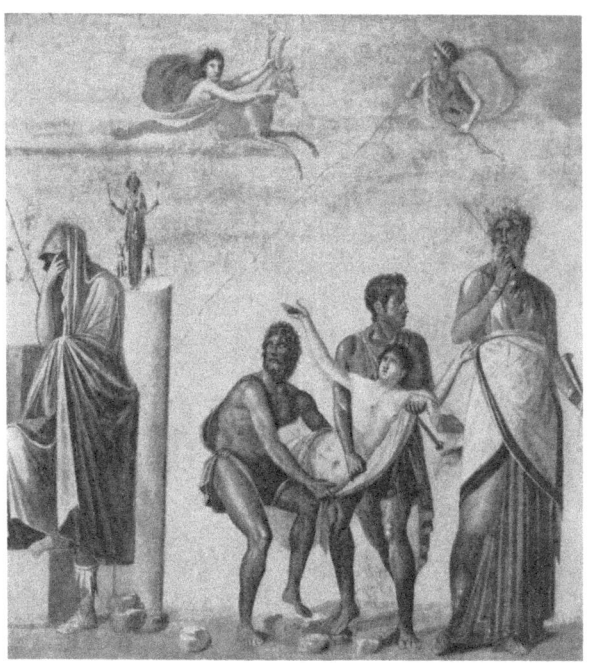

Abb. 1: Darstellung der Opferung der Iphigenie auf einem
Fresko aus der Casa del Poeta Tragico in Pompeji (1. Jh. n. Chr.).
Iphigenie wird von Odysseus und Menelaos gehalten.
Links die trauernde Mutter Klytaimestra, rechts der Seher Kalchas.
Über ihnen die Göttin Artemis, die einen Boten mit einem
Hirsch als Ersatzopfer entsendet.

Wer vermag schon Herz, Seele und Verstand eines Menschen zu ergründen, der in einen derartigen inneren Konflikt gestürzt wird? Was soll sich – zerrissen zwischen Erhaltung und Hingabe des Lebens, zwischen Nein und Ja – noch folgerichtig aufeinander reimen? In der Tiefe des tragischen Abgrunds herrscht das Schweigen. Nur eines zählte: Am Ende stimmte Iphigenie – dem Schicksal gehorchend – ihrem Opfertod aus eigenem Willen zu.

»Sie aber trat zu ihrem Vater hin und sprach:
›Mein lieber Vater, dir zur Seite steh' ich hier;
ich gebe für mein Vaterland und für ganz Hellas
mich freudig hin: Man soll geleiten mich an den
Altar der Göttin und als Opfertier mich schlachten,
da ja die Gottheit diese Forderung erhoben!
[…]
Still werde ich den Nacken bieten, voller Mut!‹
So sprach sie. Jeder, der sie hörte, staunte über
des Mädchens Tapferkeit und Heldensinn.«[10]

Wie sich Iphigenie zu dieser Entscheidung durchringen konnte, was letztlich den Ausschlag gab, sich mit Leib und Leben dem Vaterland und der Artemis zu opfern, das bleibt ihr heroisches Geheimnis.

Schließlich aber wird ihr Leben doch noch gerettet. Artemis greift als *dea ex machina* ein und ersetzt auf wunderhafte Weise das Opfer (*victima*), Agamemnons und Klytaimestras Tochter, durch eine Hirschkuh als Ersatzopfer. Iphigenie selbst wurde in das ferne Land der Taurer entrückt, wo sie als Priesterin am Altar der Artemis ihren Dienst versah. Bereits die Bereitschaft Agamemnons, die eigene Tochter der Göttin zu opfern, hatte ihren Zorn gestillt und das Leben Iphigenies gerettet. Und doch trug diese schwer an ihrer Rettung. Denn der Dienst am Altar der Artemis bedeutete ein Leben in der Fremde unter den barbarischen Taurern. Der Eltern, Geschwister und Freundinnen beraubt, sollte sie ehelos und kinderlos ohne Aussicht auf ein erfülltes Leben ihre Tage fristen. Für die »Iphigenie in Aulis« gilt daher dasselbe Fazit, das *Hans Strohm* unter die »Iphigenie bei den Taurern« setzte:

---

10   D. Ebener, Euripides, IA, 97, 1551–1556 u. 1560–1562.

»So ist auch dies Ende eine Widerlegung menschlichen Hoffens.«[11]

Das Schicksal der Iphigenie hat aufmerksame Bibelleser mehrfach an die Erzählung von Jiftach und seiner Tochter im Richterbuch erinnert.[12] Ja, man hat sogar von einer »Hebrew Iphigenia« in der Bibel Israels gesprochen.[13] Und in der Tat gibt es ja eine Fülle von Motivüberschneidungen zwischen der Iphigenie des Euripides und der Tochter Jiftachs:

- Die Opferung beider Mädchen hat ihren Ausgangspunkt in einer militärischen Auseinandersetzung.
- In beiden Fällen ist der Vater als Heerführer derjenige, dem das Opfer abverlangt wird.
- Beidemal ist ein Gott bzw. der Göttin geleistetes, unbedachtes Gelübde der Auslöser für das tragische Opfergeschehen.
- In beiden Gelübden bleibt die Opfermaterie (*Tier/Mensch/Frucht?*) zunächst unbestimmt.
- In beiden Fällen wird der Vater durch das geforderte Opfer überrascht und in ein tiefes Unglück gestürzt.
- Für Jiftach wie auch für Agamemnon gibt es letztlich kein Zurück von der Erfüllung des Gelübdes.
- Sowohl Iphigenie als auch Jiftachs Tochter sind unverheiratete Jungfrauen, die sterben sollen, bevor sich ihr Leben in Ehe und Mutterschaft erfüllen konnte.
- Beide willigen schließlich mutig und entschlossen in ihre Opferung ein.

---

11 H. STROM, Nachwort, 79.
12 Siehe dazu u. a. W. BAUMGARTNER, Sagenbeziehungen, 152, A. KUNZ-LÜBCKE, Interkulturell lesen, 263 ff. u. M. BAUKS, Tochter, 64 ff.
13 So TH. RÖMER, Sacrifice, 36 ff.

– Und beide weihen ihr Leben einer »höheren Sache«, dem militärischen Sieg über die Feinde ihrer Völker.

Angesichts dieser Übereinstimmungen zwischen der Iphigenie in der griechischen Tragödie und der Erzählung von Jiftach und seiner Tochter im Richterbuch ist die Rede von einer »hebräischen Iphigenie«, die die Erzähler des Richterbuches ihren Lesern präsentieren wollten, wenig verwunderlich. Und obwohl es in der literarischen Gestaltung des Stoffes sowie vor allem im Ausgang des Geschehens deutliche Unterschiede gibt, bleiben die Übereinstimmungen verblüffend und verlangen nach einer Erklärung. Das wirft allerdings nicht nur Fragen nach der Textentstehung und einer eventuellen Abhängigkeit beider Texte voneinander auf,[14] sondern konfrontiert uns darüber hinaus mit dem Problem des Tragischen in der Bibel Israels.

2. Die Tragödie und das Tragische

Die Tragödie als literarische Gattung verdankt die Menschheit der griechischen Dichtkunst. Der Begriff »Tragödie« setzt sich aus zwei Bestandteilen zusammen, den griechischen Nomina *tragos* (Bock) und *ode* (Lied). Ursprünglich bezeichnete er wohl die »Bocksgesänge«, die beim Opfer eines Bockes im Dionysoskult angestimmt wurden.[15] Die attische Tragödie hat demnach kultische Wurzeln, die eine literarische Dramatisierung erfuhren. Vergleicht man allerdings die Erzählung von Jiftach und seiner Tochter in Ri 10,6–12,7

---

14 Siehe dazu ausführlich S. 50 ff.
15 Siehe dazu B. Zimmermann, Tragödie, 13, und W. Burkert, Tragödie, 16.

mit der »Iphigenie in Aulis« des Euripides in formaler Hinsicht, dann sind die Unterschiede unübersehbar. Während sich in der Handlung der griechischen Tragödie mit einer gewissen Folgerichtigkeit ein Moment aus dem jeweils vorausgehenden ergibt, wirkt der Abschnitt aus dem Richterbuch, der uns über das Leben des Richters Jiftach und das Geschick seiner Tochter unterrichtet, eher wie die Zusammenstellung unterschiedlicher Episoden und Erzählfragmente, die nicht zwingend aufeinander bezogen worden sind. Den hohen literarischen Anforderungen, die Aristoteles in seiner Poetik an die »Tragödie« stellt (kompositorische Ausgewogenheit von Anfang, Mitte und Ende; Einheitlichkeit und Folgerichtigkeit der Handlungsführung),[16] genügt Ri 10,6–12,7 jedenfalls nicht. Wenn die Erzählung von Jiftach und seiner Tochter im Untertitel dieses Buches als »Eine biblische Tragödie« bezeichnet wird, dann ist dies nur in einem erweiterten, umgangssprachlichen Sinn des Begriffes »Tragödie« zu verstehen.

Daher wird im Folgenden zwischen der *Tragödie* als einer literarischen Gattung und dem *Tragischen* als einem Phänomen unterschieden, das mitunter wie ein dunkler Schatten über dem menschlichen Leben liegt und in ganz unterschiedlichen Textsorten begegnen kann. Ohne Zweifel stellen die attischen Tragödien des Dreigestirns Aischylos, Sophokles und Euripides Höhepunkte in der Darstellungskunst des Tragischen dar. Letzteres ist aber nicht an die literarische Gestalt der attischen Tragödie gebunden. Daraus ergibt sich die grundsätzlichere Frage, was eigentlich einen Text, ob Tragödie oder nicht, zu einem tragischen Text macht.

---

16 Vgl. dazu ARISTOTELES, Poetik, 23.77.

Was ist das Tragische? Die Antworten, die in der Literatur- und Philosophiegeschichte auf diese Frage gegeben wurden, sind vielfältig. Und sie mündeten letztlich wie nahezu alle großen Menschheitsfragen in einer Paradoxie, die *Peter Szondi* eindrücklich beschrieben hat:

»Die Geschichte der Philosophie des Tragischen ist von Tragik selbst nicht frei. Sie gleicht dem Flug des Ikaros. Denn je näher das Denken dem generellen Begriff kommt, um so weniger haftet an ihm das Substantielle, dem es den Aufschwung verdankt. Auf der Höhe der Einsicht in die Struktur des Tragischen fällt es kraftlos in sich zusammen.«[17]

Es kann also immer nur um Annäherungen an das Phänomen des Tragischen gehen. Gerade weil sich *das* Tragische nicht fassen lässt, sondern in mancherlei Gestalt begegnet, bleibt die Aufgabe bestehen, ihm in seinen jeweiligen individuellen, literarischen und geschichtlichen Ausprägungen nachzuspüren. Denn das Tragische lässt sich nicht einfach aus den konkreten und vielfältigen Lebensvollzügen herausfiltern, in die es verwoben ist. Man tut daher gut daran, die einschlägigen Text- und Lebenswelten auf ihre tragischen Momente oder Aspekte hin in Blick zu nehmen.

Da es sich bei der Iphigenie in Aulis wie auch in der Erzählung über Jiftach und seine Tochter um antike Texte handelt, ist es sinnvoll, die Spur auf der Suche nach dem Tragischen zunächst auch bei einem antiken Denker aufzunehmen, um nicht unsere neuzeitlichen Vorstellungen von dem, was tragisch sei oder nicht, unbesehen in diese Textwelten einzutragen.

---

17 P. Szondi, Versuch, 53.

Der grundlegende Text, der die Debatte um die Gestalt und das Wesen der Tragödie bis in die Moderne hinein bestimmt, findet sich in der »Poetik« des Aristoteles.[18] Für ihn besteht die »tragische Dichtung« aus Nachahmungen von Charakteren, menschlichen Handlungen und Leiderfahrungen, die der Lebenswirklichkeit entnommen sind.[19] Sie geht auf einen »Mythos« zurück, der »das Fundament und gewissermaßen die Seele der Tragödie ist«.[20] Mit dem Begriff des Mythos ist dabei ganz schlicht das gemeint, wovon die »Rede«[21] ist: Eine »Zusammenfügung von Geschehnissen« und Handlungen,[22] die das Leben schreibt und die in der Tragödie aufgegriffen und gestaltet werden. Wir würden heute vom »Plot« oder von der »Story« sprechen, die ihr zugrunde liegt. Diese Storys / Mythen liegen in der Regel im reichen Schatz der Volksüberlieferung bereit, in kurzen Erzählfragmenten, Fabeln, Sagen und Heroengeschichten, die sich zunächst nur von Mund zu Mund verbreitet haben und ihren Weg durch die Jahrhunderte nahmen, bevor sie verschriftet und in literarischen Texten verarbeitet wurden.

Im Mittelpunkt tragischer Storys steht das Leiden ihrer Helden. Sie werden Opfer ihres eigenen Tuns sowie widriger Lebensumstände, in die sie gerieten. »Die tragische Dichtung ruht« demnach – wie *Walter Benjamin* zugespitzt formulierte – »auf der Opferidee.«[23] Da aber nicht jedes Leid, das Menschen trifft, und jedes Gesche-

---

18 Wichtiges dazu bei L. RATSCHOW, Frau, 32–40.
19 ARISTOTELES, Poetik 1, 5.
20 ARISTOTELES, Poetik 6, 23.
21 Das griechische Wort *mythos* hat hier die umfassende Bedeutung von »Wort / Rede / Geschichte / Erzählung« und entspricht dem lateinischen *fabula*.
22 ARISTOTELES, Poetik 6, 23.
23 So das klarsichtige Votum von W. BENJAMIN, Ursprung, 87.

hen, dessen Opfer sie werden, als tragisch empfunden wird, stellt sich sofort erneut die Frage, was menschliche Opfer- und Leiderfahrungen zu einem tragischen Leiden machen. Den Schlüssel für die Beantwortung dieser Frage hat Aristoteles zunächst in den Wirkungen und Affekten gesucht, die die Tragödien beim Publikum auslösen. Es geht in ihnen um die Nachahmungen der Protagonisten eines Geschehens, das

»Jammer (*eleos*) und Schaudern (*phobos*) hervorruft und hierdurch eine Reinigung (*katharsis*) von derartigen Erregungszuständen bewirkt.«[24]

Jammer und Schaudern stellen sich aber immer dann ein, wenn das erzählte Geschehen einen vorhersehbaren oder auch unvorhersehbaren »Handlungsumschwung« (*peripeteia*) vom Glück ins Unglück, von Freundschaft in Feindschaft, Liebe in Hass oder Heil in Unheil aufweist.[25] Diese Peripetien können auf einen leichtfertig-schuldhaften oder auch unverschuldeten »Fehler/Irrtum« (*hamartia*) des jeweiligen Helden zurückgehen,[26] der ihn in eine aussichtslose Lage geraten lässt, in der er kaum noch die Wahl zwischen Richtig und Falsch hat. Was immer er tut, führt nahezu zwangsläufig in sein Verderben, in einen unlösbaren Konflikt. *Johann Wolfgang von Goethe* hat diesen tragischen, Jammer und Schaudern hervorrufenden Konflikt in seinen Unterhaltungen mit Kanzler *Friedrich von Müller* auf die knappe Formel gebracht:

24　ARISTOTELES, Poetik 6, 19.
25　ARISTOTELES, Poetik 11, 35.
26　ARISTOTELES, Poetik 13, 39. Das Nomen *hamartia* kennzeichnet hier weniger einen moralischen Mangel an Charakter als vielmehr die menschliche Fehlbarkeit, vor der keiner gefeit ist.

»Alles Tragische beruht auf einem unausgleichbaren Gegensatz. Sowie Ausgleich eintritt oder möglich wird, schwindet das Tragische.«[27]

Das kann der Widerspruch zwischen zwei Normen sein, zwischen denen sich der tragische Held entscheiden muss. Gehorcht er der einen, verstößt er gegen die andere; oder die Entscheidung zwischen zwei Personen, rettet er die eine, muss er die andere preisgeben; oder auch zwischen zwei Übeln, umgeht er das eine, gerät er unweigerlich in ein anderes. Dabei vollzieht sich das Geschehen einerseits im *tragischen Wissen* des Helden um das, was er tut. Er weiß um das Leiden, das sein Handeln zur Folge hat, aber er muss tun, was er gar nicht will. Andererseits kann dahinter aber auch ein *tragisches Nichtwissen* stehen. Er irrt sich oder macht einen Fehler, von dem er nicht weiß, dass dieser seinen Untergang besiegelt.[28]

Mitunter hat man die Ursachen für diese Peripetien im ambivalenten Charakter der tragischen Helden gesucht, ihrer Wankelmütigkeit und inneren Zerrissenheit. Doch sollte man sich mit einer kritischen, moralisch-abwertenden Einschätzung dieser in sich widersprüchlich scheinenden Charaktere zurückhalten. Denn bei den tragischen Helden handelt es sich weder um Männer, die über jeden Fehl und Tadel erhaben wären, noch um unverbesserliche Schufte. Vielmehr bleibt

»der Held übrig, der zwischen den genannten Möglichkeiten steht. Dies ist bei jemandem der Fall, der nicht trotz seiner sittlichen Größe und seines hervorragenden Gerechtigkeits-

---

27   R. GRUMACH (Hg.), Kanzler, 127.
28   ARISTOTELES, Poetik 14, 45.

strebens, aber auch nicht wegen seiner Schlechtigkeit und Gemeinheit einen Umschlag ins Unglück erlebt, sondern wegen eines Fehlers [...]«.[29]

Es geht demnach beim tragischen Helden um den »Mensch zwischen den Extremen«,[30] der weder einen makellosen Charakter hat, noch einen, der von beispielloser Bosheit durchtrieben ist. Gerade darin kommt er den Zuschauern der Tragödien nahe, erregt ihren Jammer und ihren Schrecken, weil sie in ihm etwas von sich selbst und ihrer eigenen Fehlbarkeit und Endlichkeit wiederfinden können. Das, was ihm widerfährt, könnte auch mir selbst geschehen. Seine menschliche Größe erweist sich weniger in seiner charakterlichen Unfehlbarkeit als vielmehr in der »Tüchtigkeit« und »Tapferkeit«, mit der er seinem tragischen Geschick begegnet.[31]

Nicht ein ganz bestimmter menschlicher Charakter ist demnach die Quelle des Tragischen, sondern die abgründigen, widersprüchlichen, sich scheinbar jeder Logik und jedem Sinn entziehenden Lebensumstände selbst sind es, zwischen denen ein Mensch wie zwischen zwei Mühlsteinen zerrieben werden kann.

»Es muß also ein Gegensatz sein, der in einem ›echten Naturgrund‹ wurzelt, wir würden sagen: im Seienden selbst; nicht in vorübergehenden Erscheinungen, sondern im Wesen des Menschen und der Wirklichkeit.
[...]
Entscheidend ist der Begriff des Konflikts, der in der Seele erlebt wird, aber nicht aus der Seele stammen darf, sondern

---

29 ARISTOTELES, Poetik 13, 39.
30 W. SCHADEWALDT, Tragödie, 24f.
31 ARISTOTELES, Poetik 15, 47.

heterogener Herkunft sein muß; der Mensch gerät in ihn hinein als etwas Bedrängendes, das er dann aus eigener Kraft tragen und lösen muß.«[32]

Das Tragische ist danach ein Drittes, ein Abgrund, ein Riss, der sich zwischen mir und meiner Lebenswelt, zwischen dem Göttlichen und dem Menschlichen auftut, zwischen Ordnung und Chaos, Regel und Regellosigkeit, Sinn und Abersinn:

»Die Griechen hatten für das Ineinander von Sinn und Sinnlosigkeit eine feste Vorstellung in der Religion: das Daimonische, Daimon im Gegensatz zu Theós, dem bestimmten Gott, den man erkennen und in seinem Wirken klar umschreiben kann. Das Daimonische ist eine Begegnungsart mit dem Göttlichen in plötzlicher, unkontrollierbarer, ungesetzlicher, unfaßbarer Form.«[33]

Während Zeus, das Oberhaupt der griechischen Götterwelt, für die Aufrechterhaltung der Welt- und Rechtsordnung steht, macht der Mensch immer wieder schicksalhafte Erfahrungen, die diese Ordnungen infrage stellen und zerbrechen lassen, ohne dass sich das auf eine in voller Absicht begangene Missetat des Helden zurückführen ließe. Ja, immer wieder ist davon die Rede, dass er schuldlos schuldig wird.[34] Das Phänomen des Tragischen erscheint danach immer dann am Horizont, wenn sich eine unauflösbare und als leidvoll erfahrene Widersprüchlichkeit oder Regelwidrigkeit in der Lebenswirklichkeit selbst auftut, die sich weder

---

32 W. SCHADEWALDT, Tragödie, 55f.
33 W. SCHADEWALDT, Tragödie, 58.
34 Vgl. z. B. M. RASCHE, Phänomen, 22.

eindeutig dem Reich der Götter, noch dem Tun des Menschen zurechnen lässt. *Peter Szondi* hat das wie folgt beschrieben:

»… das Tragische ist ein Modus, eine bestimmte Weise drohender oder vollzogener Vernichtung, und zwar die dialektische. Nur *der* Untergang ist tragisch, der aus der Einheit der Gegensätze, aus dem Umschlag des Einen in sein Gegenteil, aus der Selbstentzweiung erfolgt. Aber tragisch ist auch nur der Untergang von etwas, das nicht untergehen darf, nach dessen Entfernen die Wunde sich nicht schließt. Denn der tragische Widerspruch darf nicht aufgehoben sein in einer übergeordneten – sei's immanenten, sei's transzendenten – Sphäre.«[35]

Für *Szondi* tut sich daher der Abgrund des Tragischen auf, wenn sich der Mensch in einem Geschehen wiederfindet, in dem ihm seine Welt, Gott und schließlich auch er sich selbst fremd wird. Alles, was ihm bisher etwas bedeutete, droht im Nichts zu versinken. Jeder Lebenssinn wird im Keim erstickt, das Nichtige, Absurde feiert Triumphe. Es treibt den Leidenden in die absolute Isolation und innere Emigration.

Vor allem *Franz Rosenzweig* hat diesen Aspekt am Tragischen hervorgehoben: Der tragische Held, gefangen im undurchdringlichen Panzer seines Selbst, aus dem »keine Brücke nach irgend einem Außen« führt, »und sei dieses Außen auch ein anderer Wille«. Er, vergraben in sich, im Schweigen, nicht mehr dazu in der Lage, sich zu äußern, weder gegenüber Gott, noch gegenüber einem anderen Menschen. Bleibt dem tragischen Helden daher am Ende nichts anderes als die

---

35 P. Szondi, Versuch, 60.

»Einsamkeit des Untergangs«? Das ist die Aura des Tragischen, die »jene eigentümliche Dunkelheit über Göttliches und Weltliches ausgießt, in der sich der tragische Held bewegt«.[36]

Kann es in der Begegnung mit dem Tragischen, und sei es auch nur in der Begegnung des Zuschauers mit ihm im Halbrund des Theaters, den das Geschehen auf der Bühne in Jammer stürzt und in Schrecken versetzt, kann es daraus überhaupt so etwas wie eine »Befreiung« oder davon eine »Reinigung« (*katharsis*) geben, die Aristoteles jedenfalls für das Tragödiengeschehen für wesentlich und notwendig hielt?[37] Und wie könnte das jemals möglich sein, wenn das Tragische doch die offene, schwärende Wunde bleibt, die sich eben nicht schließen will? Wie, wenn der im Tragischen erfahrenen Gottes- und Weltverdunkelung kein Morgenlicht mehr leuchtet, weil »der Tod als Meißel«[38] sein unwiderrufliches Werk vollbringt, weil untergeht, was eigentlich nicht untergehen darf? Ja, wie kann es eine *Katharsis*, eine Befreiung und Erlösung aus der vernichtenden Irrationalität des Tragischen geben, die jeder Rationalität und jedem Lebenssinn Hohn spricht? Diese Sinnwidrigkeit und unaufhebbare Widersprüchlichkeit hat *Wolfgang Schadewaldt* die »Erfahrung des Amphibolischen« genannt, in der

»wir das Geschehen nicht nach einem Sinn ablaufen sehen, aber es ist auch nicht Unsinn, sondern wir treffen auf den Schein des Unsinns, der in Wahrheit eben doch nicht unsin-

---

36 Siehe die Beschreibung des Tragischen durch F. ROSENZWEIG, Stern, 83–87.
37 Siehe S. 24.
38 In diesem Bild hat E. BLOCH (Prinzip III, 1372 ff.) das Tragische verdichtet.

nig ist. Man kann auch sagen, daß der Sinn so verhüllt ist, daß man nur zu ihm durchbrechen und das Geschehen transparent machen kann durch das Leiden.«[39]

Kann das Leiden diese eigentümliche Kraft freisetzen, dem Tragischen zu widerstehen, es mitunter sogar zu überstehen? Ja, schimmert zuweilen hinter dem Leiden doch der ferne Horizont eines Sinnes im Unsinn des Tragischen auf? Eine solche Frage darf man wohl nur mit Zittern und Zagen stellen. Jedes triumphalistische Pathos und jeder Gewissheitshabitus verbietet sich im Angesicht derer von selbst, denen ein tragisches Leiden auf die Schultern gelegt worden ist.

3. Das Tragische und die Bibel Israels

Wenn wir an die Bibel Israels mit der Frage nach dem Problem des Tragischen herantreten,[40] dann tun wir gut daran, zunächst einmal der Spur des Aristoteles zu folgen. Anstatt der abstrakten Frage nachzugehen, was denn das Tragische in ihr eigentlich sei, ja, ob sich denn überhaupt so etwas wie Tragik in der Bibel finden lasse, sollten wir eher darauf achten, welche Wirkungen bestimmte biblische Texte immer wieder auf ihre Leser ausgeübt haben. Wann erregten sie Mitleid, Jammer und Entsetzen und wurden als Darstellung eines tragischen Geschehens wahrgenommen? Nur einige Beispiele hierzu:

Erich Auerbach stellte im Blick auf die Erzählung von der »Bindung Isaaks« fest, in der Abraham den Auftrag

---

39 W. Schadewaldt, Tragödie, 58.
40 Am ausführlichsten dazu bisher J. Ch. Exum, Tragedy.

erhält, seinen Sohn als Brandopfer auf dem Berg Moria darzubringen (1Mose 22):

»Hier aber, beim Abrahamsopfer, ist die drückende Spannung da; was Schiller dem tragischen Dichter vorbehalten wollte – uns unsere Gemütsfreiheit zu rauben […] – das wird in dieser biblischen Geschichte, die man doch wohl episch nennen muß, geleistet.«[41]

Und so lassen sich von Abraham ausgehend viele Gestalten der Hebräischen Bibel benennen, die ihren Lesern die Gemütsfreiheit raubten, weil jene in tragische Konflikte verwickelt wurden. Mose, der Israel aus Ägypten führte, um in das verheißene Land zu ziehen, darf dieses zwar noch vor seinem Tod vom Berge Nebo aus in Augenschein nehmen, es selbst aber nicht mehr betreten (5Mose 32,48–52; 34,1–12). Was er unter Anfeindungen und in Konflikten mit den Israeliten und mit Gott für sein Volk erstritt, bleibt ihm selbst verwehrt. Darüber hinaus hat *Bernhard Lang* auch seine Rolle als Vermittler der Tora JHWHs grundsätzlich problematisiert:

»Mit Mose verbinden sich tragische Züge: Durch Mose wird dem Volk das Gesetz gegeben, dessen Forderungen es nicht gerecht werden kann und an dem es scheitern wird. Auf dem Geschehen lastet Schwere und Tragik.«[42]

Neben Jiftach und seiner Tochter wäre vor allem Simson zu nennen, der Jiftach im Richteramt folgte (Ri 13–16). Simson, der – von JHWH gesegnet und von seinem

---

41   E. AUERBACH, Mimesis, 13.
42   B. LANG, Mose.

Geist getrieben (Ri 13,24f.) – gegen die Philister streitet, die Israel immer wieder hart bedrängen, wird zum Opfer seines eigenen Wagemutes und seiner Ränkespiele. Seinen letzten großen Sieg kann er – von den Philistern geblendet und gefangen – nur dadurch erringen, dass er die Säulen des Dagontempels zum Einsturz bringt und auf diese Weise sich selbst sowie die feiernden und johlenden Philister mit in den Tod reißt. Gemeinsam mit seinen Feinden liegt er unter Trümmern begraben (Ri 16,20–31).[43] Oder man denke auch an den ersten israelitischen König Saul, der einst von Gott erwählt, von Samuel zum König gesalbt und mit dem Geist JHWHs ausgerüstet wurde (1Sam 9–10). Am Ende verliert er seine Geistbegabung, verfällt – von einem bösen Geist JHWHs geplagt – in Schwermut (1Sam 16,14ff.) und stürzt sich nach einer verlorenen Schlacht gegen die Philister voller Verzweiflung in sein eigenes Schwert (1Sam 31). Ist in der Erwählung und dem Untergang dieses Königs die Tragik nicht mit Händen zu greifen?[44] Aber auch König David, der Sauls Tochter Michal heiratete, führte mit ihr eine Ehe, die »nicht ohne tragische Momente« blieb.[45] Schließlich wäre in diesem Zusammenhang noch der bedeutende Reformkönig Josia zu nennen, mit dem sich große Hoffnungen verbanden. Bevor er jedoch sein Reformwerk stabilisieren und vollenden konnte, fiel er in einer Schlacht bei Megiddo gegen Pharao Necho (2Kön 23). Für *Herbert Donner* bündelt sich in seinem Geschick die gesamte Königs-

---

43 M. Görg (Richter, 85) spricht vom »tragischen Geschick des Helden«. J. Dietrich (Tod, 222ff.) charakterisiert die gesamte Simsonerzählung als »Tragik-Komödie«.
44 So u. a. G. Hentschel, Saul, 186ff., und M. Gerhards, Homer, 320ff.
45 Vgl. 1Sam 18,20–28; 25,44; 2Sam 3,12–16; 6,20–23 und W. Dietrich, David, 29.

geschichte Israels und Judas in ihrem Auf und Ab, den schmerzlichen Abbrüchen und hoffnungsvollen Neuanfängen:

»Im Grunde endet mit ihm (Josia, R. L.) die Königsgeschichte Israels; was noch folgte, war nicht viel mehr als ein Nachspiel. Die Geschichte der israelitischen Königszeit war durch die große und tragische Gestalt Sauls eröffnet worden. Sie schloß mit Josia in den Dimensionen von Größe und Tragik, die einem solchen Ende gemäß sind.«[46]

Jedoch nicht nur unter den Richtern und Königen Israels finden sich tragische Gestalten, sondern auch unter ihren je und je auf die Bühne der Geschichte tretenden Gegenspielern, den Propheten. Man denke nur an Jeremia. JHWH verweigert sich dem Einsatz und den Bitten des Propheten für Juda und Jerusalem (Jer 7,16), weil sie nicht auf die Stimme ihres Gottes hörten (Jer 7,28). Ja, Jeremia selbst ist zunehmend massiven Anfeindungen, Spott, Schlägen, Gefangenschaft und großer Einsamkeit ausgesetzt. Und schließlich besiegelt seine Verschleppung nach Ägypten durch seine Landsleute gegen seinen eigenen Willen sein Scheitern (Jer 43,1–6). »Tiefe Tragik überschattet sein Leben.«[47] Auch an den Gottesknecht sei erinnert, von dem im Jesajabuch die Rede ist. Wenn im letzten der vier Gottesknechtslieder (Jes 52,13–53,12) gesagt wird, dass er »wie ein Lamm zur Schlachtbank« geführt wurde (53,7), »sein Grab bei Frevlern fand, obwohl er keine Gewalt geübt und kein Betrug in seinem Munde war«

---

46 H. Donner, Geschichte 2, 343.
47 J. Schreiner, Jeremia, 9. Vgl. auch G. Fischer, Jeremia 1–25, 101.

(53,9), und dass ihm JHWH mit diesem Leiden die Schuld des ganzen Gottesvolkes aufgeladen hatte (53,6), dann klingt in diesem stellvertretenden Sühneleiden des Knechtes JHWHs ein Grundmotiv der tragischen Dichtung an: Er, der Knecht, ist schuldlos schuldig. Es waren wohl diese Momente, die *Bernhard Duhm* erklären ließen:

»Der Gottesknecht [...], selber des Heils gewiß, lebte und opferte sich für die Gesamtheit: das tragische und doch herrliche Schicksal der wahrhaft großen Seele.«[48]

Zum Schluss sei noch auf Hiob, den Gerechten, hingewiesen, dem schweres, ihm unerklärbares Leid widerfährt, das ihn in eine tiefe Beziehungskrise zu seiner Frau, seinen Freunden und vor allem zu Gott stürzt. Vehement wehrt er sich gegen das Sinnangebot seiner Freunde, die sich alle Mühe geben, sein Leiden als Folge einer schweren oder auch verborgenen Schuld zu erklären (Hi 4,1ff.).[49] Sie quälen ihn geradezu mit ihren besserwisserischen »Tröstungen« und Aufforderungen, sich einsichtig zu zeigen, Buße zu tun und Gott um Vergebung zu bitten. Doch gerade mit ihrer vermeintlichen Aufdeckung eines Sinns im scheinbar sinnlosen Leiden werden sie am Ende des Buches ins Unrecht gesetzt (Hi 42,7–9).[50] Mehrfach gab es Versuche, das Buch als ein Drama zu lesen und sich sowohl das Geschick Hiobs als auch das seiner Frau auf dem Hintergrund der attischen Tragödie zu erschließen.[51] Und in der

---

48 B. Duhm, Jesaja, 400.
49 Vgl. R. Lux, Hiob, 153–156.
50 Vgl. R. Lux, Hiob, 265–271.
51 Siehe dazu vor allem B. Klinger, Leiden, 36–48, und L. Ratschow, Frau, 32ff. u. 258ff.

Wirkungsgeschichte des Hiobbuches lässt sich von der Antike bis in die Gegenwart eine unübersehbare Spur tragischer Deutungen und Fortschreibungen der Leidensgeschichte Hiobs nachzeichnen.[52]

Angesichts dieser Auswahl biblischer Gestalten, denen immer wieder tragische Züge zugeschrieben wurden, lassen uns zwei neuere Kommentare zum Richterbuch mit ihren Voten zur Erzählung von Jiftach und seiner Tochter in Ri 11,28–40 aufhorchen. So zieht *Walter Groß* aus seiner Auslegung das Fazit, dass Jiftach alles andere als ein »tragischer Held« gewesen sei. »Dafür agiert er in dieser Erzählung zu dumpf und fehlt ihm die menschliche Größe.«[53] Und *Ernst Axel Knauf* stellt kurzerhand fest: »Hier geht es nicht um Tragik, sondern um totale Tora-Vergessenheit«.[54] Ganz spontan möchte man erwidern: Was, wenn gerade in dieser Tora-Vergessenheit nicht nur die Tragik Jiftachs besteht, sondern darüber hinaus auch die ganz Israels in der Richter- und Königszeit?

Die Frage, ob das Tragische eine angemessene theologische Kategorie der Deutung einschlägiger Textwelten der Bibel Israels darstellt, bleibt umstritten. So hatte bereits *Kornelis Heiko Miskotte* die Freude zum Grundton des alttestamentlichen Daseinsverständnisses ausgerufen und unmissverständlich dekretiert: »Das tragische Lebensgefühl ist dem Alten Testament fremd.«[55] Und *Karl Barth* hat darüber hinaus aus gesamtbiblischer Perspektive vor einer geradezu »übermütigen Tragik« gewarnt. Gottes Barmherzigkeit in Jesus Christus

---

52 Einen instruktiven Überblick bietet G. OBERHÄNSLI-WIDMER, Hiob.
53 W. GROSS, Richter, 617.
54 E. A. KNAUF, Richter, 124.
55 K. H. MISKOTTE, Götter, 94.

»zerbricht gerade das, was man als die Tragik menschlicher Existenz so ernst zu nehmen pflegt. Es gibt etwas Ernsteres als sie, nämlich dies, daß unsere Not – und zwar gerade die Not unserer Sünde und Schuld – in Freiheit aufgenommen, in Gott selber ist und dort erst, nur dort, wirkliche Not ist. Daß dem so ist, das ist die Barmherzigkeit Gottes.«[56]

Diese Stimmen, die dem Tragischen in der Bibel mit Skepsis begegnen und eine Überwindung der tragischen Welten der griechischen Antike durch das alt- und neutestamentliche Gottes- und Menschenverständnis postulieren, sind ernst zu nehmen. Ob sie allerdings das letzte Wort zur Sache sein können, das wäre an den biblischen Texten selbst zu überprüfen. Daher wird uns die Frage nach dem Tragischen in unserem Gang durch die Erzählung von Jiftach und seiner Tochter begleiten.

---

56   K. Barth, Kirchliche Dogmatik II/1, 420.

B DARSTELLUNG

1. Richter, Retter, Helden

Die Epoche zwischen der sogenannten Landnahme in Kanaan und dem Beginn des Königtums, die die Bibel Israels für die Richter reserviert hat, unterrichtet den Leser über Episoden aus der Frühgeschichte Israels in Kanaan. Die dominierenden sozialen Organisationsformen waren in jener Zeit die auf Verwandtschaftsstrukturen basierenden Sippen, Stämme, Städte und Siedlungsgemeinschaften, die mit- und nebeneinander existierten und interagierten. Einen sichtbaren Ausdruck fanden sie in den natürlichen, mitunter auch nur fiktiven Genealogien. Diese bilden eine »segmentäre Gesellschaft« ab,[57] die sich aus unterschiedlichen und im Idealfall gleichberechtigten Segmenten mit je eigenen Herrschaftsstrukturen zusammensetzt. Segmentäre Gesellschaften kennen keine auf Dauer angelegte Zentralgewalt und leben nicht in durch feste Grenzen fixierten Territorien. Mit der Errichtung eines mehrere Stämme, Städte und Territorien übergreifenden Königtums als Zentralgewalt und der Ausbildung von staatlichen Strukturen gehen die Organisationsformen segmentärer Gesellschaften allerdings nicht verloren. Vielmehr weisen sie eine erstaunliche Vitalität und Beharrlichkeit auf und bilden oft noch Jahrhunderte lang ein spannungsreiches Gegenüber zur staatlichen Zentralgewalt. Die daraus entstehenden Konflikte lassen sich in manch einem afrikanischen oder auch vorderorientalischen Land bis in unsere Tage hinein beob-

---

57 Siehe Chr. Sigrist, Segmentäre Gesellschaft, 106–122.

achten, in denen Stammesscheichs und Warlords ihre eigenen Herrschaftsansprüche gegenüber den Zentralregierungen geltend machen. Dieses Modell der segmentären Gesellschaft entspricht am ehesten den im Richterbuch dargestellten Verhältnissen in der vorstaatlichen Zeit Israels. Dabei nahmen die Richter Funktionen wahr, die das Leben in und zwischen den jeweiligen Sippen, Siedlungen und Stämmen regelten.

Wenn das Richterbuch den Eindruck erweckt, dass es sich dabei um ein gesamtisraelitisches Amt gehandelt habe, dann kommt darin wohl die Sicht späterer Autoren zum Zuge.[58] Sie projizierten das mehr oder weniger einheitliche Agieren des gesamten Volkes Israel in die vorstaatliche Zeit zurück, das sich erst nach und nach und oft genug nur recht unzureichend durch die Einführung des Königtums und die Herausbildung staatlicher Strukturen durchsetzen ließ. Auf diese Weise wurde aus den ganz unterschiedlichen Episoden, Anekdoten und Überlieferungen über die in einzelnen Stämmen und Regionen wirkenden Richtergestalten in der Frühzeit Israels ein strenger linearer und ganz Israel betreffender Geschichtsverlauf geformt. Dabei wurde das in Einzelfällen nicht auszuschließende zeitliche und territoriale Nebeneinander ihres Wirkens in ein Nacheinander umgeformt.

Das bedeutet allerdings nicht, dass es sich bei den Richtern Israels lediglich um erfundene Figuren gehandelt hätte, die ein fiktives Amt wahrnahmen. Vielmehr ist davon auszugehen, dass die ersten Leser der Texte mit dem erzählten Milieu, den sozialen Strukturen, Ämtern und Funktionen noch gut vertraut waren und etwas anzufangen wussten. Schließlich muss denjeni-

---

58 Siehe I. FINKELSTEIN / N. A. SILBERMAN, Posaunen, 137 ff.

gen, denen wir das Buch der Richter verdanken, daran gelegen gewesen sein, dass das von ihnen erzählte Geschehen ihren Lesern auch plausibel erschien. Und dieses Ziel ließ sich nur dadurch erreichen, dass sie auf bekannte Vorstellungen und Personen zurückgreifen konnten, die in den mündlichen Erzähltraditionen des Volkes lebendig waren. Daher bleibt nicht nur die historische Rückfrage danach legitim, *wer* die jeweiligen Richter Israels eigentlich waren, sondern auch die, *was* sie gewesen sind, welche Ämter und Funktionen sie in der Frühzeit Israels ausübten.

In der exegetischen Literatur hat sich die Unterscheidung zwischen den sogenannten »Großen« und den »Kleinen Richtern« eingebürgert. Diese hat allerdings weniger etwas mit dem Umfang des von ihnen überlieferten Materials zu tun. Vielmehr ist sie auch sachlich in unterschiedlichen von ihnen wahrgenommenen Funktionen oder Ämtern begründet.

Die sogenannten »Großen Richter« waren vor allem charismatische militärische Führungsgestalten und *Retter* (hebr. *moschi'ᵃ*), die ihre jeweiligen Stämme gegen deren Feinde in die Schlacht führten. Ihr Auftreten war nicht von Dauer, sondern begrenzte sich auf lokal und zeitlich begrenzte militärische Aktionen.[59] Ihr Heldentum und ihr selbstloser, heroischer Einsatz lebte fort in der Erinnerung der Stämme, für die sie kämpften, sowie des Volkes Israel, das sich nach und nach daraus formierte.

Die »Kleinen Richter« (hebr. *schof'tim*) nahmen dagegen in den Stämmen oder Siedlungsgemeinschaften ein eher auf Dauer angelegtes nichtkönigliches Leitungsamt wahr, das man mit dem eines Stammes-

---

59 Vgl. R. KESSLER, Sozialgeschichte, 64f.

häuptlings oder Scheichs vergleichen könnte. Mitunter gewannen sie auch überregionale Bedeutung als »Schieds- und Friedensrichter« zwischen den Stämmen, bzw. als »Sachwalter einer Funktion zur Regulierung von Streit- und Problemfällen in Friedenszeiten«.[60] Die Semantik des hebräischen Verbs *schafat*, mit dem diese Funktion bezeichnet wurde, ist aber sehr viel breiter und bezeichnet nicht nur die juridische Tätigkeit eines *Richters* bei der Beilegung von Konflikten, sondern kann auch mit »herrschen/regieren« wiedergegeben werden. Daher ist es durchaus angemessen, von ihnen auch als »Regenten« zu sprechen,[61] zumal die altorientalischen Regenten und Könige immer auch eine juridische Funktion wahrgenommen haben.

Jiftach steht allerdings dafür, dass es immer wieder zu Überschneidungen zwischen dem zeitlich und lokal begrenzten militärischen Wirken der »Großen Richter« als *Rettern* einerseits sowie dem regional und eher auf Dauer angelegten Amt der »Kleinen Richter« als *Regenten* und *Friedensrichtern* andererseits kommen konnte.

2. Jiftach im Deuteronomistischen Geschichtswerk

Die Erzählungen über den Richter Jiftach stehen in einem großen Erzählzusammenhang, einem Geschichtsdrama, das von der Schöpfung in 1Mose 1 bis zum Ende des Königtums und dem endgültigen Verlust des Landes sowie der Eigenstaatlichkeit des Volkes Israel

---

60   Siehe A. Scherer, Richter, 2005.
61   Mit W. Gross, Richter, 77.

in 2Kön 25 reicht. Dieser große Erzählbogen enthält im ersten Hauptteil die Tora (1Mose – 5Mose) und im zweiten Hauptteil das sogenannte Deuteronomistische Geschichtswerk (5Mose – 2Könige). Dabei handelt es sich um eine Geschichtskonstruktion, an der viele Hände und Jahrhunderte mitgeschrieben haben.[62] Sie basiert auf dem Geist und der Theologie des Deuteronomiums (= 5Mose), das wie ein Scharnier die Tora mit der folgenden Geschichtserzählung in Josua bis 2Könige verbindet. Die Absicht dieser Konstruktion ist es, die wechselvolle und konfliktreiche Geschichte des Volkes Israel als einen Weg zur Darstellung zu bringen, der sich nicht allein aus sich selber, sondern nur aus dem Miteinander und auch Gegeneinander des Volkes mit seinem Gott JHWH heraus verstehen lässt. Er, JHWH, war es, der das Volk in der Väterzeit werden und wachsen ließ, der es unter der Leitung seines treuen Knechtes Mose aus der ägyptischen Knechtschaft zum Horeb/Sinai führte, sich als Eigentumsvolk erwählte, mit ihm einen Bund schloss und ihm die beiden Tafeln der Tora mit den Zehn Geboten übergab. Er führte und erhielt es in der Zeit einer vierzigjährigen Wüstenwanderung und brachte es schließlich unter der Leitung Josuas in das verheißene Land Kanaan. Israel war am Ziel! Alles, was ein Volk zum Leben braucht, hatte es gefunden, seinen Gott, seine Freiheit und sein Land. Nur eine Frage war nach dem Tod Josuas (Jos 24,29–31) offen geblieben. Wer sollte künftig die Stämme Israels in den unausbleiblichen Konflikten mit den im Lande verbliebenen Kanaanäern und ihren Nachbarn führen? Es stand also die Frage nach der Herrschaft und mit ihr die Frage nach einer wie auch

---

62 Ausführlich dazu K. Schmid, Literaturgeschichte.

immer gearteten politischen Struktur und Organisation der Stämme bzw. Stammesverbände in Kanaan zur Debatte. Genau an diesem Punkt setzt das Richterbuch ein:

»Nach dem Tod Josuas befragten die Kinder Israels JHWH: Wer soll für uns zuerst zu den Kanaanäern hinaufziehen, um gegen sie zu kämpfen?« (Ri 1,1)

Und es endet mit einer mehrfach wiederholten Feststellung:

»In jenen Tagen gab es noch keinen König in Israel. Jeder tat, was richtig war in seinen Augen.« (Ri 17,6; 18,1; 19,1; 21,25)

Daraus wird deutlich, dass das Buch in der biblischen Darstellung der Geschichte Israels die Lücke zwischen der Landnahme unter Josua und den Anfängen des Königtums zu füllen versucht.[63] Und konsequenterweise salbt dann auch Samuel, der letzte Richter Israels (1Sam 7,15–17), Saul zum ersten König des Volkes (1Sam 9–10). Die Frage nach einer angemessenen Herrschaft für die Stämme Israels findet demnach erst außerhalb des Richterbuches mit der Errichtung des Königtums eine hinreichende Antwort. Dazwischen habe

---

63 Das Buch Rut, das sich in den deutschen Bibelausgaben zwischen dem Richterbuch und 1Samuel findet, hatte ursprünglich seinen Ort im dritten Teil des hebräischen Kanons, den »Schriften«, und gehörte in diesen neben den Büchern Hoheslied, Kohelet, Klagelieder und Ester zu den fünf »Megillot« (= Festrollen). Seinen Ort in den deutschen Bibeln zwischen Richter und 1 Samuel fand es wohl, weil nach Rut 2,17–21 Rut die Urgroßmutter des Königs David war. Es bildet daher eine Brücke zwischen der Richterzeit und der Dynastie Davids.

eine turbulente, häufig anarchische Epoche der Richter mit einem ständigen Auf und Ab der Geschicke des Volkes gelegen.

3. Jiftachs Ort im Richterbuch

Das Richterbuch setzt mit einem Rückblick auf die sogenannte Landnahme durch die Stämme Israels ein. Dabei kommen sowohl die Erfolge (Ri 1,2–26) als auch die Niederlagen und Defizite zur Sprache. In knappen Auszügen werden die Berichte über die Einnahme des Landes aus dem Josuabuch noch einmal rekapituliert. In einem »negativen Besitzverzeichnis« (Ri 1,27–36) erfährt der Leser dann, welche Gebiete und Städte vor allem in den Ebenen die Stämme nicht einzunehmen vermochten. Und in Ri 2,1–5 erhält man eine Erklärung für diese unvollendete Landnahme. Ein namenloser Bote JHWHs wirft den Israeliten vor, dass sie bereits in dieser frühen Phase ihrer Geschichte den Bund mit JHWH gebrochen und sich mit den kanaanäischen Einwohnern des Landes und ihren Göttern eingelassen hätten. Deswegen habe JHWH die Kanaanäer, die nun zu ihren Feinden wurden, nicht vor ihnen vertrieben. Das also war die Lage nach dem Tod Josuas, der hier noch einmal ausdrücklich aufgegriffen wird (Ri 2,6–9). Und damit setzt die Epoche der Richter ein, die das Leben bis zum Beginn der Königszeit bestimmen sollte.

Dabei hat man den Einzelerzählungen über die jeweiligen Retter und Richter der Stämme ein theologisches Programm vorangestellt, das sogenannte »deuteronomistische Richterschema« (Ri 2,11–19). In ihm nimmt der Verlauf der Geschichte eine zyklische Gestalt an. Es wiederholt sich in jeder Generation nach einem bleibenden Grundmuster und ist an seiner formelhaften Sprache leicht auszumachen.

> **Das deuteronomistische Richterschema**
>
> A: Die Israeliten *tun das Böse* in den Augen JHWHs (Sündenformel).
> B: Sie *dienen* fremden Göttern und *verlassen* JHWH.
> C: Daraufhin *entbrennt der Zorn* JHWHs (Zornesformel).
> D: JHWH *verkauft* sie in die Hand ihrer Feinde (Übereignungsformel).
> E: Israel wird *hart bedrängt*.
> F: Sie kehren um und *rufen* JHWH um Hilfe an (Notschreiformel).
> G: JHWH erweckt ihnen einen *Richter,* der sie *rettet* (Erweckungsformel).
> H: Solange der Richter lebt, hat das Land *Ruhe* (Ruheformel).
> I: Nach dem Tod des Richters fällt Israel erneut von JHWH ab, die Geschichte beginnt von Neuem.

Das Schema verdankt seinen Namen den bereits erwähnten schriftgelehrten Kreisen, die hinter dem Deuteronomium (= 5Mose) und der von ihm ausgehenden Tradition standen. Auf der Grundlage der Maßnahmen des bedeutenden Reformkönigs Josia (622/21 v. Chr.) unterzogen sie die Geschichte Israels von ihren Anfängen bis zum Exil einer Neudeutung. Der Maßstab, an dem das Verhalten Israels in der Richter- und Königszeit gemessen wurde, war das Gebot der Alleinverehrung JHWHs auf der Grundlage des Bundes, den er mit seinem Volk geschlossen hatte (vgl. 5Mose 4; 12 → Ri 2,1 f. 20). Durch dieses Schema wurde die überaus turbulent verlaufende Geschichte der Frühzeit Israels in Kanaan durchsichtig und lesbar. Ja, es wurde den mitunter eigensinnigen und widersinnigen Episoden jener Zeit ein umfassender, »höherer Sinn« eingeschrieben, der sich erst aus der Rückschau späterer Jahrhunderte heraus erschloss.

In Ri 3,7–11 wird das Schema dann sofort am ersten Richter Otniël exemplifiziert, der die Israeliten aus der Hand des mesopotamischen Königs Kuschan-Rischatajim rettete. Mit ihm beginnt die Reihe der Richter- und Rettergestalten, über die in den Folgekapiteln mehr oder weniger ausführlich erzählt wird. Während von den Großen Richtern, den charismatischen Rettergestalten, umfangreichere Erzählungen über militärische Aktionen überliefert werden, ist von den Kleinen Richtern lediglich listenartiges Material mit knappen Angaben erhalten geblieben.

Name	Stelle	Regentschaft
Otniël	3,7–11	40 Jahre
Ehud	3,12–30	80 Jahre
Schamgar	3,31	?
Debora und Barak	4–5	40 Jahre
Gideon	6–8	40 Jahre
Tola*	10,1–2	23 Jahre
Jair*	10,3–5	22 Jahre
Jiftach	10,6–12,7	6 Jahre
Ibzan*	12,8–10	7 Jahre
Elon*	12,11–12	10 Jahre
Abdon*	12,13–15	8 Jahre
Simson	13–16	20 Jahre

* Liste der Kleinen Richter

Die Übersicht macht deutlich, dass die Erzählungen über Jiftach von der Liste der Kleinen Richter gerahmt werden. Offensichtlich rechneten die Verfasser des Richterbuches ihn sowohl den Großen als auch den Kleinen Richtern zu.

Der unmittelbar vor der Jiftachüberlieferung erwähnte Kleine Richter Jair war ein Gileaditer. Er richtete/regierte Israel zweiundzwanzig Jahre. Von ihm wird erzählt, dass er dreißig Söhne hatte, die auf dreißig Eseln ritten und denen dreißig Städte in Gilead gehörten (Ri 10,3–5). Das Stichwort *Gilead* hat wohl dazu geführt, dass man genau an dieser Stelle auch die Überlieferungen über den Gileaditer Jiftach (Ri 11,1) in das Verzeichnis der Kleinen Richter eingefügt hat.

4. Die Komposition der Jiftacherzählung

Die Jiftachüberlieferung (Ri 10,6–12,7) setzt sich aus ganz unterschiedlichen Episoden zusammen, die durch ein großes Generalthema zusammengehalten werden, den Kampf der Gileaditer gegen die Ammoniter. Die Erzählung setzt ein mit einem *Prolog* (10,6–16), in dem Jiftach selbst noch keine Erwähnung findet. Der Prolog wird ganz aus einer gesamtisraelitischen Perspektive heraus erzählt. Gilead findet nur einmal als Landschaftsname Erwähnung (V 8). Und der Kampf der Ammoniter richtet sich nicht allein gegen die im Ostjordanland lebenden Gileaditer, sondern auch gegen die Stämme Juda, Benjamin und Efraim im Westjordanland (V 9). Dabei folgt der Prolog dem Duktus des bereits erwähnten deuteronomistischen Richterschemas, weist allerdings auch eine Reihe von Abweichungen davon auf.[64]

---

64 Siehe S. 44.56 ff.

In *Teil I* (10,17–11,11) konzentriert sich das erzählte Geschehen auf das ostjordanische Gilead. Von ganz Israel ist nur zweimal beiläufig die Rede (11,4f.). Jetzt wird die Person des Kriegers Jiftach eingeführt. Es wird erzählt, dass er zunächst aus seiner Familie in ein anderes Land verstoßen wurde (11,1–3). Als es zum Kampf mit den Ammonitern kam, holten ihn die Ältesten Gileads reumütig zurück und machten ihn zum Heerführer und Stammeshäuptling von Gilead (11,5–11).

In dieser Position übernimmt Jiftach sofort die Initiative. In *Teil II* (11,12–28) schickt er mehrfach Boten zum König der Ammoniter, um den Konflikt zunächst auf dem Verhandlungsweg zu lösen. Dieser Teil weiß sich wieder durchweg der gesamtisraelitischen Perspektive verpflichtet. Gilead wird mit keinem Wort erwähnt. Die Boten schildern dem Ammoniterkönig ausführlich die Vorgänge vom Auszug Israels aus Ägypten; von seinem Weg durch die Wüste und das Schilfmeer sowie der Umgehung Edoms und Moabs im Ostjordanland bis in den Landstrich der Amoriter zwischen den Flüssen Arnon und Jabbok sowie in die Jordanaue (11,13–22). Mit der Rekapitulation dieser Geschichte soll die Rechtmäßigkeit des Landbesitzes Israels in dieser Gegend untermauert werden. Die Mission der Boten nimmt daher den Charakter eines Rechtsstreites an (11,25), in dem Jiftach schließlich JHWH selbst als Richter zwischen den streitenden Parteien anruft.

Der *III. Teil* (11,29–40) enthält eine Gelübdeerzählung. Da der König der Ammoniter nicht auf Jiftach hörte, wird eine militärische Auseinandersetzung unausweichlich. Jiftach gelobt, JHWH im Falle des Sieges und einer glücklichen Rückkehr aus der Schlacht dasjenige Lebewesen zu opfern, das ihm zuerst aus seinem Haus entgegenkommt (11,30f.). Er zieht in den Kampf und erringt mit JHWHs Hilfe einen glänzenden Sieg (11,32f.). Bei der siegreichen Rückkehr kommt ihm als Erste seine einzige noch unverheiratete Tochter entgegen. Als sie von ihrem untröstlichen Vater erfährt, was er gelobt hat, willigt sie in ihr Schicksal ein, erbittet sich aber eine Frist des Aufschubs, um zuvor mit ihren Freundinnen ihre Jungfrauschaft zu beweinen. Danach kehrt sie zurück und Jiftach erfüllt an ihr sein Gelübde (11,34–40). Es ist vor allem diese Episode aus dem Leben Jiftachs und seiner Tochter, die eine breite Wirkungsgeschichte hervorgebracht hat.

Die Komposition endet mit einem *Epilog* in 12,1–7. In ihm wird ohne direkte Bezugnahme auf das Geschick der Tochter Jiftachs berichtet, dass die Auseinandersetzung der Gileaditer mit den Ammonitern ein innerisraelitisches Nachspiel hatte. Die westjordanischen Efraimiter beklagen sich bei Jiftach, warum er sie nicht am Kampf gegen die Ammoniter beteiligt habe. Und sie drohen ihm an, sein Haus in Schutt und Asche zu legen. Jiftach weist die Klage brüsk zurück und behauptet, er habe sie zu Hilfe gerufen. Weil sie dem aber nicht nachgekommen seien, habe er sein Schicksal in die eigene Hand genommen. Aus diesem Streit entsteht ein Bruderkrieg, dem zweiundvierzigtausend Efraimiter zum Opfer gefallen seien. Eine Schlussnotiz über die Dauer der Wirksamkeit Jiftachs als Richter, seinen Tod und sein Begräbnis schließt die Komposition ab (V 7).

Prolog 10,6–16	Teil I 10,17–11,11	Teil II 11,12–28	Teil III 11,29–40	Epilog 12,1–7
Deuteronomist. Richterschema	Jiftachs Verstoßung und Heimholung	Verhandlungen mit dem Ammoniterkönig	Jiftachs Gelübde	Bruderkrieg mit Efraim und Sterbenotiz
Akteure: – JHWH – Israel – Ammoniter	*Akteure:* – Jiftach – seine Stiefmutter und seine Brüder – Älteste Gileads	*Akteure:* – Jiftach – Boten – Ammoniterkönig – JHWH	*Akteure:* – Jiftach – Ammoniter – JHWH – Jiftachs Tochter – Freundinnen	*Akteure:* – Efraimiter – Jiftach – Gileaditer

In dieser Komposition fallen vor allem zwei Abschnitte besonders auf, in denen nahezu durchweg von ganz Israel als dem Gegner der Ammoniter die Rede ist und – wenn überhaupt – nur am Rande von den Gileaditern. Das ist im Prolog (10,6–16) sowie in Teil II (11,12–28) der Fall. Dieser Befund ist ein erster Hinweis darauf, dass nicht nur die erzählten Figuren (Jiftach und seine Tochter), sondern auch der Zyklus der Jiftacherzählungen selbst eine »Biographie« hat, in der ein Wachstum der Texte erkennbar wird.

5. Die Entstehung des Jiftachzyklus

Auch wenn sich das Textwachstum der Jiftacherzählungen nicht mehr in allen Einzelheiten rekonstruieren lässt, so lassen sich doch wenigstens drei Phasen der Entstehung postulieren. Die *erste Phase* bildete eine Reihe von Episoden über den tüchtigen Krieger Jiftach in Transjordanien, der sich im Kampf der Gileaditer mit den Ammonitern hervorgetan hatte und auf diese Weise zum militärischen Anführer und Oberhaupt seines Stammes aufgestiegen war. Fragmente aus dieser frühen mündlichen Phase der Jiftachüberlieferung, die bis in die Vorkönigszeit (12./11. Jh. v. Chr.) zurückreichen dürfte, lassen sich vor allem an den legendenhaften Zügen erkennen, die mit seiner Person in Ri 11,1–11*.30–40* und 12,1–6*[65] verbunden wurden. Die in diesen Stücken geschilderten Ereignisse waren regional im Ostjordanland verankert und wurden in den gileaditischen Sippen von Generation zu Generation weitergegeben. Nach und nach verfestigten sie sich zu narrativen Bausteinen der Jiftachtradition, die schließlich ihren Ort im kulturellen Gedächtnis Israels und seiner Sicht auf die vorstaatliche Zeit in Kanaan fand.

In einer *zweiten Phase* kam es zur Sammlung und ersten Verschriftung dieser mündlich überlieferten Fragmente. Die vorstaatliche Zeit kommt dafür kaum infrage, da man erst in der mittleren Königszeit Israels mit der Ausbildung von Schreibern und einer sich sukzessive entwickelnden Schriftkultur rechnen darf.[66] Diese stellten die drei ganz auf das ostjordanische Gi-

---

[65] Das * bedeutet bei der Angabe von Textstellen, dass diese spätere Zusätze enthalten können.
[66] S. dazu D. M. Carr, Schrift, 185 ff.

lead konzentrierten Episoden zu einer Art Triptychon zusammen, das vom Leben und Schicksal Jiftachs und seiner Tochter berichtet.

Episode I: 10,17–11,11	Episode II: 11,29–40	Episode III: 12,1–6
Vertreibung und Heimholung Jiftachs	*Jiftachs Gelübde*	*Jiftachs Bruderkrieg mit Efraim*
– JHWH-Krieg gegen Ammon – Region Gilead – Jiftachs Vaterhaus	– JHWH-Krieg gegen Ammon – Region Gilead – Jiftachs Haus	– JHWH-Krieg gegen Ammon – Region Gilead – Jiftachs Haus

Alle drei Episoden werden durch das Generalthema eines JHWH-Krieges der Gileaditer gegen die Ammoniter zusammengehalten.[67] Dass das nicht von Anfang an so gewesen ist, lässt sich exemplarisch vor allem an der dritten Episode zeigen (12,1–6). Ihr eigentliches Thema ist der Bruderkrieg der Gileaditer mit den Efraimitern. Der Anlass dafür sei die Klage der Efraimiter gewesen, nicht am Kampf gegen die Ammoniter beteiligt worden zu sein (12,1–3), ein Motiv, das den Lesern des Richterbuches bereits im Kampf Gideons gegen die Midianiter begegnete (Ri 7,23–8,3). Wahrscheinlich wurde es hier wieder aufgegriffen, um die drei ursprünglich selbständigen Episoden der Jiftachüberlieferung als eine thematisch geschlossene Komposition zu präsentieren. Dass die Nichtbeteiligung am Kampf nicht der eigentliche Grund für den Bruderzwist gewesen sein dürfte, geht

---

67 Vgl. dazu A. SCHERER, Überlieferungen, 58f., 418ff. Siehe auch S. 84ff.

aus Ri 12,4 hervor. Dort wurde dem Leser nämlich eine zweite, ganz andere Begründung für den Bruderkrieg mit Efraim mitgeteilt. Danach hatten die westjordanischen Efraimiter die ostjordanischen Gileaditer beschuldigt, aus Efraim geflohen zu sein. Hinter diesem Vorwurf steht ganz offensichtlich der Vorgang einer nicht konfliktfrei vollzogenen Trennung des Tochterstammes Gilead von seinem Mutterstamm Efraim. Aus der Sicht der Efraimiter hatten sich die Gileaditer aus dem Staub gemacht, im Ostjordanland angesiedelt und pochten auf territoriale Eigenständigkeit. Versuchten die Efraimiter den entlaufenen Teilstamm wieder unter ihre Fuchtel zu bringen? In segmentären Gesellschaften dürften solche Vorgänge an der Tagesordnung gewesen sein.[68]

Das Beispiel macht deutlich, dass in der zweiten Phase der Verschriftlichung der Jiftachtradition eine umfangreiche kompositorische Gestaltung und Bearbeitung der mündlichen Erzähltraditionen einsetzte, deren Ergebnis das Triptychon aus Ri 10,17–11,11; 11,29–40 und 12,1–6 gewesen sein dürfte. Alle drei Episoden wissen vom JHWH-Krieg gegen Ammon und beschränken sich auf das ostjordanische Gilead. Alle drei geben neben der Darstellung des öffentlichen Wirkens Jiftachs als militärischer Anführer Einblicke in sein privates Umfeld, das jeweils mit dem Motiv des »Hauses« eingespielt wird. In 11,1–3 wird er aus seinem väterlichen Haus vertrieben, in 11,34–40 spielt das eigene Haus Jiftachs für die Gelübdeerzählung und die Vater-Tochter-Beziehung eine Schlüsselrolle, und in 12,1 droht ihm nach dem Verlust der Tochter zusätzlich der Verlust seines Hauses, weswegen er sich zu einem entschlossenen Vorgehen gegen die Efraimiter genötigt sieht.

---

68 Näheres dazu S. 162 ff.

Hier waren Erzähler und Schreiber am Werk, die im ausgehenden 9. oder 8. Jh. v. Chr. ihr Handwerk verstanden, die vorliterarischen Überlieferungen über prägende Gestalten aus der vorstaatlichen Zeit Israels sammelten, zu Erzählzyklen zusammenstellten und verschrifteten.[69]

In einer *dritten Phase* setzte nach dem Ende des Königtums, dem Verlust der politischen Souveränität Judas, großer Teile des Landes und der Vertreibung der Eliten in das babylonische Exil (587 v. Chr.) unter den Schreibern und literarisch Gebildeten eine Neubesinnung über die Vergangenheit ein. Sie hatte zur Folge, dass die ursprünglich lokal und regional gebundenen Stammestraditionen noch konsequenter in eine gesamtisraelitische Geschichtsperspektive eingebunden wurden. Das bisherige Geschichtsbild, das man sich von seiner eigenen Vergangenheit gemacht hatte, wurde einer gründlichen Revision unterzogen. Grundlage dafür war die im Deuteronomium entworfene Theologie des Bundes JHWHs mit seinem Volk Israel. Darin versichern sich JHWH und Israel ihrer gegenseitigen Loyalität, die vor allem in der zentralen Forderung der Alleinverehrung JHWHs durch Israel ihren Ausdruck fand (5Mose 4; 5,1–22; 26,16–18; 29,13–14).[70] Es wird sich zeigen lassen, dass der Prolog (Ri 10,6–16), der Abschnitt über den Rechtsstreit Jiftachs mit dem König der

---

69 Andere Exegeten rechnen mit einem sehr viel schmaleren vorexilischen Grundbestand der Jiftachtradition. So vermag U. BECKER (Richterzeit, 222) lediglich in 11,1–11 älteres, vorexilisches Überlieferungsgut zu erkennen. Die Gelübdeerzählung (11,29–40) sowie die Episode über den Bruderkrieg mit Efraim (12,1–6) weist er hingegen der Hand eines deuteronomistischen Historikers (DtrH) zu.
70 Siehe dazu E. OTTO, Gesetz, 126 ff. und J. ASSMANN, Exodus, 241 ff.

Ammoniter (Ri 11,12–28) sowie die Schlussnotiz des gesamten Zyklus (12,7) diesem theologischen Konzept verpflichtet waren.[71] Sie gehen auf die Hand derjenigen Schreiber und Redaktoren zurück, denen wir – abgesehen von dem einen oder anderen späteren Zusatz – das Richterbuch in seiner vorliegenden literarischen Gestalt verdanken.

Phasen der Entstehung von Richter 10,6–12,7		
Phase I	Grundbestand von 11,1–11*; 11,30–40*; 12,1–6*	Vorliterarische, mündliche Tradition: ab 11. Jh. v. Chr.
Phase II	Vorexilisches Triptychon: 10,17–11,11; 11,29–40; 12,1–6	Verschriftung: Ende 9./8. Jh. v. Ch.
Phase III	Deuteronomistische Bearbeitung: Triptychon + 10,6–16; 11,12–28; 12,7	Exilszeit 6. Jh. v. Chr. und später

6. Jiftach – eine literarische Biographie

Was uns über den Richter Jiftach bekannt ist, das wissen wir allein aus der Bibel Israels. Sie ist die älteste und einzige Quelle, die uns etwas über ihn und sein Geschick berichtet. Das schließt nicht aus, dass das, was über ihn berichtet wird, historische Wurzeln hat und Jiftach selbst nicht nur eine erfundene literarische Figur ist, sondern in der vorstaatlichen Zeit Israels im ostjordanischen Gilead eine bekannte Persönlichkeit

---

71 Siehe S. 57 ff., 91 ff., 174 ff.

war. Dafür spricht bereits der Platz, den er im normativen Geschichtsbild der Erinnerungskultur Israels erhalten hat. Allerdings lassen die legendenhaften Züge, die sich an seine Person hefteten, wie auch das über Jahrhunderte anhaltende Wachstum der Texte wenig Optimismus aufkommen, dass die verborgenen historischen Wurzeln der Jiftachüberlieferung noch freigelegt werden könnten. Was wir vor Augen haben, das ist nicht der *historische*, sondern ein *literarischer* Jiftach. Daher lässt sich im folgenden Durchgang durch die Texte auch keine historische, sondern lediglich eine literarische Biographie dieser Gestalt aus der Frühgeschichte Israels mit aller Behutsamkeit nachzeichnen. In dieser Sachlage ist aber keineswegs nur ein Mangel zu sehen. Obwohl wir gerne mehr über den historischen Jiftach wüssten, lässt sich doch allein schon aus dem Werdegang der Jiftachüberlieferung entnehmen, dass diese Rettergestalt in der von ihr ausgehenden Geschichte ihren Lesern vor allem literarisch imponierte.

Abb. 2: Mittelalterliche Miniatur aus der Weltchronik des Rudolf von Ems (13. Jh.). Jiftachs Tochter geht harfespielend ihrem siegreichen Vater entgegen.

Weniger das, was Jiftach und seine Tochter einmal waren, als vielmehr das, was man sich immer wieder und immer neu von ihnen zu erzählen wusste, hat Geschichte gemacht. Ihr Heldentum und ihr Schmerz hat sich in die abendländische Gedächtniskultur eingeschrieben. Die Erinnerungsspur, die von ihnen ausging, lässt sich bis in die Moderne hinein verfolgen.

6.1. Prolog: Israels Ungehorsam – JHWHs Zorn

10,[6]Die Israeliten taten erneut, was böse war in den Augen JHWHs. Sie dienten den Baalen und den Astarten, den Göttern Arams, den Göttern Sidons, den Göttern Moabs, den Göttern der Ammoniter und den Göttern der Philister. So verließen sie JHWH und dienten ihm nicht mehr. [7]Da entbrannte der Zorn JHWHs gegen Israel. Und er verkaufte sie in die Hand der Philister sowie in die Hand der Ammoniter. [8]Diese aber plagten und unterdrückten die Israeliten in jenem Jahr, achtzehn Jahre lang, alle Israeliten jenseits des Jordans, im Land des Amoriters, das in Gilead liegt.
[9]Und die Ammoniter zogen über den Jordan, um auch gegen Juda, Benjamin und das Haus Efraim zu kämpfen. Da wurde es sehr eng für Israel. [10]Daraufhin riefen die Israeliten zu JHWH und sprachen: »Wir haben gesündigt an dir, denn wir haben unseren Gott verlassen und den Baalen gedient.«
[11]Da sprach JHWH zu den Israeliten: »War's nicht ebenso von Ägypten an sowie seit den Tagen des Amoriters, der Ammoniter und der Philister? [12]Als die Sidonier, Amalek und Maon euch unterdrückt haben, da habt ihr zu mir geschrien und ich habe euch aus ihrer Hand gerettet. [13]Ihr aber habt mich verlassen und habt anderen Göttern gedient. Deswegen werde ich euch nicht noch einmal retten. [14]Geht und schreit doch zu den Göttern, die ihr euch erwählt habt. Die

mögen euch in der Zeit eurer Unterdrückung retten.« ¹⁵Da sprachen die Israeliten zu JHWH: »Gesündigt haben wir! Tue an uns alles, was gut ist in deinen Augen. Doch rette uns bitte an diesem Tag.« ¹⁶Und sie entfernten die fremden Götter aus ihrer Mitte und dienten JHWH. Da wurde er unruhig wegen der Not Israels.

Nach dem Tod des Gileaditers Jair, der Israel zweiundzwanzig Jahre lang gerichtet hatte (Ri 10,3–5), geschah, was sich seit dem Auszug Israels aus Ägypten in schöner Regelmäßigkeit immer wieder ereignete. Die Israeliten verließen JHWH und dienten fremden Göttern (10,6). So jedenfalls blickten schriftgelehrte Kreise im 6. Jh. v. Chr. auf ihre eigene Geschichte zurück, ja, sie schrieben diese noch einmal ganz neu. Was hatte sie dazu veranlasst? Die Erfahrung eines epochalen Umbruchs, in dem nahezu kein Stein auf dem anderen blieb.

Im Jahr 587 v. Chr. standen die Heere des babylonischen Königs Nebukadnezar II. (605–562 v. Chr.) vor den Toren von Jerusalem, belagerten die Stadt und hungerten sie aus. Schließlich kam es zu ihrer Erstürmung, zur Gefangennahme des letzten judäischen Königs Zedekia und seiner Verschleppung ins Exil nach Babylon. Wenige Tage darauf gab Nebusaradan, der Oberbefehlshaber des babylonischen Heeres, der Stadt den Rest. Der Königspalast, der Tempel und ein beträchtlicher Teil der Stadt wurden niedergebrannt, die übrig gebliebenen Tempelschätze wurden geraubt, Teile der Stadtmauer wurden geschleift und die Eliten der Verwaltung, des Tempels sowie Spezialisten des Handwerks ins Exil nach Babel deportiert. Lediglich die Unterschicht aus der Stadt und ihrem Umland blieb zur Bearbeitung der Ländereien zurück (vgl. 2Kön 24,18–25,21; Jer 52,1–30). Was für viele Judäer undenkbar schien, dass ihnen ein ähnliches Geschick widerfahren könnte, welches bereits 722 v. Chr. dem Nordreich Israel durch die Assyrer widerfuhr (vgl. 2Kön 17; Jer 3,6–10), war Wirklichkeit geworden. Jerusalem, die »höchste Freude« der Vertriebenen (Ps 137,6), die stolze Stadt, die man für uneinnehmbar hielt, lag am Boden. Diese Ereignisse bedeuteten für die Geschichte des Volkes Israel eine tiefe Zäsur: Das Ende des Königtums, den Verlust der Souveränität über das eigene Land und die Eingliederung in das babylonische Provinzialsystem, die Zerstörung des zentralen JHWH-Heiligtums auf dem Zion, die Exilierung der führenden Kreise des Volkes. Auch wenn nicht alle Regionen Judas in gleicher Weise von den Ereignissen betroffen waren und das Leben in Juda und Jerusalem weiterging, wenn gesät und geerntet wurde, geheiratet, Kinder geboren und wiederaufgebaut wurde, was zum Leben nötig war; auch wenn die Ausübung des JHWH-Kultes nicht völlig zum Erliegen kam, es wohl Buß- und Notgottesdienste in den Trümmern des zerstörten Tempels gab,[72] der demographische und ökonomische Niedergang der Stadt Jerusalem und ihres judäischen Umlandes war dennoch katastrophal. Aufgrund archäologischer Daten rechnet man für jenes Gebiet nach dem Ende der Königszeit mit einem Bevölkerungsrückgang von 110.000 auf 40.000 Bewohner.[73]

Dass sich in solchen Zeiten vor allem unter der geistigen Elite des Landes, den nach Babylonien verschleppten Priestern und Schriftkundigen, aber auch unter den in Juda verbliebenen gebildeten Kreisen ein neues Nachdenken über die eigene Geschichte und die Ur-

---

72 Vgl. Jer 41,4f.; Joël 2,12–17; Sach 7,1–6; Ps 74.
73 So O. LIPSCHITS, Fall, 368f.

sachen einsetzte, die zu dieser Katastrophe geführt hatten, liegt nahe. Im Zuge dieser Neubesinnung kam es gegen Ende der assyrischen Vorherrschaft zu drei fundamentalen Einsichten, beginnend mit der sogenannten deuteronomischen Reform unter König Josia (639–609 v. Chr.).

1. Der in der altorientalischen Weisheit verbreitete und von Israel geteilte Grundgedanke eines »Zusammenhangs von Tun und Ergehen«,[74] den die Weisheitslehrer vor allem im individuellen Verhalten wirksam sahen, wurde zunehmend auch auf das Verhalten von Völkern und Staaten angewendet. Seine Wirksamkeit ließ sich nicht nur an der Lebensgeschichte des Einzelnen, sondern auch am Tun und Ergehen der Völker demonstrieren. Danach hatten gute Taten auch ein gutes und böse Taten ein böses Ergehen zur Folge. Es gibt eine »konnektive Gerechtigkeit«,[75] die das individuelle und kollektive Leben regelt. Ohne sie würde keine menschliche Gemeinschaft funktionieren. Auch wenn dieser Zusammenhang keine Automatik darstellte und nie zum Dogma erhoben wurde, so behielt er ein begrenztes, bis heute gültiges Wahrheitsmoment. Für die Weisen Israels war es JHWH, der Hüter der Weltordnung, der über diesen Zusammenhang von Tun und Ergehen wachte.[76]

2. Bereits gegen Ende des 7. Jh. v. Chr. entwarfen schriftgelehrte Kreise aus dem Umfeld des Jerusalemer Tempels und des Königshofes eine folgenreiche »Bundestheologie«, von der das Deuteronomium geprägt ist. Als Vorbild dienten ihnen dabei assyrische »Vasallen-

---

74 Siehe dazu G. v. RAD, Weisheit, 165 ff., u. R. LUX, Die Weisen, 72 ff.
75 Grundlegend dazu J. ASSMANN, Ma'at, 58–91.
76 Vgl. Spr 12,2; 15,3; 16,3, und R. LUX, Die Weisen, 80 ff.

verträge«, in denen die vom assyrischen Reichskönig unterworfenen Vasallen, zu denen auch judäische Könige jener Zeit gehörten, dem fremden Herrscher gegenüber einen Treueeid schwören mussten.⁷⁷ Dieser verpflichtete sie zu absoluter und ausschließlich ihm und seinen dynastischen Nachfolgern geltender Loyalität. Ihren sichtbaren Ausdruck fand diese Loyalität in selbstverständlich zu leistenden Abgaben und Steuern, in der Heeresfolge sowie im Unterlassen von Verrat und Rebellion. Als Gegenleistung gewährte ihnen der assyrische König Sicherheit und Schutz vor äußeren Feinden. Der Eid wurde unter Anrufung der Götter der vertragsschließenden Parteien besiegelt. Vertragsbrüchige sollte der Zorn der Götter treffen. Entsprechende Sanktionierungen wurden in den abschließenden Fluchreihen aufgelistet.⁷⁸

Dieses Modell der Loyalitätseide, die ein Vertragsverhältnis zwischen dem Großkönig und seinen Vasallen begründeten, übertrugen priesterliche und prophetische Kreise in Jerusalem von der politischen auf die religiöse Ebene. Vor und über aller Loyalität gegenüber dem fremden Herrscher habe für jeden Judäer einschließlich des Königs und seiner Beamten die Loyalität gegenüber JHWH, dem Gott Israels, zu stehen (5Mose 16,18–18,22). Ihm allein und seinen Geboten gilt es unbedingten Gehorsam zu leisten. Diese Übertragung eines politischen Konzepts auf die Religion war sowohl für die Sphäre des Politischen wie für die Religion ein Akt von fundamentaler Bedeutung. Mit der Überordnung JHWHs über den höchsten Inhaber

---

77 Wichtigstes Beispiel hierfür sind die Vasallenverträge Asarhaddons (681–669 v. Chr.) mit medischen Fürsten. Vgl. R. BORGER, Staatsverträge, 160–176.
78 Siehe E. OTTO, Gesetz, 126 ff.

politischer Macht erfuhr Letzterer eine Relativierung.[79] Jedem Absolutheitsanspruch des Politischen war damit ein Riegel vorgeschoben.

3. Aus alledem ergibt sich für Israel die Forderung der »Alleinverehrung JHWHs« als der harte Kern seiner Gottesbeziehung. Für alle Zeiten gültig zusammengefasst findet sich diese Forderung im *Sch^{e}ma Jisrael*, dem Hauptgebet des jüdischen Volkes bis in unsere Tage:

»Höre Israel, JHWH ist unser Gott, JHWH ist einzig. Du sollst JHWH deinen Gott lieben mit deinem ganzen Herzen, mit deiner ganzen Seele und deiner ganzen Kraft.«
(5Mose 6,4–5)

Die Loyalität, die JHWH von Israel fordert, erweist sich in der ungeteilten Liebe und Hingabe eines jeden mit seiner ganzen Person. So wie *nur Er* ihnen alles gegeben hatte, die Befreiung aus der Knechtschaft in Ägypten, das Land und das Leben, so mögen sie sich selbst *allein Ihm* hingeben und ihm dienen.

Dieses Bekenntnis zur Einzigkeit und Alleinigkeit JHWHs schloss somit die Verehrung fremder Götter für alle Zeiten aus. Andere Völker mögen ihre eigenen Götter haben.

»Du (aber) sollst keine anderen Götter haben neben mir.«
(2Mose 20,3; 5Mose 5,7)[80]

Damit wurde das erste Gebot des Dekalogs zum Angelpunkt und entscheidenden Kriterium in der Rück-

---

79 E. Otto, Gesetz, 130 ff.
80 Vgl. dazu M. Köckert, Gebote, 48–55.

besinnung auf die eigene Geschichte und ihre Darstellung durch die Deuteronomisten in der Zeit des Exils.

Auf dem Hintergrund dieser Einsichten begann man die ältere vorexilische Jiftachtradition noch einmal mit ganz neuen Augen zu lesen. Denn nunmehr fragte man sich, was hat eigentlich zu der alles verändernden Katastrophe geführt, dem Ende des Königtums, dem Verlust des eigenen Landes, der Zerstörung des Tempels und der Verschleppung so vieler ins Exil? Und wann hat das alles angefangen? Die Antwort, die man sich darauf gab, fand in geradezu klassischer Weise ihren Niederschlag in dem deuteronomistischen Richterschema, das man als Prolog dem gesamten Richterbuch (2,11–19) wie auch den Jiftacherzählungen (10,6–16) voranstellte.[81] Denn das, was einst den Gileaditern in der Zeit des Richters Jiftach widerfuhr, das geschah in der Geschichte Israels immer wieder seit sich JHWH sein Volk in Ägypten erwählt hatte (10,11).

Die vom Geist des Deuteronomiums inspirierten Schriftgelehrten lehrten das Volk Israel ihre eigene Geschichte als eine sich ständig wiederholende *Geschichte des Scheiterns* zu lesen. Und die Ursache für dieses Scheitern war nicht in erster Linie in der Übermacht äußerer Feinde und Mächte zu suchen, sondern bei ihnen selbst, im Verstoß gegen das erste Gebot der Alleinverehrung JHWHs. Unerbittlich begann das im deuteronomistischen Richterschema festgehaltene Handlungsmuster von Neuem abzulaufen.

Wiederum »taten sie (die Israeliten), was böse war in den Augen JHWHs«.[82] Sie dienten fremden Göttern, vor allem den Baalen und Astarten, von denen sie sich Hilfe versprachen, und verließen JHWH, ihren Gott. Baal

---

81 Siehe S. 44.
82 Siehe Ri 2,11; 3,7.12; 4,1; 6,1; 10,6; 13,1.

übte im kanaanäischen Pantheon als Wetter- und Vegetationsgott seit dem 2. Jt. v. Chr. im gesamten syrisch-palästinischen Raum offensichtlich eine große Anziehungskraft aus.[83] Das habe mitunter dazu geführt, dass die Israeliten sich nicht mehr JHWH gegenüber loyal verhielten, sondern sich unter anderen dem »Baal-Berit«, dem »Bundes-Baal« in Sichem angeschlossen haben und damit die Loyalitäten wechselten (Ri 8,33; 9,4).

Abb. 3: Stele Baals aus Ugarit (1. Hälfte 2. Jt. v. Chr.).
Als kriegerischer Gott schwingt er die Keule und hät in der Linken eine Lanze. Eine weitere Waffe trägt er im Gürtel. Vor ihm steht ein Beter auf einem Podest. Die Lanze, die in einen Baum ausläuft, vereinigt seine Doppelfunktion als Blitze schleudernder Gewittergott und Chaoskämpfer sowie als Wachstum und Gedeihen schenkender Vegetationsgott.

---

83 Siehe dazu ausführlich S. Grätz, Baal, 2006.

Neben Baal wird Astarte besonders hervorgehoben, die phönizisch-kanaanäische Liebes-, Fruchtbarkeits- und Kriegsgöttin.[84] Im philistäischen Bet-Schean soll es einen Tempel der Astarte gegeben haben, in dem ihr die Philister die Waffen des getöteten Saul als Votivgabe zu Füßen legten (1Sam 31,10). Und selbst König Salomo soll der Astarte nachgelaufen sein (1Kön 11,5.33). Wenn in unserem Text von den Baalen und Astarten die Rede ist, dann standen diese beiden Gottheiten wohl exemplarisch für das gesamte syrisch-kanaanäische Götterpantheon (vgl. Ri 2,13; 1Sam 7,4).

Abb. 4: Ägyptische Darstellung der asiatischen Astarte auf einer Tonscherbe aus dem 14. Jh. v. Chr., die den Beinamen »Herrin der Pferde und Wagen« trägt. Als nackte, Waffen schwingende Reiterin symbolisiert sie sowohl ihre Funktion als Liebesgöttin wie auch die der Kriegsgöttin.

---

84 Vgl. R. Schmitt, Astarte, 2007.

So war die Liste der Götter, um derentwillen die Israeliten JHWH verließen, lang und betraf auch die Götter der benachbarten Stadtstaaten und Völker (Ri 10,6). Insgesamt wurde eine Liste von sieben Göttern zusammengestellt, zu denen man überlief, wobei die Siebenzahl wohl den umfassenden und vollkommenen Abfall von JHWH demonstrieren sollte, die Aufkündigung ihrer ungeteilten Loyalität.[85] Auf diese Weise wurde Israel aus der Sicht der Deuteronomisten für JHWH ein Totalausfall.

Der »Bund« (b^erit), den JHWH den Vätern Israels geschworen hatte,[86] wurde immer wieder gebrochen (2Mose 32; 5Mose 9,7–24). Da ist es kein Wunder, dass als Antwort darauf JHWHs Zorn entbrannte und er ihnen gegenüber seine Loyalität aufkündigte. Er überließ sie der Hand ihrer Feinde, den Philistern und Ammonitern, die sie achtzehn Jahre lang hart bedrängten und unterdrückten (Ri 10,7–9). All die Flüche, die als Sanktionen für den Fall des Bundesbruches im Gesetz des Mose vorgesehen waren (5Mose 28,20.25 ff.), trafen sie hart.

Wenn hier vom Zorn JHWHs die Rede ist, dann ist damit kein unkontrollierter, alles vernichtender Jähzorn gemeint. Vielmehr ist sein Zorn nichts anderes als ein Instrument seiner Herrschaft, der richtenden und rettenden Gerechtigkeit, die der Aufrechterhaltung der von ihm im Bund beschworenen Welt- und Lebensordnung dient.[87] Das Inkrafttreten von Sanktionen hat im Rahmen eines Bundes- oder Vertragsverhältnisses ja nicht die Intention, dieses für null und nichtig zu er-

---

85 Zur Sieben als Zahl der Vollständigkeit und Ganzheit im Alten Orient und Israel siehe S. KREUZER, Zahl, 1164–1167.
86 Vgl. 2Mose 34; 5Mose 4,23.31; 5,2 f.; 7,7–11; Jos 24.
87 Ausführlich dazu J. ASSMANN, Herrschaft, 53–61.

klären, sondern es funktionstüchtig zu erhalten und nötigenfalls seine Einhaltung durch Abschreckung zu erzwingen. Damit dient Gottes Zorn dem Zusammenhang von Tun und Ergehen. Wer nicht hören will, muss fühlen. Und offensichtlich verfehlte das auch nicht seine Wirkung. Denn die anhaltende Not führte Israel schließlich doch zu der Einsicht, dass sie selbst für ihre Lage verantwortlich waren, in der sie sich befanden. Daher schrien sie zu JHWH und bekannten ihm ihre Sünde gegen das erste Gebot. Sie hatten ihren Gott verlassen und den Baalen gedient (Ri 10,10).

Die Antwort JHWHs, die daraufhin erfolgte, weicht aber vom üblichen Richterschema ab. Er erweckte den reuigen Sündern nicht wie bisher einen Richter, der sie retten sollte.[88] Vielmehr hält er ihnen eine lange Rede, dass er sie von ihrem Ägyptenaufenthalt an immer wieder aus der Hand ihre Feinde gerettet habe, wenn sie ihn um Hilfe anriefen. Und dennoch hätten sie ständig anderen Göttern gedient. Deswegen lehnt JHWH eine erneute Rettung Israels ab. Sollen sie sich doch an die fremden Götter halten, die sie sich erwählt haben, und sie um Hilfe anrufen (Ri 10,11–14). War JHWH mit seiner Geduld am Ende? Und warfen die Deuteronomisten, die der älteren Jiftachtradition diesen Prolog voranstellen, damit nicht einen unübersehbaren Schatten auf Jiftach und seine Zeit als Richter in Israel? Wie passt die verweigerte Rettung Israels durch JHWH mit der Rettung Israels durch Jiftach in den folgenden Erzählungen zusammen? Ja bricht da nicht ein kaum zu überbrückender Graben zwischen göttlicher und menschlicher Rettung auf, eine Differenz zwischen dem göttlichen Willen und dem menschlichen Wollen?

---

88 Vgl. Ri 2,16.18; 3,9.31; 4,14; 6,14f.36f.; 13,5.

Die Israeliten aber wollten sich mit dem Zorn ihres Gottes nicht abfinden. Erneut bekannten sie ihre Sünden, stellten ihm frei, mit ihnen zu tun, was er für gut und richtig hielt, baten ihn aber eindringlich, sie doch *heute* noch einmal zu retten. Und um die Ernsthaftigkeit ihrer Reue zu unterstreichen, entfernten sie alle fremden Götter(bilder) aus ihrer Mitte und dienten wie in den Tagen Josuas allein JHWH (Ri 2,7; 10,15–16a). Würde sich JHWH durch diese radikale Verhaltensänderung ein letztes Mal erweichen lassen? Und hatte man in der zurückliegenden Geschichte nicht immer wieder die Erfahrung gemacht, dass JHWH eben nicht nur ein zorniger und eifernder Gott ist, sondern auch »barmherzig und gnädig, geduldig sowie von großer Güte und Treue« (2Mose 34,6)?[89]

Der letzte Satz des Prologs deutet ganz verhalten eine Antwort auf diese Frage an. Er gibt dem Leser einen Einblick in die Gemütslage JHWHs, die alles andere als eindeutig zu sein scheint. Wörtlich übersetzt heißt es: »Da wurde seine (JHWHs) Seele kurz wegen der Mühsal Israels.« Wie aber ist wohl einem Menschen zumute, dem »die Seele kurz wird«? Die nicht nur im Hebräischen begegnende Redewendung umschreibt in der Regel eine psychische Verfassung, die von »Schwachheit, Bedrängnis« oder »Ungeduld« gekennzeichnet ist. So fragt zum Beispiel der leidende Hiob seinen Freund Zofar: »Warum sollte ich nicht *ungeduldig* sein«? (Hi 21,4) Ungeduld aber hat viele Ursachen. Man kann aus Zorn mit einem anderen die Geduld verlieren (vgl. Sach 11,8) und daher »ungehalten«[90] über ihn sein. Oder das jammervolle Geschick anderer kann

---

89 Zur sogenannten Gnadenformel und ihren weiteren Belegstellen siehe H. Spieckermann, Barmherzig, 3–19.
90 So die Übersetzung von W. Gross, Richter, 578 f.

einem die innere Ruhe rauben und in einen Zustand ungeduldiger Bedrängnis und Erregung versetzen. In dieser Weise hat *Martin Buber* die Redewendung in Ri 10,16 verstanden: »IHM (JHWH) zog sich die Seele zusammen bei Jisraels Elend.«[91] Endet daher der den Jiftacherzählungen vorangestellte Prolog mit dem Hinweis auf eine ambivalente Gemütslage JHWHs? Was sollte Geltung behalten – die klare Ansage seines »Neins« zur letztmaligen Rettung Israels (V 13) auf der einen Seite, oder andererseits das Mitgefühl mit seinem Volk angesichts der tätigen Reue, die es zeigte, und der brisanten Lage, in der es war (V 15–16a)? Geriet der Gott Israels damit selbst in einen inneren Konflikt, hin- und hergerissen zwischen Zorn und Liebe, der dazu führte, dass es ihm bzw. seiner Seele »ungemütlich« wurde?[92] Der letzte Satz des Abschnitts macht nur eines deutlich: Es ist die Mühsal Israels, das Elend, das nun schon achtzehn Jahre währt (V 8), welches JHWH ans Gemüt geht, ihn unruhig werden lässt. Noch ist der Gott Israels von seinem »Nein« zur Rettung des Volkes nicht abgerückt. »Damit fällt JHWH aus der Rolle, die ihm im Richterschema zugeschrieben wurde.«[93] Seine Geduld ist nicht grenzenlos. Aber auch sein Zorn ist das nicht. Der Gott Israels ist ein leidenschaftlicher Gott, keiner, der sich vom menschlichen Elend, zumal vom Elend seines Volkes, nicht berühren ließe. Der Ausgang seines Konfliktes mit Israel ist offen. Keiner kann wissen, ob sein »Nein« zur Rettung das letzte Wort zur Sache ist. Aber gerade diese Offenheit lässt hoffen, dass er sein Volk am Ende doch nicht fallen lässt.

---

91 M. Buber, Schrift 2, 111.
92 Die Übersetzung von E. A. Knauf (Richter, 118) gibt die Unbestimmtheit der Redewendung gut wieder.
93 S. Gillmayr-Bucher, Welten, 146.

Dieser Prolog zu den Jiftacherzählungen öffnet dem Leser weniger einen detaillierten Einblick in die Konflikte der vorstaatlichen Zeit Israels als vielmehr einen Blick in die innere Verfassung der Exilsgeneration. Was damals in der Zeit der Richter geschah, war dem Erzähler keine graue Vergangenheit, sondern bedrückende und bedrängende Gegenwart. Wenn es eine Generation in Israel gab, die sich mit dem »Nein« JHWHs konfrontiert sah, mit der Undurchschaubarkeit, aber auch mit der Offenheit der Geschichte, dann war es die des Exils. Das »Damals« fand sich im »Heute« (*hajjom*) wieder, das von den Verfassern des Deuteronomiums ständig beschworen wird.[94] Die Präsenz des Vergangenen machte die Gegenwart lesbar, aber ihren Ausgang nicht berechenbar. Noch war nicht absehbar, ob und wie Israel jemals wieder aus der tiefen Krise herausfinden würde. So begann es, seine eigene Geschichte noch einmal neu zu erzählen als eine Geschichte von Schuld und Strafe, von Umkehr und Hoffnung auf Vergebung und Rettung. Das war die Brille, die die Deuteronomisten ihren Lesern auf die Nase setzten, um durch sie nun auch die Erzählungen von Jiftach und seiner Tochter von Neuem durchzubuchstabieren und in ihnen nicht nur Spuren der Vergangenheit, sondern auch der Gegenwart JHWHs zu suchen, seines Schweigens und seines Redens, seiner Verborgenheit und seiner Offenbarung.

---

94 Vgl. u. a. 5Mose 5,3; 6,6; 11,26; 26,16; 29,13f.

6.2 Vertreibung und Heimholung

10,¹⁷Und die Ammoniter wurden zusammengerufen und lagerten sich in Gilead. Die Israeliten dagegen versammelten sich und lagerten in Mizpa. ¹⁸Da sprachen sie, das Kriegsvolk, die Truppenführer Gileads, einer zum anderen: »Wer ist der Mann, der damit beginnt, gegen die Ammoniter zu kämpfen? Er soll Häuptling aller Bewohner Gileads werden.«

11,¹Jiftach, der Gileaditer, war ein tüchtiger Krieger, jedoch der Sohn einer Hure. Und Gilead hatte Jiftach gezeugt.

²Doch die Frau Gileads gebar ihm weitere Söhne. Und als die Söhne der Frau heranwuchsen, da vertrieben sie Jiftach und sprachen: »Du sollst kein Erbteil bekommen am Haus unseres Vaters, denn der Sohn einer anderen Frau bist du.« ³Da floh Jiftach vor seinen Brüdern. Er ließ sich nieder im Lande Tob. Und es rotteten sich um Jiftach mittellose Männer zusammen. Die zogen mit ihm gemeinsam aus.

⁴Aber nach einiger Zeit geschah es, dass die Ammoniter Krieg mit Israel führten. ⁵Und als sich die Ammoniter mit Israel im Krieg befanden, gingen die Ältesten Gileads hin, um Jiftach aus dem Lande Tob zurückzuholen. ⁶Sie sprachen zu Jiftach: »Auf, werde für uns zum Heerführer. Dann wollen wir gegen die Ammoniter in den Krieg ziehen.«

⁷Jiftach aber sprach zu den Ältesten Gileads: »Habt ihr mich nicht gehasst und mich aus dem Haus meines Vaters vertrieben? Warum seid ihr jetzt zu mir gekommen, wo es eng für euch wird?« ⁸Da sprachen die Ältesten Gileads zu Jiftach: »Deswegen sind wir jetzt zu dir umgekehrt, damit du mit uns gehst und gegen die Ammoniter Krieg führst. Und du sollst unser Häuptling werden für alle Bewohner Gileads.«

⁹Daraufhin sprach Jiftach zu den Ältesten Gileads: »Wenn ihr mich zurückbringt, um gegen die Ammoniter Krieg zu führen, und JHWH sie vor mir da-

hingibt, soll ich dann tatsächlich euer Häuptling sein?«
¹⁰Da sprachen die Ältesten Gileads zu Jiftach: »JHWH soll ein Ohrenzeuge zwischen uns sein, dass wir unbedingt deinem Wort entsprechend handeln!«
¹¹So ging Jiftach mit den Ältesten Gileads. Und das Volk setzte ihn über sich zum Häuptling und zum Heerführer ein. Jiftach aber trug alle seine Worte vor JHWH in Mizpa vor.

Die beiden Verse in Ri 10,17–18 bilden eine Überleitung zwischen dem Prolog und der ersten Episode der Jiftacherzählungen in Ri 11,1–11. Die Lage im ostjordanischen Gilead (vgl. Ri 10,8) spitzt sich zu. Die Bewohner des Landstrichs befanden sich nicht nur in der Hand der Ammoniter, die sie seit Jahren unterdrückten und plagten. Vielmehr schlugen diese jetzt in Gilead ihr Heerlager auf, um gegen die Gileaditer zu kämpfen. Die Israeliten dagegen versammelten sich in Mizpa. Der Krieg schien unausweichlich zu sein.

Ein Blick auf die Karte macht schnell deutlich, dass es sich bei der bevorstehenden militärischen Auseinandersetzung um einen regional begrenzten Konflikt zwischen den ostjordanischen Gileaditern und ihren Nachbarn, den Ammonitern handelt. Denn von Ri 10,18 an ist in dieser Episode, die über Jiftachs Vertreibung und Heimholung berichtet, fast nur noch von den Gileaditern die Rede, kaum dagegen von ganz Israel.[95]

---

95 Eine Ausnahme bilden Ri 11,4 und 5, die wohl von denjenigen Redaktoren leicht überarbeitet wurden, die die Auseinandersetzung zwischen Ammon und Gilead in einen gesamtisraelitischen Zusammenhang einordneten.

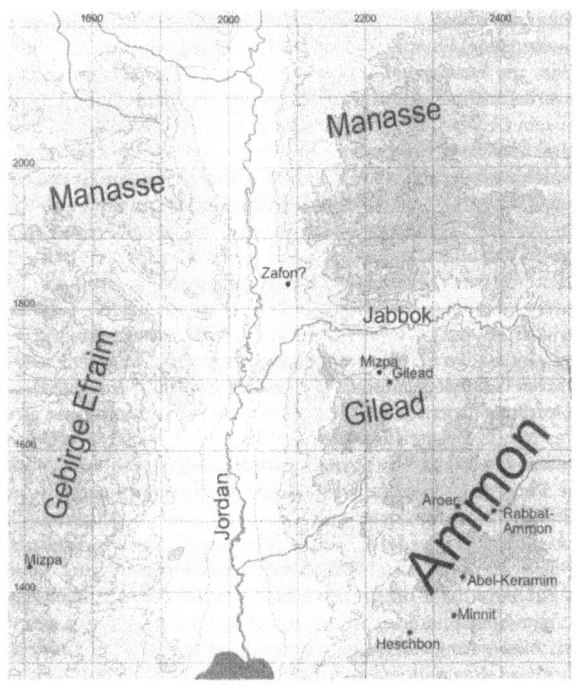

Abb. 5: Das Ostjordanland nach Ri 11

6.2.1. Ammoniter und Gileaditer

Die Ammoniter hatten ihre Wohnsitze im mittleren Ostjordanland zwischen den Flüssen Jabbok und Arnon mit ihrer Hauptstadt Rabbat Ammon, dem heutigen Amman in Jordanien. Südlich davon waren die Moabiter ansässig. Nordwestlich, im Knie des Jabbok sowie zwischen Jabbok und Jarmuk im Norden, erstreckte sich Gilead. Nach der Erzählung über Lot und seine Töchter (1Mose 19,30–38) war Ammon, genannt Ben-Ammi, der Sohn, den Lot mit seiner jüngeren Tochter gezeugt habe (V 38). Diese Namensätiologie hält das Wissen um eine entfernte Verwandtschaft zwischen Israeliten und Ammonitern fest. Dem trägt auch noch die Notiz in 5Mose 2,19 Rechnung, die es den Israeliten im Zuge der Landnahme untersagte, gegen die Ammoniter Krieg zu führen. Zugleich wird auf die Ammoniter, deren Stammvater aus einem Inzest hervorgegangen sei, aber auch ein Schatten geworfen. Ihnen wurde die Aufnahme in die Gemeinde JHWHs verwehrt (5Mose 23,4). Sie galten als Götzendiener, die den Wetter- und Kriegsgott *Milkom* als Haupt ihres Pantheons verehrten (1Kön 11,5.7.33; 2Kön 23,13). Im Verlauf der Geschichte sei es daher nicht bei der friedlichen Verwandtschaft geblieben. Der Schatten, der das Bild von ihnen trübte, färbte sich immer dunkler ein.[96] Nach Ri 3,13 hatten die Ammoniter bereits den Moabiterkönig Eglon bei der Eroberung der Palmenstadt Jericho unterstützt, die zu einer achtzehnjährigen Unterdrückung Israels geführt habe, der der Richter Ehud schließlich ein Ende setzte. So sei es dann auch in späterer Zeit immer wieder zu von Ammon provozierten Kriegen mit Israel gekommen (1Sam 11; 2Sam 10). Dabei sei ihre Kriegsführung von abgrundtiefer Brutalität gekennzeichnet gewesen. Den Bewohnern von Jabesch in Gilead, die sich mit ihnen friedlich einigen wollten, habe der Ammoniterkönig Nachasch gedroht, das rechte Auge auszustechen (1Sam 11,1f.). Und der Prophet Amos klagt sie an, sie hätten Schwangere in Gilead aufgeschlitzt, Angst und Schrecken verbreitet, nur

---

96 U. Hübner (Ammon, 414): »Der Nachwelt blieben die Ammoniter v. a. durch die lit. Hinterlassenschaft ihrer Gegner bekannt, die ein Gespinst aus Wahrheit, Halbwahrheit, Irrtum und Verleumdung darstellen. Bilder, die sich Israeliten und Judäer von ihrem östlichen Nachbarn machten, waren ambivalent; Feindbilder überwogen«.

um ihr eigenes Territorium zu erweitern (Am 1,13). An diesem Bild von den brutalen, kriegsversessenen Ammonitern, das man in Israel pflegte, hatten auch die Jiftacherzählungen ihren Anteil.

Nach Ri 10,17 waren es die Ammoniter, die in Gilead eingedrungen waren und sich für eine militärische Auseinandersetzung rüsteten. Das zwang die Oberhäupter der Gileaditer dazu, ihrerseits in Mizpa ihr Heerlager aufzuschlagen. Unsicher bleibt dabei, um welches Mizpa es sich gehandelt haben mag. Es gab mindestens drei Orte in Kanaan, die diesen Namen trugen. Einmal das westjordanische Mizpa (*Tell en-nasbe*), das ca. 12 km nordwestlich von Jerusalem lag. Zum anderen muss es wenigstens ein ostjordanisches Mizpa gegeben haben (vgl. 1Mose 31,49). In Ri 11,29 trägt es den Doppelnamen Mizpe-Gilead. Da der Erzähler in Ri 10,17 den Eindruck erweckt, dass die Heere der Ammoniter und der Gileaditer in bedrohlicher Nähe zueinander ihre Lager aufgeschlagen hatten, deutet dies auf ein Mizpa in der Nähe zu der Ortslage Gilead (*Chirbet Gel'ad*) südlich von Mahanajim im Jabbokbogen hin. Denkbar wäre allerdings auch ein nördlich davon zwischen Jabbok und Jarmuk gelegenes Mizpa (*Suf*).[97] Da es sich um einen regionalen Konflikt handelte, dürfte es sich wohl um eine dieser beiden ostjordanischen Ortslagen handeln, die den Namen Mizpa trugen und auch den Lesern bekannt waren.

Wie prekär die Situation für die Gileaditer gewesen ist, geht aus dem folgenden Vers hervor. Das Heerlager hat sich versammelt, aber es fehlt ihnen ein überzeugender Heerführer, der die Truppen in die Schlacht führt. Da nach dem Prolog JHWH ihnen keinen Retter

---

97 Siehe E. GASS, Ortsnamen, 479–484 u. 500–502, sowie I. FINKELSTEIN, Königreich, 165.

erweckt hatte, müssen sie nun ihr Schicksal in die eigene Hand nehmen und tätig werden. Vom einfachen Soldaten bis zu den jeweiligen Offizieren wird fieberhaft nach einem Oberbefehlshaber des Heeres gesucht, damit die Truppe nicht länger kopflos bleibt. Offensichtlich ist es schwierig, eine geeignete Person zu finden. Daher wird dem potenziellen Kandidaten ein verlockendes Angebot in Aussicht gestellt. Er soll künftig nicht nur Inhaber des militärischen Ranges eines »Oberkommandierenden« (*qazin*) sein, sondern darüber hinaus auch das »Oberhaupt« (*rosch*) aller Bewohner Gileads, also so etwas wie ein Stammeshäuptling. Damit war die redaktionelle Brücke gebaut, um endlich den eigentlichen Helden der Erzählung, Jiftach, auf die Bühne des Geschehens treten zu lassen.

In Ri 11,1–11 werden die Ereignisse berichtet, die dann – der Vorgabe von 10,18 entsprechend – dazu führten, dass am Ende Jiftach nicht nur der militärische Anführer wurde, sondern in Personalunion damit auch das zivile Oberhaupt aller Gileaditer.

6.2.2. Jiftachs Vertreibung

In einer kurzen Rückblende unterrichtet der Erzähler seine Leser zunächst über den bisherigen Werdegang Jiftachs (V 1–3). Programmatisch wird die Episode mit der Namensnennung »Jiftach, der Gileaditer« eröffnet. Der Name ist ein hebräischer Satzname mit der Bedeutung »Er (Gott) öffnet.« In ihm kommt die Dankbarkeit an die jeweilige Gottheit zum Ausdruck, die den Leib der Mutter für die Geburt ihres ersten Kindes geöffnet hat. Dabei handelt es sich um einen mehrfach im Alten Orient belegten Personennamen.[98] Als Gileaditer wird

---

98 Vgl. U. Hübner, Jiftach, 342.

Jiftachs Herkunft direkt auf den Stammvater der Sippe, Gilead, zurückgeführt, der ihn gezeugt habe (V 1). Nach der biblischen Tradition war Gilead, Jiftachs Vater, ein Sohn Machirs, des Sohnes Manasses, Sohn Josefs.

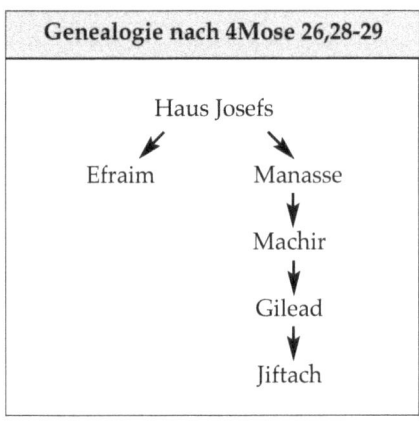

Die gesamte Komposition der Jiftacherzählungen umfasst demnach sein Leben von der Wiege (11,1) bis zur Bahre (12,7). Was wir daraus erfahren, sind allerdings nur wenige Begebenheiten mit teilweise anekdotenhaftem Charakter, die sich um seinen Kampf mit den Ammonitern ranken. Das entspricht durchaus dem Verfahren antiker »Biographien«, die vor allem am öffentlichen Wirken der vorgestellten Personen interessiert waren.[99]

Im Vater Jiftachs wurde der ursprüngliche ostjordanische Landschaftsname zum Personennamen, der die enge Verbindung zwischen der Sippe Gileads und der von ihr beanspruchten Landschaft unterstreicht. Gile-

---

99 So K. BALTZER, Biographie, 20.

ads Vater Machir habe im Zuge der Landnahme das Bergland Gilead erobert und die Amoriter daraus vertrieben (4Mose 32,39f.; 5Mose 3,15; Jos 17,1). Bei all diesen Angaben handelt es sich um gelehrte spätere Konstrukte, die den Sinn hatten, die zur Zeit der Erzähler und späteren Schreiber gegebenen Siedlungsverhältnisse des Ostjordanlandes im Rahmen der israelitischen Stammesgeschichte zur Geltung zu bringen.

Zu der lokal- und stammesgeschichtlichen Zuordnung Jiftachs treten zwei weitere Aussagen hinzu, die seine soziale Position charakterisieren. Einerseits kam ihm als ältestem Sohn des Sippenoberhauptes Gilead bereits durch seine Geburt eine besondere Würde zu. Diese wird zusätzlich dadurch unterstrichen, dass er ein *gibbor chajil* gewesen sei, womit eine Person gemeint ist, die sich durch ein besonders heldenhaftes Auftreten vor allem in militärischen Auseinandersetzungen bewährt hat.[100] Alles das also sprach positiv für ihn.

Anderseits aber haftete auch ein Makel an Jiftach, weil er nicht das Kind der rechtmäßigen Frau Gileads gewesen sei, sondern der Sohn einer Prostituierten. Dass sich verheiratete Männer im alten Israel Nebenfrauen hielten oder mit Dirnen verkehrten, widersprach nicht den moralischen Normen und unterlag keiner sozialen Ächtung.[101] Problematisch war dagegen die Rechtsstellung der Kinder, die aus solchen außerehelichen Beziehungen hervorgingen. Wenn es ums Erbrecht ging, hatten sie oft eine schwächere Position als ihre Halbgeschwister aus der Ehe mit der jeweiligen

---

100   Vgl. Jos 1,14; 6,2; Ri 6,12; 1Sam 16,18.
101   Vgl. 1Mose 38; 4Mose 12; Jos 2; Ri 16; 1Kön 3,16–28 und R. Jost, Hure, 2007.

Hauptfrau, vor allem dann, wenn es um die Rechte des Erstgeborenen ging. Spätere Generationen sahen sich offensichtlich dazu genötigt, die Rechte des erstgeborenen Sohnes eines Vaters unabhängig davon zu stärken, ob dieser das Kind der »geliebten« oder »gehassten« Frau war (5Mose 21,15–17),[102] der Hauptfrau oder einer seiner Nebenfrauen. Dem Erstgeborenen stand ein doppelter Anteil am Erbe zu. Allerdings konnte er diesen auch verlieren, wenn er sich z. B. wie Esau von Jakob übertölpeln ließ, dem er sein Erstgeburtsrecht für das sprichwörtlich gewordene »Linsengericht« verkaufte (1Mose 25,29–34), oder es durch ein gravierendes Fehlverhalten verspielte, wie Ruben, der mit Bilha, der Nebenfrau seines Vaters, geschlafen hatte (1Mose 35,22; 49,3f.). Alle diese Fälle machen deutlich, wie schnell der Familienfrieden in die Brüche gehen kann, wenn es ums Erbe geht – und das nicht nur in biblischen Zeiten!

Dies – so der Erzähler – sei eben auch bei Jiftach der Fall gewesen. Als junger Mann, der sich bereits die ersten militärischen Sporen verdient hatte, lebte er noch im Haus des Vaters Gilead. Und damit waren die Konflikte mit der Ehefrau Jiftachs vorprogrammiert, die ihm weitere legitime Söhne als Erben geboren hatte. Bei alledem fällt auf, dass weder der Name der Mutter Jiftachs, der Prostituierten, noch der Name der Ehefrau Gileads wie auch später der Name der Tochter Jiftachs erwähnt werden. Alle drei in der Jiftacherzählung erwähnten Frauen bleiben namenlos. Es trifft sicherlich

---

102 Ausführlich dazu E. Otto, Deuteronomium 12,1–23,15, 1653 ff. Dabei beschreiben die Begriffe »geliebt« und »gehasst« nicht nur die emotionale Beziehung des Mannes zu den jeweiligen Frauen, sondern hatten wohl auch eine rechtliche Konnotation.

zu, dass sich darin der androzentrische Standpunkt des Erzählers zeigt. Was letztlich zählte, das waren eben die Namen der Männer, die Geschichte machten. Ob die Frauen damit aber als solche ganz bewusst ausgegrenzt wurden,[103] das wird man fragen dürfen. Öffnet der Erzähler mit den namenlosen Frauen im Leben Jiftachs nicht auch Rollen, die geradezu danach schreien, dass sich andere Frauen in ihnen durch Zu- und Widerspruch wiederfinden und herausgefordert wissen?[104]

Die umstrittene erbrechtliche Stellung Jiftachs im Haus des Vaters führt schließlich zu seiner Vertreibung durch die Stiefmutter und ihre Söhne. Das Motiv erinnert an die Vertreibung Ismaels und seiner Mutter Hagar aus dem Haus Abrahams durch Sara. Auch Ismael, der erstgeborene Sohn Abrahams, den er mit seiner Magd Hagar gezeugt hatte, sollte nicht mit Isaak erben. Die Vertriebenen irren in der Wüste umher, geraten in Not und werden schließlich doch noch durch einen Boten Gottes gerettet. Der vertriebene Knabe wächst in der Wüste heran, macht als Bogenschütze Karriere und wird zum *Heros eponymus* der Ismaeliter (1Mose 16; 21,8–21).[105]

Im Unterschied zu der Ismaelerzählung, in der Abraham sich der Vertreibung nicht widersetzt, sondern auf das Drängen Saras hin an ihr beteiligt, spielt Gilead, der Vater Jiftachs, in dem gesamten Familiendrama keine Rolle. Der Erzähler teilt dem Leser lediglich eine Art Kurzprotokoll von dem mit, was in Gileads Haus geschah. Die näheren Umstände interes-

---

103 So Ch. Exum, Richterbuch, 43.
104 Siehe zum Problem der Namenlosigkeit vor allem M. Bauks, Tochter, 58 ff.
105 Ausführlich dazu M. Köckert, Abraham, 177 ff.

sieren nicht, sondern nur das, was die Handlung vorantreibt. Dass Jiftach sich nicht friedlich vom Haus seines Vaters trennte, geht aus der Fortsetzung hervor. Er sieht sich genötigt, vor seinen Brüdern zu fliehen, und lässt sich im Land *Tob* nieder (Ri 10,3).

Hinter der Bezeichnung des Fluchtlandes verbirgt sich ein Wortspiel. Der Name ist identisch mit dem hebräischen Adjektiv *tob* (gut). Wird damit angedeutet, dass Jiftach mit dem Fluchtland eine gute Wahl getroffen hatte? Und sollte man daher das Land »Gut« lieber gar nicht erst auf einer Landkarte suchen?[106] Damit würde man wohl das Kind mit dem Bade ausschütten. Denn dass Tob nicht einfach ein Phantasie- oder Schlaraffenland war, sondern eine gleichnamige Ortslage, die auch im Kriegsbericht Davids gegen die Ammoniter erwähnt wird (2Sam 10,6–8), ist ein deutliches Indiz dafür, dass es einen solchen Ort tatsächlich gab. Möglicherweise wurde sein Name dann auf das gesamte umliegende Gebiet übertragen. Am ehesten kommt dafür das ca. 70 km nördlich von Gilead entfernte *et-Tayyibe* im südwestlichen Haurangebirge infrage.[107]

Im Landstrich *Tob* sammelte Jiftach ᵃ*naschim reqim* um sich. Wörtlich übersetzt heißt das »leere Männer«. Gemeint waren damit mittellose Outlaws, eine Bevölkerungsschicht, die durch das soziale Netz gefallen war und sich ihren Lebensunterhalt durch Gewalt, Schutzgelderpressung und andere Formen der Freibeuterei zu beschaffen suchte (vgl. Ri 9,4; 1Sam 22,2). Diese unternahmen entsprechende Razzien, zu denen sie mit ihren Bandenführern auszogen. Vergleichbar sind sie mit den in altorientalischen Texten häufiger begegnenden Gruppen von sogenannten ʿ*Apiru/Hapiru*,

---

106 So E. A. KNAUF, Richter, 123.
107 Siehe E. GASS, Ortsnamen, 494–496.

die außerhalb oder am Rande der kanaanäischen Gesellschaft lebten und sich als Banditen oder Söldner verdingten.[108]

Das Bild, das die kurze Rückblende vom bisherigen Leben Jiftachs in Ri 11,1–3 entwirft, ist ambivalent. Es zeigt einen tüchtigen jungen Krieger, Erstgeborener eines angesehenen Sippenoberhauptes, dessen Biographie schon früh einen tiefen Bruch erfuhr. Wie ein Verhängnis schwebt über ihm der bleibende »Makel«, Kind einer unehelichen Beziehung seines Vaters zu einer Prostituierten zu sein. Das Schicksal solcher Kinder, die – als »Bastarde«[109] stigmatisiert – ihren Weg gehen mussten, war in antiken Gesellschaften bis in das 20. Jh. hinein häufig von Spott, Benachteiligungen und Ausgrenzungen gekennzeichnet. Ihre Rechtsstellung war gegenüber denen aus einer ehelichen Beziehung gemindert. Auf diese Weise gerieten sie nicht selten an den Rand der Gesellschaft. Das familien-, sippen- und stammesrechtliche Netz- und Regelwerk, das dem Einzelnen soziale Sicherheit gab, fing sie nicht auf. Das war offensichtlich auch bei Jiftach der Fall, der gegen seine Vertreibung machtlos schien. Daher blieb ihm nichts anderes übrig, als Zuflucht bei denen zu suchen, die wie er als soziale Außenseiter mit Aktionen am Rande der Legalität ihr Leben fristeten. »Seine Geburt war unordentlich«[110] und hatte ihn unverschuldet in diese Lage gebracht, in einen bedrängenden Konflikt,

---

108 Siehe D. JERICKE, Hebräer, 2012.
109 Der diskriminierende Begriff des »Bastards« bezeichnete in Feudalgesellschaften das Kind eines Angehörigen des Adels mit einer nicht standesgemäßen Frau. Mit der Zeit nahm es eine immer pejorativer werdende Bedeutung an und wurde zu einem verbreiteten Schimpfwort.
110 Mit diesen Worten über die Geburt des Mose eröffnet TH. MANN seine Erzählung »Das Gesetz« (864).

der wie ein unaufhebbarer Zwang über seinem weiteren Leben lag. Seine Herkunftsfamilie, die ihn verstieß, machte ihn zum Einzelgänger, der allein auf sich selbst und seine Fähigkeiten angewiesen war. Worin andere nahezu selbstverständlich Halt und Sicherheit fanden, die Einbindung in solidarische Familien- und Sippenstrukturen, das fiel für ihn aus. Das Moment der Einsamkeit, das den Weg des tragischen Helden charakterisiert, begleitet ihn wie ein Schatten. Der Konflikt, in den er durch den »Makel« seiner Geburt gestürzt wurde, gründet damit nicht in ihm selbst, seinem Charakter, sondern in einem Abgrund menschlicher und gesellschaftlicher Wirklichkeit, für den er nicht verantwortlich war, den er vielmehr gezwungenermaßen tragen und ertragen musste. Damit deutet sich ein tragischer Konflikt an, der dem Leben Jiftachs von seiner Kindheit an eingeschrieben war.

6.2.3. *Jiftachs Heimholung*

Mit Ri 11,4 verlässt der Erzähler die Rückblende und kehrt zu dem in 10,17–18 beschriebenen Konflikt zwischen Gilead und Ammon zurück. Die ersten Scharmützel mit den Ammonitern waren im Gange. Damit hatte die Suche nach einem militärischen Anführer oberste Priorität. Man erinnerte sich Jiftachs und seiner besonderen Fähigkeiten und schickte umgehend die »Ältesten Gileads« los, um ihn aus dem Lande Tob zurückzuholen (V 4–5). Da das Amt des »Ältesten« (*saqen*) in der Regel an eine Ortschaft und nicht an eine Region oder ein Stammesgebiet gebunden war, dürfte es sich hier um die Ältesten der Stadt Gilead südlich des Jabbok handeln.[111] Diese traten mit Jiftach in Verhand-

---

111 Mit Chr. Schäfer-Lichtenberger, Stadt, 255 ff., und V. Wagner, Älteste, 2008.

lungen über die Modalitäten seiner Rückkehr ein (Ri 11,6–11). Für Jiftach bot sich damit eine Chance, seinem Schicksal eine Wende zum Besseren zu geben. Und er ließ diese Gelegenheit nicht ungenutzt. Zunächst bieten die Ältesten ihm an, ihr *qazin* zu werden. Der Begriff kennzeichnet eine Person, die als ziviler oder militärischer Machthaber bzw. Vorgesetzter Entscheidungen trifft. Im militärischen Kontext, von dem ja in V 6 die Rede ist, bezeichnet er den Heerführer oder Oberbefehlshaber.[112] Jiftach kontert das ehrenhaft scheinende Angebot sofort mit einer Gegenfrage: Warum kommen sie jetzt in der Not zu ihm, wo sie ihn doch gehasst und aus dem Haus des Vaters vertrieben hatten (V 7)? Der Vorwurf impliziert nicht unbedingt, dass unter den Ältesten auch seine Halbbrüder waren. Hatte er einst im Rahmen der »Torgerichtsbarkeit«[113] der Stadt Gilead, in der die Ältesten traditionell eine wichtige Rolle spielten, auch durch sie keine Unterstützung gefunden?[114] Da der Erzähler nicht näher darauf eingeht, wie und ob sich Jiftach in dem Konflikt mit seinen Halbbrüdern rechtlichen Beistand suchte, bleiben derartige Überlegungen allerdings Spekulation. Einen Effekt hatte die kritische Frage Jiftachs an die Ältesten allerdings. Er trieb damit den Preis für seine Rückkehr in die Höhe. Die Antwort der Ältesten (V 8) lässt erkennen, dass es ihnen nicht unbedingt leichtgefallen ist, zu

---

112 Vgl. Jos 10,24; Jes 22,3; Dan 11,18.
113 Der Begriff bezeichnet den Ort des Gerichtswesens in den Toranlagen der Städte, die einen größeren öffentlichen Platz für die Teilnahme aller rechtsfähigen Männer des Ortes an den jeweiligen Verfahren boten (vgl. 5Mose 16,18; 17,8; 21,19; Rut 4,10f.; Hi 29,7 u.ö.).
114 Siehe zur Torgerichtsbarkeit in den Städten und der Rolle der Ältesten in ihr H. NIEHR, Rechtsprechung, 50–54.

Jiftach »um-« oder »zurückzukehren«. Ihr Bittgang glich eher einem »Gang nach Canossa«. Denn das hebräische Verb *schub* (um-/zurückkehren) bringt mehr als nur eine räumliche Wiederannäherung zum Ausdruck. Es impliziert auch eine Verhaltens- und Gesinnungsänderung gegenüber Gott und Mensch. Und so legen sie, was ihr Angebot an Jiftach angeht, noch einmal nach. Sie versprechen ihm nicht nur das Amt eines militärischen Anführers, sondern zusätzlich auch das Amt des *rosch*, des »Häuptlings« aller Bewohner von Gilead. Während es sich bei dem militärischen Anführer (*qazin*) um ein zeitlich begrenztes Mandat Jiftachs in Kriegszeiten handelt, dürfte das Amt des Oberhauptes (*rosch*) ein auf Dauer angelegtes politisches Herrschaftsamt gewesen sein, das auch in Friedenszeiten ausgeübt wurde.[115]

Jiftach lässt sich das Angebot der Ältesten noch einmal ausdrücklich bestätigen, bindet es aber an eine Bedingung. Er will es nur dann wahrnehmen, wenn JHWH ihn im Kampf gegen die Ammoniter siegen lässt (V 9). Man mag darin das Zeichen einer besonderen Frömmigkeit und Demut Jiftachs sehen, der hier erstmalig JHWH mit ins Spiel bringt. Wichtiger aber ist es, dass damit in klassischer Weise altorientalische Kriegskonzepte zum Ausdruck kommen. Kriege waren im gesamten Alten Orient keine rein profanen Angelegenheiten, sondern in hohem Maße sakralisiert.[116] Den Hintergrund altorientalischer Kriegsideologie bildete die Wiederherstellung der gestörten Weltordnung durch den Krieg führenden König als einem Repräsentanten der Gottheit.[117] Das bedeutet, dass Gott der ei-

---

115 Zur Unterscheidung beider Ämter vgl. R. Neu, Anarchie, 273 ff.
116 Vgl. B. Lang, Jahwe, 65 ff., und E. Otto, Krieg.
117 Grundlegend dazu J. Assmann, Herrschaft, 80–97.

gentliche Kriegsherr war, der König und sein Heer lediglich die ausführenden Organe. Daher wurden vor dem Beginn der Kämpfe priesterliche oder prophetische Kriegsorakel zu den Erfolgs- und Siegesaussichten eingeholt.[118] Die altorientalischen Gottheiten zogen, repräsentiert durch ihre Götterbilder und Symbole, selbst mit in die Schlacht und waren im Falle der Niederlage begehrtes Beutegut der Sieger.

Abb. 6: Assyrische Soldaten transportieren vier erbeutete Götterbilder ab. Relief aus Nimrud z. Zt. Tiglatpileser III. (8. Jh. v. Chr.)

In diesem Sinne wurden die Kriege Israels bereits von der frühen Königszeit an dem Muster der altorientalischen Kriegsideologie entsprechend als JHWH-Kriege geführt. Zu den festen Bestandteilen der Vorstellung vom JHWH-Krieg gehörte die Überzeugung, dass es JHWH ist, der den Feind »in die Hand« Israels gibt (Übereignungsformel),[119] sowie das Vertrauen darauf,

---

118 Vgl. Ri 4,4–9; 1Sam 30,7f.; 1Kön 22,1–6.
119 Jos 10,30.32; 11,8; Ri 4,9; 11,21; 1Sam 14,12.37.

dass er als der eigentliche Retter im Kampf selbst anwesend ist. So wurde er bereits in 2Mose 15,3 als »Kriegsmann« hymnisch gepriesen. Zeichen seiner Anwesenheit im Krieg war mitunter die Bundeslade (Jos 6), die im Falle einer Niederlage auch in die Hände des Feindes fallen konnte (1Sam 4,1–11). Wenn Jiftach in den Verhandlungen mit den Ältesten betont, dass er nur dann das Amt ihres Häuptlings antreten wolle, wenn JHWH zuvor die Feinde vor ihm dahingeben wird, dann ist das ein deutlicher Hinweis des Erzählers darauf, dass der Krieg Gileads mit den Ammonitern für Jiftach ein JHWH-Krieg war. Dies galt auch dann, wenn die Ältesten Gileads und nicht JHWH ihn zu ihrem Retter erwählt hatten. Die Ältesten stimmen der Bedingung Jiftachs zu und betonen nun ihrerseits, dass JHWH selbst Zeuge zwischen ihm und ihnen sei (Ri 11,10). Das bedeutet mehr als nur die Zeugenschaft JHWHs. Vielmehr wird dieser damit zum Garanten der Vereinbarung zwischen den beiden vertragsschließenden Parteien. Wer gegen die Vereinbarung verstößt, muss dem Tat-Folge-Denken entsprechend mit der Strafe Gottes rechnen (vgl. 1Mose 31,43–54).

So kehrte Jiftach mit den Ältesten zurück und wurde vom Volk zum »Häuptling« (*ro'sch*) und zum »Heerführer« (*qazin*) eingesetzt, in dessen Auftrag die Ältesten gehandelt hatten (Ri 11,11a). Offensichtlich bedurfte es der Bestätigung der Vereinbarung durch die Volksversammlung aller freien, rechtsfähigen und Waffen tragenden Männer.[120] Seinen Abschluss findet diese Episode der Jiftachüberlieferung in der ein wenig unvermittelten Bemerkung, Jiftach habe alle seine Worte vor JHWH in Mizpa geredet (V 11b), dem Ort, an dem sich

---

120 Vgl. 1Sam 10,24; 11,15.

nach Ri 10,17 das Heerlager Israels befand. Dass es sich dabei um das in unmittelbarer Nähe der Stadt Gilead gelegene ostjordanische Mizpa handelte, wird durch 1Mose 31,49 nahegelegt (s. Abb. 5: Karte). Auch dort ist in einem Nachtrag von einem Mizpa in Gilead die Rede,[121] dem Ort, an dem es zum Vertragsschluss zwischen Jakob und Laban kam. Offensichtlich wusste die Tradition noch davon, dass es in diesem ostjordanischen Mizpa ein JHWH-Heiligtum gab.[122] Ließ der Erzähler Jiftach zum Abschluss seiner Heimholung dieses ostjordanische JHWH-Heiligtum aufsuchen, um nun seinerseits Gott die Aufgabe vorzutragen, die vor ihm lag, und sich seiner Unterstützung zu versichern? Wenn diese Vermutung zutrifft, dann könnte Ri 11,29 die ursprüngliche Fortsetzung der vorexilischen Episode über Jiftachs Vertreibung und Heimholung gewesen sein.

Auf die Vertreibung Jiftachs aus dem Haus des Vaters folgte mit seiner Heimholung durch die Ältesten Gileads ein ungeahnter Aufstieg. Der Verstoßene wurde zum Heerführer und Stammeshäuptling gekürt. Der scheinbar von Gott und den Menschen Verlassene wird am Ende vom Volk erhöht und steht vor JHWH in Mizpa, um nun auch ihm sein Geschick in die Hände zu legen. Der böse Anfang, den sein Leben nahm, fand eine glückliche Wende. Der Verlierer betritt die Siegerstraße. Was für eine Peripetie, was für ein Wechselbad der Gefühle ist das, in das der Erzähler seine Leser eintauchen lässt! Es gibt also doch noch so etwas wie eine gerechte Weltordnung. Am Ende winkt dem Tüchtigen das Glück.

---

121 Dazu B. Jacob, Genesis, 626f.
122 Vgl. H. M. Niemann, Herrschaft, 191, und W. Gross, Richter, 583f.

Damit wiederholt sich ein in vielen Erzählungen und Märchen von der Antike bis in die Gegenwart beliebtes Motiv. Ein junger Mann gerät verschuldet oder auch unverschuldet in eine Notsituation, muss das väterliche Haus und die Familie verlassen. Es verschlägt ihn in die Fremde, in der er Gefahren und Prüfungen zu bestehen hat. Dort macht er sein Glück und kehrt als bekannter, oft wohlhabender Mann in den Schoß seiner Familie bzw. seine Heimat zurück.[123] Was hier narrativ in Szene gesetzt wird, das ist die »Geburt« eines Helden. Auch die Hebräische Bibel macht von diesem Motiv mehrfach Gebrauch, wenn man an die Geschicke Jakobs und seine Flucht nach Haran, oder Josefs und seinen Verkauf nach Ägypten denkt.

So mündet auch die Tragik, die über der Kindheit und Jugend Jiftachs schwebte, in Größe. Und diese Größe strahlt umso heller, je dunkler und tiefer der Abgrund schien, aus dem er ins Licht emporstieg. »Ohne den Begriff der Größe kann man das Tragische nicht verstehen.«[124] Was uns allerdings hier in der ersten Episode der Jiftachüberlieferung begegnet, ist ja gerade nicht nur der Sturz des tragischen Helden ins Nichts, sondern damit korrespondierend auch seine Erhöhung zu einsamer Größe, die *Überwindung der Tragik* seines bisherigen Lebens, illegitimer Sohn einer Hure zu sein. Ebenso plötzlich wie sein Absturz zerreißt das Netz des Tragischen, in dem Jiftach gefangen schien. Von seiner »unordentlichen Geburt« ist nicht mehr die Rede, sondern nur noch von seiner Größe, zu der er erhoben wurde. Findet hier nicht das statt, was Aristoteles für die Zuschauer der Tragödien von ihren Dichtern ein-

---

123 Siehe H. GUNKEL, Märchen, 139 ff.
124 P. TILLICH, Vorlesungen III, 312.

forderte, eine *Katharsis* der Emotionen,[125] eine Befreiung und Reinigung von all dem Jammer und Elend, in dem sie sich durch ihre Identifizierung mit dem tragischen Helden selbst wiederfanden? Ja demonstriert diese erste Episode der Jiftacherzählungen nicht geradezu einen Moment der Aufhebung des Tragischen? Vielleicht ist es auch das, was wir als Leser daraus lernen sollen, dass dem Tragischen kein Recht auf Totalität zusteht. Wenn es gut geht, dann haftet ihm etwas Episodisches an, dann findet der schuldlos Erniedrigte zu Größe, Ehre und Ruhm.

Und doch, und doch – noch ist ja die letzte Schlacht im Leben Jiftachs nicht geschlagen. Noch hat er seinen Ruhm an die Bedingung des Sieges gegen die Ammoniter gebunden. Noch ist der Ausgang der Geschichte offen. Noch steht er vor JHWH in Mizpa als einer, der den Mut hat, die Schlacht gegen die Feinde anzuführen, aber nicht als Übermütiger, sondern in Demut! Denn er weiß wohl, dass ohne JHWH nichts zu gewinnen ist. Das und nicht nur die Ämter, die ihm übertragen wurden, macht seine Größe aus. Doch steckt in dieser Größe nicht zugleich auch ein neuer Keim des Tragischen, der auf die nächste Episode des Lebens lauert, das er wie ein Virus befällt?

---

125 Siehe S. 24.29.

6.3. Gescheiterte Diplomatie

11[12] Da sandte Jiftach Boten zum König der Ammoniter, um (mit ihm) zu reden: »Was soll das mit mir und mit dir, dass du zu mir gekommen bist, um gegen mein Land zu kämpfen?« [13]Daraufhin sprach der König der Ammoniter zu den Boten Jiftachs: »Weil mir Israel mein Land weggenommen hat, als es heraufzog aus Ägypten, vom Arnon an bis zum Jabbok und zum Jordan. Jetzt aber gib sie (die Ländereien) im Frieden zurück.«

[14]Da sandte Jiftach noch einmal Boten zum König der Ammoniter. [15]Und man sprach zu ihm: »So spricht Jiftach: Israel hat das Land Moab und das Land der Ammoniter nicht weggenommen, [16]sondern als sie aus Ägypten heraufzogen, da ging Israel durch die Wüste bis zum Schilfmeer. Und es kam nach Kadesch. [17]Da sandte Israel Boten zum König von Edom, um (ihm) mitzuteilen: Ich möchte gerne durch dein Land ziehen. Aber der König von Edom hörte nicht (auf sie). Auch zum König von Moab sandte er. Doch auch der wollte nicht. Da blieb Israel in Kadesch. [18]So zog es durch die Wüste und umging das Land Edom und das Land Moab. Und es kam vom Osten her[126] zum Land Moab. Und sie lagerten sich jenseits des Arnon, gingen aber nicht in das Gebiet Moabs hinein. Denn der Arnon ist die Grenze Moabs.

[19]Daraufhin sandte Israel Boten zu Sichon, dem König der Amoriter, König von Heschbon. Und Israel sprach zu ihm: Wir wollen gern durch dein Land ziehen bis zu unserem[127] Ort. [20]Sichon glaubte Israel aber nicht, dass es (lediglich) durch sein Gebiet ziehen würde. Daher versammelte Sichon sein gesamtes Kriegsvolk.

---

126 Wörtlich »Vom Sonnenaufgang her …«.
127 Wörtlich »bis zu meinem Ort«, von dem Israel als kollektives Subjekt spricht.

Und sie lagerten sich bei Jahaz. Und er kämpfte mit Israel. ²¹JHWH aber, der Gott Israels, gab Sichon und sein ganzes Kriegsvolk in die Hand Israels. Und sie schlugen sie. So besetzte Israel das ganze Land des Amoriters, der in jenem Land wohnte. ²²Sie nahmen das gesamte Gebiet des Amoriters vom Arnon bis zum Jabbok sowie von der Wüste bis zum Jordan ein. ²³Jetzt aber (ist es so): JHWH, der Gott Israels, hat den Amoriter vor seinem Volk Israel vertrieben. Und du willst ihn (es)[128] wieder verdrängen? ²⁴Ist's nicht so? Denjenigen, den dich dein Gott Kemosch vertreiben lässt, den vertreibst du. Jeden aber, den JHWH, unser Gott, vor uns vertrieben hat, den vertreiben wir.
²⁵Jetzt aber: Bist du wirklich besser als Balak, der Sohn Zippors, König von Moab? Hat er etwa einen heftigen Rechtsstreit mit Israel geführt, oder heftig gegen sie gekämpft? ²⁶Als Israel in Heschbon wohnte und ihren Tochterstädten sowie in Aroer und ihren Tochterstädten und in allen Städten, die an den Ufern des Arnon liegen seit dreihundert Jahren schon – warum habt ihr sie nicht in jener Zeit besetzt?
²⁷Ich aber habe mich nicht vergangen an dir. Du jedoch tust mir Böses an, wenn du gegen mich kämpfst. JHWH soll richten, der heute Richter zwischen den Israeliten und den Ammonitern ist.« ²⁸Aber der König der Ammoniter hörte nicht auf die Worte Jiftachs, die er ihm gesandt hatte. (Ri 11,12–28)

Der Eindruck, dass sich Jiftach seiner Aufgabe, die vor ihm liegt, mit Umsicht und Demut widmete, hat offensichtlich auch diejenigen deuteronomistischen Redaktoren bestimmt, die in die vorexilische Jiftachüberlieferung den Abschnitt in Ri 11,12–28 eingefügt haben. Wie

---

128 Siehe zur Übersetzung des hebräischen Personalpronomens der 3. P. Sg. an dieser Stelle S. 96.

im Prolog (10,6–16) kommt hier wieder eine gesamtisraelitische Perspektive ins Spiel. Danach sei der Krieg mit den Ammonitern kein lokaler, auf das ostjordanische Gilead begrenzter Konflikt gewesen, sondern eine Angelegenheit, die ganz Israel betraf. Gilead wird im gesamten Abschnitt mit keinem Wort erwähnt.[129] Zusätzlich zu dieser territorialen Erweiterung des Konflikts von Gilead auf ganz Israel kommt es auch zu einer Erweiterung des Zeithorizontes der Erzählung. Die Redaktoren ordnen die an Ort und Stunde gebundene Auseinandersetzung in die Vorgeschichte Israels seit dem Auszug aus Ägypten ein. Hier nimmt also eine Generation das Wort, die die ihr vorliegenden vielfältigen Überlieferungen aus der Frühzeit der Stämme zu einem normativen Geschichtsbild ganz Israels formte.[130] Aus dieser Sicht der Späteren war Jiftach kein Draufgänger, der sich blind ins Getümmel stürzte, sondern ein Oberbefehlshaber des Heeres, der besonnen agierte. Bevor er sich genötigt sah, den Konflikt mit den Ammonitern durch Waffengewalt zu entscheiden, habe er alle nur denkbaren Möglichkeiten der Diplomatie ausgeschöpft, um den Streit politisch zu lösen.

Unterrichtet wird der Leser über diese diplomatische Initiative durch eine ausführliche Verteidigungsrede Jiftachs, in der er die Rechtmäßigkeit des ostjordanischen Landbesitzes Israels dem König der Ammoniter gegenüber begründet (11,14–27). Gerahmt wird diese Rede von der Anfrage beim Ammoniterkönig nach dem Anlass für sein Vorgehen gegen Israel (11,12f.) sowie

---

129 Siehe S. 49.53 f.
130 Siehe zur Rekonstruktion der Vorgeschichte Israels durch die Deuteronomisten aus den ihnen vorliegenden teilweise widersprüchlichen Quellentexten der Tora W. GROSS, Richter, 585–591.

der abschließenden Feststellung des Scheiterns der diplomatischen Initiative (11,28).

6.3.1. *Der Vorwurf des Ammoniterkönigs*

Als erste Amtshandlung in seiner neuen Position schickte Jiftach eine Gesandtschaft von Boten zum König der Ammoniter, die den Auftrag hatte, den Grund für den ammonitischen Feldzug in Erfahrung zu bringen. Ganz im Bewusstsein seiner neuen Würde als Heerführer und Oberhaupt Israels, in dessen Namen er hier verhandelt, betrachtet er den Streit als eine Sache zwischen sich und dem fremden König, der der Klärung bedarf: »Was soll das mit mir und mit dir ...« (11,12)?[131] Beide stehen sich als gleichberechtigte Repräsentanten ihrer Völker gegenüber. Sie kommunizieren nicht direkt miteinander, sondern über Jiftachs Gesandte, die den unausgesprochenen Auftrag hatten, die Chancen für eine friedliche Lösung des Konflikts auszuloten. Das geht jedenfalls aus der Antwort des Ammoniterkönigs hervor, der in V 13 den Boten die Bedingungen für einen möglichen Friedensschluss diktiert. Mit seiner diplomatischen Initiative hält sich Jiftach sinngemäß an das deuteronomische Kriegsrecht, das vor dem Ergreifen der Waffen die Aussendung eines Boten mit einem Friedensangebot an den Gegner fordert (5Mose 20,10).[132] Die Boten werden umgehend vom Ammoniterkönig empfangen, der ihnen ohne Umschweife die Gründe für seinen Kriegszug gegen Israel mitteilt: Israel habe sich nach dem Auszug aus Ägypten das ostjordanische Gebiet zwischen Arnon

---

131 Die Redewendung leitet häufiger die Eröffnung eines Streites ein. Vgl. 2Sam 16,10; 19,23; 1Kön 17,18 u. ö.
132 So auch E. A. Knauf, Richter, 123.

und Jabbok bis hinunter in das Jordantal (siehe Abb. 5: Karte) widerrechtlich angeeignet, das vormals den Ammonitern gehörte. Frieden könne es daher nur gegen Rückgabe der umstrittenen Territorien geben (Ri 11,13). Die Schuld liege daher nicht bei Ammon, das lediglich seine besetzten Gebiete einfordere, sondern bei Jiftach bzw. Israel. Die Maxime des Ammoniters lautet daher: »Frieden gegen Land!«

Dem deuteronomistischen Redaktor lag nichts an der narrativen Ausgestaltung des Geschehens. Der Hin- und Rückweg der Gesandten spielt keine Rolle. Und auch die Überbringung der Antwort des Ammoniterkönigs an Jiftach wird einfach vorausgesetzt. Im Zeitraffertempo teilt er dem Leser lediglich mit, worauf es ihm eigentlich ankam, nämlich auf die Frage nach der Rechtmäßigkeit des Landbesitzes Israels im Ostjordanland. Dieses Recht galt es zu verteidigen, mit Worten und wenn nötig auch mit Waffen. Und dafür nimmt er sich alle Zeit der Welt.

6.3.2. Jiftachs Verteidigung

Denn nun schickt er – 5Mose 20,10 überbietend! – zum zweiten Mal eine Gesandtschaft zum König der Ammoniter, um diesem in einer ausführlichen Botschaft eine Geschichtslektion zu erteilen (V 14–22). Zunächst schildert er in einem Kurzdurchlauf die Frühgeschichte Israels vom Auszug aus Ägypten bis zur Rettung am Schilfmeer und dem Aufenthalt in der Wüstenoase Kadesch (V 16). Danach habe Mose schon damals Boten zu den Königen von Edom und Moab gesandt, mit der Bitte um eine Durchzugsgenehmigung durch ihr Land. Diese Bitte sei aber abschlägig beschieden worden. Daher entschlossen sie sich, die beiden Länder östlich zu umgehen und kamen zum Arnon, der die Grenze zum Land Moab bildete (4Mose 21,13), in das sie nicht eingedrungen seien (Ri 11,17–18). Von dort schickten sie Boten zu Sichon, dem König der Amoriter in Heschbon, den sie ebenfalls lediglich um eine Durchzugsgenehmigung baten. Aber auch Sichon vertraute ihnen nicht und ging bei Jahaz militärisch gegen Israel vor (V 19–20). Das war die Stunde, in der JHWH erneut in das Geschehen eingriff. König Sichon und sein Heer gab er in die Hand Israels (Übereignungsformel). Sie schlugen die Amoriter, besetzten ihr Gebiet und siedelten sich darin an (V 21–22). In diesem Geschichtsrückblick erweist sich Jiftach als ausgesprochener Kenner und Schüler der Tora. Er bezieht sich vor allem auf 4Mose 20f. und 5Mose 2 und zitiert sie zum Teil wörtlich in kurzen Auszügen.[133]

Von besonderem Interesse ist dabei die Schilderung über Sichon, den König der Amoriter in Heschbon (Ri 11,19–22), das im zentralen Bergland zwischen Arnon und Jabbok lag (siehe Abb. 5: Karte). Die Amoriter galten als Nachfahren Kanaans (1Mose 10,16). Sie waren der Überlieferung nach Angehörige der vorisraelitischen Bevölkerung, die im gesamten kanaanäisch-syrischen Raum angetroffen wurden. Ihre Wohnsitze hatten sie vor allem im ost- und westjordanischen Bergland,[134] in dem sie kleinere Stadt- und Regionalkönigtümer errichteten. Bereits in den Berichten der Tora über die ostjordanische Landnahme war mehrfach von den Amoriterkönigen Sichon aus Heschbon und Og von Baschan die Rede.[135] Diese Ereignisse greift Jiftach in seinem Geschichtsrückblick auf, um dem Ammoni-

---

133 Ausführlich dazu D. Böhler, Jiftach, 55–74, und W. Gross, Richter, 557–563.
134 Vgl. 4Mose 13,29; Jos 5,1; Ri 1,34–36, und M. Görg, Amoriter, 90f.
135 Vgl. 4Mose 32,33–39; 5Mose 3,1–11; 4,46–49; 31,4; Jos 2,10; 9,10.

terkönig deutlich zu machen, dass die von ihm beanspruchten ostjordanischen Gebiete ursprünglich Amoriterland waren, die wenig bis gar nichts mit dem östlich davon gelegenen Ammoniterterritorium zu tun hatten.

Aus diesem Rückblick auf die Vorgeschichte des Konflikts leitet Jiftach drei Argumente im vorliegenden Rechtsstreit ab. Die ersten beiden werden durch den hebräischen Zeitmarker »Jetzt aber …« ($w^{e^\epsilon}attah$) in V 23 und 25 eingeleitet. Was er demnach bisher berichtete, das war Geschichte. *Jetzt aber* wendet er sich der Gegenwart zu. Welche Schlüsse lassen sich für den gegenwärtigen Konflikt aus dieser Vorgeschichte ziehen?

Das erste Argument war *theologischer* Natur: Um das Besitzrecht Israels auf das umstrittene Gebiet zu rechtfertigen, beruft sich Jiftach auf die allgemeinorientalische Kriegstheologie (V 23–24). Kriege wurden nicht nur durch Völker entschieden, sondern letztlich durch deren Götter, die an ihrer Seite in die Schlacht zogen und kämpften. Ihr Ausgang kam einem Gottesurteil gleich. Das Recht stand auf der Seite des jeweils siegreichen Gottes. Daher die rhetorische Frage an den Gegner, ob er wirklich »ihn/es« aus dem Land wieder vertreiben wolle, das Israel JHWH verdankt (V 23). Das hebräische Personalpronomen der 3. Ps. Sg., das hier steht, kann sich auf beide beziehen, auf JHWH und sein Volk Israel. Wer Israel aus dem ehemaligen Amoriterland vertreibt, der will JHWH, seinen Gott vertreiben. Und damit legt er sich mit einem mächtigen Gegner an. In V 24 plausibilisiert Jiftach seine theologische Argumentation mit dem Hinweis darauf, dass er dieses theologische Argument nicht nur für sich und seinen Gott JHWH gelten lasse, sondern auch für den Ammoniterkönig und dessen Gott Kemosch. Schließlich stelle er, Jiftach, dessen Besitzrechte an den von ihm eroberten Territorien auch nicht infrage.

Exkurs I: Kemosch, der Gott der Ammoniter

Kemosch gilt in der Hebräischen Bibel vor allem als Nationalgott der Moabiter.[136] Ein wichtiges außerbiblisches Zeugnis für den moabitischen Gott Kemosch und gutes Beispiel für die in Ri 11,24 enthaltene Kriegstheologie ist die 1868 bei dem arabischen Dorf *Dībān* gefundene Meša-Stele aus dem 9. Jh. v. Chr.[137] Sie unterrichtet uns über militärische Auseinandersetzungen zwischen dem Moabiterkönig Meša und dem nordisraelitischen König Joram, die auch in 2Kön 3 Erwähnung finden. Dabei weisen die Darstellungen beider kriegführenden Parteien durch die Meša-Stele einerseits und die biblische Überlieferung andererseits erhebliche Differenzen auf, die der gegenseitigen Polemik und Propaganda geschuldet sind. Wichtiger aber als die Frage, auf welcher Seite die historische Wahrheit zu suchen sei, ist für uns die Rolle, die Kemosch als moabitischer Kriegs- und Nationalgott in der Meša-Stele spielt. In ihr ist es Kemosch, dem der Moabiterkönig Meša seinen Sieg gegen Israel verdankte. Und das legitimiert Moabs Expansion auf bisher von Israel gehaltene ostjordanische Territorien. Ri 11,24 und die Meša-Stele teilen daher das gleiche kriegstheologische Konzept: Was Kemosch erobert, ist Kemoschs Land, und was JHWH erobert, ist JHWHs Land!

---

136 Vgl. 4Mose 21,29; 1Kön 11,7.33; 2Kön 23,13.
137 Ausführlicher dazu K. A. D. Smelik, Dokumente, 31–49.

Abb. 7: Stele des Moabiterkönigs Meša, auf der
Kemosch mehrfach Erwähnung findet (9. Jh. v. Chr.)

Dass Kemosch in Ri 11,24 als Gott des Ammoniterkönigs bezeichnet wird, macht deutlich, dass es sich um eine Gottheit des kanaanäischen Pantheons im Ostjordanland handelte, die nicht allein an eine Ethnie gebunden war, sondern auch darüber hinaus verehrt wurde.

Die Gleichstellung von Kemosch und JHWH in Ri 11,24 mag auf den ersten Blick für einen israelitischen Leser der Spätzeit befremdlich klingen. Konnte es denn neben JHWH überhaupt noch andere Götter geben, die ihm ebenbürtig oder gar mitunter überlegen waren? Die Irritation löst sich schnell auf, wenn man beachtet, dass die Argumentation Jiftachs der Redestrategie geschuldet ist. Jiftachs Aufgabe war es ja nicht, israelitische Leser von der Plausibilität seiner Position zu überzeugen, sondern den fremden Ammoniterkönig. Und das hatte nur dann eine gewisse Aussicht auf Erfolg, wenn er auf gemeinsame Grundüberzeugungen zurückgreifen konnte, die beide Seiten teilten. Die theologische Argumentation Jiftachs diente daher nicht nur der Plausibilisierung seiner Geschichtsdarstellung, sondern war textintern auch eine indirekte Aufforderung an den Ammoniterkönig, den Tatsachen auf der Grundlage gemeinsamer Überzeugungen ins Auge zu sehen und den *status quo* zwischen Ammon und Israel zu respektieren.

Das zweite Argument führt die theologische Beweisführung mit einem weiteren Exempel aus der Frühgeschichte Israels fort, richtet sich »jetzt aber« ganz gezielt *ad personam* gegen den Ammoniterkönig. Er möge doch bedenken, ob er denn wirklich besser sei als der Moabiterkönig Balak (V 25). Noch einmal greift der Redaktor dabei auf die ihm vorliegenden Quellen in der Tora zurück. Er spielt damit auf die Bileamerzählung an (4Mose 22–24). Balak hatte ja aus Furcht vor den aus Ägypten geflohenen und ins Ostjordanland vorgedrungenen Israeliten den Seher Bileam gedungen, Israel zu verfluchen. Mit seiner Hilfe versuchte er, göttlichen Beistand im Kampf und einen Sieg über Israel zu erlangen, vor dem er sich fürchtete. Bileam aber ist unbestechlich und hält sich strikt an die Weisungen JHWHs, die er in nächtlichen Offenbarungen empfing. Wie kann er denjenigen verfluchen, den JHWH nicht verflucht (4Mose 23,8)? Am Ende sieht er sich gezwungen, das Gegenteil von dem zu tun, was Balak von ihm forderte. Und so endet Bileams Wort über Israel mit der Feststellung:

»Gesegnet sei, wer dich (Israel) segnet, und verflucht, wer dich verflucht!« (4Mose 24,9)[138]

Damit hatte JHWH sein Urteil über Balaks Pläne gesprochen. Wie viele Brandopfer dieser auch immer seinem Gott darbrachte, er musste sich dem Willen des Gottes Israels beugen und von seinen israelfeindlichen Plänen Abstand nehmen. Daher die kritische Rückfrage Jiftachs an den Ammoniterkönig: »Hat er (Balak) etwa einen heftigen Rechtsstreit geführt mit Israel, oder heftig gekämpft mit ihnen«? (Ri 11,25b) Glaubte der Ammoniterkönig wirklich, besser, tüchtiger zu sein als Balak, der König der Moabiter, und das zustande zu bringen, was diesem misslang, Israel in die Knie zu zwingen?[139]

Ein letztes, drittes Argument, das eher *juristischer* Natur ist, rundet die Verteidigungsrede Jiftachs ab. Er weist den Ammoniterkönig darauf hin, dass Israel bereits seit dreihundert Jahren in den ostjordanischen Städten Hesbon, Aroer sowie ihren Tochterstädten und an den Ufern des Arnon siedelt. Warum haben die Ammoniter in all jenen Jahren keinen Versuch unternom-

---

138 Vgl. 1Mose 12,3; 27,29.
139 Auf die Erzählung von Bileam und Balak spielte die spätere Tradition bis in die nachexilische Zeit hinein mehrfach an, um Israel deutlich zu machen, dass es allein JHWH seine Rettung vor den Feinden zu danken hatte (Jos 24,9f.; Mi 6,5) und es daher keine Gemeinsamkeiten zwischen ihnen sowie den Ammonitern und Moabitern geben könne (5Mose 23,4–7; Neh 13,2). Ausführlich dazu E. Otto, Deuteronomium 12,1–23,15, 1755ff.

men, Gilead an sich zu reißen (V 26)? Sind ihre Ansprüche auf dieses Gebiet nicht längst verjährt?[140] Wo käme man hin, wenn seit Jahrhunderten bestehende Besitz- und Siedlungsrechte plötzlich wieder in Frage gestellt würden? Aus der Sicht Jiftachs gab es daher weder theologische, noch historische oder juristische Gründe, die einen Rechtsstreit oder gar einen Krieg gegen Israel rechtfertigen könnten. Die in V 13 an Jiftach und Israel gerichteten Anschuldigungen waren gegenstandslos.

Daher kommt es in V 27 zu einer Unschuldserklärung Jiftachs und einer Anschuldigung gegen den Ammoniterkönig: »*Ich* habe mich nicht an dir versündigt, *du* aber tust mir Böses an …«. Damit sind die Fronten geklärt. Anklage und Verteidigung haben gesprochen. Jetzt ist JHWH, der »Richter« (*schofet*), gefragt, um das Urteil zwischen Israel und Ammon zu sprechen (V 27b). Da der Ammoniterkönig Frieden nur gegen die Rückgabe des aus seiner Sicht unrechtmäßig besetzten Landes gewähren will (V 13), Jiftach aber auf der Rechtmäßigkeit des Landbesitzes Israels besteht (V 15–27), läuft alles auf einen Krieg hinaus. Und der wird den beiden Seiten gemeinsamen Kriegsvorstellungen entsprechend letztlich durch die Götter der kriegsführenden Parteien entschieden. Deswegen ruft Jiftach seinen Gott JHWH als Richter an. Er möge den Rechtsstreit entscheiden. Mit JHWH als Richter wird allerdings keine Drohkulisse aufgebaut, oder der Wunsch nach Rache und Vergeltung kultiviert. Vielmehr kommt er als diejenige Instanz ins Spiel, die den vom Zerfall bedrohten Zusammenhang zwischen Tun und Ergehen aktivieren und damit für die Aufrechterhaltung der Weltordnung und

---

140 Vgl. W. Gross, Richter, 593.

Gerechtigkeit sorgen möge.[141] Sein Richten dient der Aufrichtung des Rechts, dem Schutz derer, denen Unrecht widerfährt, dem Retten der Schwachen und Bedrohten aus der Hand der Starken.[142]

Die von den Deuteronomisten Jiftach in den Mund gelegte große Verteidigungsrede mündet in die schlichte Feststellung: »Aber der König der Ammoniter hörte nicht auf die Worte Jiftachs ...« (V 28). Warum ging er mit keinem Wort auf diese ihm von den Boten überbrachte Depesche Jiftachs ein und schwieg zu allem, was dieser zu sagen hatte? Gingen ihm die Argumente aus? Und war seine Anschuldigung lediglich eine leere Behauptung? Durch seine Hörverweigerung erwies er sich wie einst der Pharao in Ägypten als ein verstockter Gegner Israels, der sich durch nichts überzeugen ließ.[143] Was mit Worten nicht entschieden werden konnte, musste daher mit Waffengewalt ausgetragen werden. Das Scheitern der Diplomatie bedeutet Krieg.

In Ri 11,12–28 wird dem Leser ein Jiftachbild präsentiert, das einen besonnenen Heerführer zeigt, der alles tut, um Gewalt zu vermeiden. Auf die knappe Anschuldigung in V 13 antwortet er mit einer ausführlichen Verteidigungsrede (V 14–27). Alles spricht gegen den vom Ammoniterkönig in der Anklage vorgebrachten Kriegsgrund: Sowohl die Götter, bzw. JHWH, der in der Sache des ostjordanischen Landbesitzes Israels längst sein Urteil gesprochen hatte, als auch eine dreihundertjährige Geschichte, die bisher von niemandem in Frage gestellt wurde. Jiftach hat den Krieg nicht ge-

---

141 Siehe S. 59f.
142 Grundlegend dazu B. JANOWSKI, Richter, 92ff. Vgl. auch R. LUX, Richter, 11ff.
143 Vgl. Ex 7,4.13.16; 8,11.15; 9,12 u. ö.

wollt, er wurde ihm aufgezwungen. Die Last der Kriegsschuld liegt daher nicht bei ihm.

Vom Hintergrund des ambivalenten Israelbildes, das die Deuteronomisten im Prolog (10,6–16) entworfen hatten, hebt sich das Verhalten Jiftachs um so leuchtender ab. Dabei repräsentiert er in seinem Verhalten nicht das ungehorsame Israel, das immer wieder anderen Göttern hinterherlief und von JHWH abfiel (10,6–8), sondern das Israel der Reue und Umkehr, das alle fremden Götter aus seiner Mitte entfernte und seinen Gott JHWH entschlossen gegen die fremden Götter und ihre Verehrer verteidigte (10,10.15f.). Er ist Sprecher des Israels, das auf dem Weg von Ägypten nach Kanaan sein Land als Gabe JHWHs empfing (Ri 11,21 → 5Mose 1,6-8); des Israels, das sich an die Weisungen JHWHs hielt, gegen Edom und Moab keinen Krieg führte und ihre Grenzen nicht verletzte (Ri 11,15–18 → 5Mose 2,1–9); des Israels, das, bevor es die Entscheidung auf dem Schlachtfeld suchte, Boten zu seinen Feinden sandte, um sich mit ihnen friedlich zu einigen (Ri 11,12.14 → 5Mose 20,10). Dieser Jiftach der Deuteronomisten war als Verteidiger Israels und seines Landes zugleich ein Verteidiger JHWHs gegen seine Feinde. Sein Handeln stand ganz in der Kontinuität des Handelns JHWHs an Israel, wie es in der Tora überliefert wurde. In ihm, dem Verstoßenen und Heimgeholten, bekommt das Rettungshandeln JHWHs an Israel ein Gesicht und eine Stimme. Jiftach erwies sich der Ämter würdig, die ihm die Ältesten Gileads und das Volk angetragen hatten (11,4–11). Und das nicht nur auf regionaler Ebene in Gilead, sondern stämmeübergreifend in ganz Israel. Der Stammesheld wird zum nationalen Retter und Richter erhoben, aber eben nicht zu einem Richter, der selbst das Urteil spricht, sondern es ganz in die Hände JHWHs legt. Mit diesem ganz und gar positiven Jiftachbild entlassen die schriftgelehrten Deuteronomisten ihre Leser in die aufwühlende Erzählung über Jiftach und seine Tochter.

6.4. Jiftach und seine Tochter

11 ^{29}Da kam der Geist JHWHs über Jiftach. Und er zog durch Gilead und Manasse und zog weiter bis Mizpe-Gilead. Von Mizpe-Gilead zog er hinüber gegen Ammon.
^{30}Und Jiftach gelobte JHWH ein Gelübde und sprach:
»Wenn du mir die Ammoniter wirklich in meine Hand gibst,
^{31}dann soll's geschehen:
Wer (was?)[144] auch immer herauskommt, mir entgegengeht aus den
Torflügeln meines Hauses,
wenn ich heil zurückkehre von den Ammonitern,
der (das?) soll JHWH gehören. Und ich werde ihn (es?) als Brandopfer
opfern.«
^{32}Daraufhin zog Jiftach hinüber zu den Ammonitern, um gegen sie zu kämpfen. Und JHWH gab sie in seine Hand.
^{33}Und er schlug sie von Aroer bis dorthin, wo du nach Minit kommst; zwanzig Städte, und bis hin nach Abel-Keramim mit einem gewaltigen Schlag. So wurden die Ammoniter gedemütigt durch die Israeliten.
^{34}Und als Jiftach nach Mizpa zu seinem Haus kam, siehe, da kam seine Tochter ihm mit Handpauken und in Rei-

---

144 Im Hebräischen gibt es wie in allen anderen semitischen Sprachen nur zwei Geschlechter, »männlich« und »weiblich«. Beide können sich auch auf Gegenstände oder Lebewesen beziehen, die wir als *Neutrum* bezeichnen. So übersetzt M. Buber (Schrift 2, 114) nicht »*Wer auch immer ...*«, sondern »*Was auch aus den Türen*« herauskommt.

gentänzen entgegen. Aber nur sie, die Einzige! Er hatte sonst weder einen Sohn, noch eine Tochter. [35]Und es geschah, als er sie sah, dass er seine Kleider zerriss und sprach: »Ach – meine Tochter, gezwungen, ja in die Knie gezwungen hast du mich. Und du, du bist unter denen, die mich ins Unglück bringen. Ich aber, ich habe meinen Mund aufgetan gegenüber JHWH. Und ich kann nicht zurück.« [36]Da sprach sie zu ihm: »Mein Vater, du hast deinen Mund aufgetan gegenüber JHWH. Tue mir, was aus deinem Mund kam, nachdem JHWH dir Rache verschafft hat an deinen Feinden, den Ammonitern.« [37]Und (weiter) sprach sie zu ihrem Vater: »Folgende Sache möge mit mir geschehen. Lass noch zwei Monate ab von mir, damit ich hingehe und hinabsteige auf das Gebirge.[145] So will ich meine Jungfrauschaft beweinen, ich und meine Freundinnen.« [38]Da sprach er: »Geh!« Und er entließ sie für zwei Monate. Sie aber ging mit ihren Freundinnen. Und sie beweinte ihre Jungfrauschaft auf dem Gebirge.

[39]Und es geschah am Ende der beiden Monate, dass sie zurückkehrte zu ihrem Vater. Da vollzog er an ihr sein Gelübde, das er gelobt hatte. Sie jedoch, sie hatte noch keinen Mann erkannt.

Und es wurde zum Brauch in Israel. [40]Von Jahr zu Jahr gehen die Töchter Israels hin, um die Tochter Jiftachs, des Gileaditers, vier Tage lang im Jahr zu besingen. (Ri 11,29–40)

---

145 Das Verb *jarad* (hinabsteigen) schließt häufig die Richtungsanzeige »nach Süden« mit ein, was auch hier der Fall sein könnte. Eine andere Erklärung für den ungewöhnlich erscheinenden Sprachgebrauch könnte darin bestehen, dass Mizpa (= Warte/Aussichtspunkt), der Wohnort Jiftachs, höher lag als die umliegenden Berge, auf die seine Tochter hinabstieg. So W. Gross, Richter, 547.

Es war vor allem diese Episode, die dafür sorgte, dass Jiftach und seine Tochter einen bleibenden Platz im kulturellen Gedächtnis der abendländischen Kultur erhielten.[146] Der »Schrecken« (griech. *phobos*), der von ihr ausgeht, erfasst jede Lesergeneration von Neuem und löst damit genau jene Emotionen aus, die für Aristoteles zu den Wirkmechanismen der Tragödien gehören.[147] Während die erste vorexilische Episode, die uns aus dem Leben Jiftachs in Ri 11,1–11 erzählt wird, mit der Erniedrigung und Vertreibung aus dem Haus des Vaters begann und seiner Erhöhung zum Heerführer und Oberhaupt durch das Volk endete, setzt diese zweite Episode mit der Verleihung des Geistes JHWHs an Jiftach ein und endet mit einem doppelten Ausgang, einem grandiosen Sieg über die Feinde, der mit einer vernichtenden persönlichen Niederlage Jiftachs erkauft wird.

6.4.1. Die Verleihung des Geistes

Wie das Vorzeichen vor einem Musikstück, so steht vor dieser Gelübdeerzählung der Satz: »Da kam der Geist JHWHs (*ruᵃch jhwh*) über Jiftach« (V 29). Ursprünglich knüpfte diese Aussage direkt an den Schluss der ersten Episode in V 11b an, wonach Jiftach nach seinem unerwarteten Aufstieg im JHWH-Heiligtum in Mizpa das Gespräch mit JHWH suchte. Damit wollten die Sammler und Erzähler der älteren vorexilischen Jiftachüberlieferungen zweifellos zum Ausdruck bringen, dass sich Jiftach mit seiner Karriere nicht nur in den Dienst seiner Landsleute stellte, sondern sich auch JHWH anvertraute und von ihm in die Pflicht nehmen ließ. Und

---

146 Ein Überblick über die Rezeptionsgeschichte findet sich in dem Sammelband von C. Houtman / K. Spronk (Hg.), Jefta.
147 Siehe S. 24.

genau das wird mit der Feststellung in Ri 11,29, dass der »Geist JHWHs« über ihn gekommen sei, zum Ausdruck gebracht. Die Verleihung des »Geistes JHWHs« an ausgewählte Personen ist in der Bibel Israels stets mit der Übernahme bestimmter Funktionen und Aufgaben verbunden. Sie verfügten durch diesen Geist über ein besonderes Charisma, das sie zu außergewöhnlichen Taten befähigte. Als Geistträger wird Jiftach vom Erzähler in die Reihe der anderen Richter Israels aufgenommen. So wie einst Otniël (Ri 3,10), Gideon (6,34) und Simson (13,25; 14,6.19; 15,14), so war nun auch er vom Geist JHWHs bewegt.[148] Und im Unterschied zu Abimelech (Ri 9,23) und zu Saul, dem ersten König Israels, war es kein »böser Geist« JHWHs (1Sam 16,14), der ihn in die bevorstehende Schlacht entließ, sondern der Geist der Rettung. Zur Einsetzung durch die Ältesten Gileads und das Volk (Ri 11,11) kam damit in V 29 seine göttliche Legitimation hinzu. Was Jiftach tat, das tat er aus dem Geist JHWHs heraus und in seinem Auftrag. Diese Charakterisierung diente ohne Zweifel der Leserlenkung durch den Autor. Er stellte dem Leser einen Menschen vor Augen, den JHWH durch seinen Geist an sich gebunden hatte, und der sich im Innersten mit ihm verbunden wusste. Alles, was Jiftach im Folgenden tat und erlitt, geschah daher nicht aus einer besonderen Gottesferne oder gar Gottesblindheit heraus, sondern in einer geradezu verstörenden Nähe zu JHWH, dem Gott Israels, der ihn mit seinem Geist heimgesucht hatte und von dem er sich rufen ließ.

---

148 Neben Königen (1Sam 10,6.10; 11,6; 16,13; 2Sam 23,2; Jes 11,2) galten auch Propheten als Geistträger (Num 24,2; 1Kön 22,24; 2Kön 2,15; 3,15; Ez 2,2.

6.4.2. Das Gelübde

Die ihm übertragene Aufgabe, Gilead gegen die Aggression der Ammoniter zu verteidigen, geht Jiftach daher auch im Geist seiner Verantwortung vor Gott und den Menschen an. Mit der notwendigen irdischen Nüchternheit und Sorgfalt einerseits sowie der in solchen Notsituationen keineswegs ungewöhnlichen religiösen Vorsorge andererseits tut Jiftach das, was ihm geboten scheint. Er zieht zunächst durch Gilead und Manasse, mustert seine Truppen und führt sie Schritt für Schritt in die alles entscheidende Schlacht; zunächst nach Mizpe-Gilead und schließlich von Mizpe-Gilead aus an die Front gegen die Ammoniter, die ja bereits bis nach Gilead vorgedrungen waren (Ri 10,17; 11,29).[149] Dabei war es dem Erzähler offensichtlich wichtig, darauf hinzuweisen, dass es sich nicht um eine Einzelaktion der Gileaditer handelte. Auch der im Ostjordanland nördlich von Gilead siedelnde halbe Stamm Manasse (vgl. 4Mose 32,33–42), der mit den Gileaditern verwandtschaftlich verbunden war, habe sich am Kampf beteiligt. Wieder wird deutlich, dass es sich ursprünglich um eine begrenzte ostjordanische Angelegenheit handelte, die erst nachträglich auf ganz Israel übertragen wurde, und an der noch nicht einmal die beiden anderen ostjordanischen Stämme Ruben und Gad beteiligt waren.

Nachdem im Irdischen alles gerüstet war, wendete sich Jiftach anschließend in einem letzten Moment der Besinnung vor dem Kampf noch einmal an JHWH: »Da

---

149 Neben Gilead als einer ostjordanischen Region sowie der Stadt Gilead, deren Älteste Jiftach wieder zurückholten, begegnet hier der Doppelname »Mizpe-Gilead«. Damit ist wahrscheinlich das in der unmittelbaren Nähe der Stadt Gilead gelegene Mizpa südlich des Jabbok gemeint. Vgl. E. GASS, Ortsnamen, 481.

gelobte Jiftach JHWH ein Gelübde« (Ri 11,30a). Die Formulierung »ein Gelübde geloben«[150] begegnet noch einmal in der Rückschau auf diese Episode in 11,39 und bildet damit einen Rahmen um die gesamte Episode. Wir haben es demnach mit einer Gelübdeerzählung zu tun, die ihre eigenen Gesetze hat.[151]

Exkurs II: Gelübde in der Bibel Israels

Gelübde stellen eine religiöse Praxis dar, die nicht nur in den antiken Religionen verbreitet war, sondern sich bis in die Gegenwart hinein weltweit erhalten hat. Sie finden vor allem in der persönlichen Volksfrömmigkeit, mitunter aber auch im offiziellen Kult ihren Platz. Dabei handelt es sich um freiwillige Versprechen einer materiellen oder auch ideellen Leistung gegenüber den Göttern, die in der Regel in persönlichen oder auch kollektiven Krisen (Kinderlosigkeit, Krankheit, Krieg, Seuchen, Gefahren in der Fremde und auf See) abgelegt wurden und das Ziel hatten, göttliche Hilfe zu erlangen.[152] Ihren Ursprung und Sitz im Leben haben sie oft in den aus Not und Verzweiflung gesprochenen Bittgebeten.[153] Bereits daran wird deutlich, dass das Gelübde zunächst einmal die Einleitung eines Kommunikationsgeschehens zwischen Mensch und Gott darstellt. Die der Gottheit gelobte materielle oder ideelle Leistung dient der symbolischen Inszenierung dieses kommunikativen Geschehens.

---

150 So auch in 1Mose 28,20; 31,13; 4Mose 21,2; 30,3; 5Mose 23,22; 1Sam 1,11 u. ö.
151 Weitere Beispiele dazu wären 1Mose 28,10–22 und 1Sam 1,1–2,21. Ausführlich dazu H. TITA, Gelübde, 48 ff.
152 Siehe zu der Kurzbeschreibung G. LORENZ, Gelübde, 605.
153 Vgl. 1Sam 1,9–11; Ps 50,14f.; 56,13; 61,6.9; 65,2f.; 66,13 ff., und H. TITA, Gelübde, 44.

Grundsätzlich kann man zwischen *bedingten* und *unbedingten* Gelübden unterscheiden. Die *unbedingten Gelübde* stellen eine feierliche Selbstverpflichtung des Gelobenden gegenüber der Gottheit dar. So etwa das Nasiräatsgelübde in 4Mose 6, in dem sich der Gelobende für befristete oder auch unbefristete Zeit verpflichtet, als eine in besonderer Weise JHWH geweihte Person weder Wein noch Rauschtrank zu trinken, sich nicht die Haare scheren zu lassen und jeden Umgang mit Toten zu meiden.[154] Im *bedingten Gelübde* wird die von der Gottheit erbetene Hilfeleistung an eine Gegenleistung des Gelobenden gebunden. In ihr kommt das *do-ut-des*-Prinzip zum Zuge. In einem Vordersatz wird die Bedingung genannt (wenn …), unter der der Gelobende der Gottheit im Nachsatz (dann …) seine Gegenleistung verspricht. Das bedingte Gelübde ist damit so etwas wie ein Tauschgeschäft zwischen Mensch und Gott, das der Gelobende anstrebt. Es folgt dem Muster des »Gabentauschs«, der eine wichtige Grundstruktur im gesellschaftlichen und sozialen Miteinander darstellt und – übertragen auf das Gott-Mensch-Verhältnis – auch in religiösen Ritualstrukturen wiederkehrt.[155] Menschliche Gegenleistungen für die erbetene göttliche Hilfe können Votiv- und Opfergaben sein (Ps 66,13ff.; 116,17ff.; Jona 1,16), das Versprechen der Errichtung eines Heiligtums (1Mose 28,20–22; Ps 132,1ff.), die Weihung des erbetenen erstgeborenen Sohnes zum Tempeldienst (1Sam 1,11), oder auch nur die öffentliche Darbringung von Lob- und Dankgebeten (Ps 61,9; 65,2). Gelübde sind unbedingt einzuhalten (4Mose 30,3; 5Mose 23,22–24; Koh 5,3). Jede Nichteinhaltung stellt einen einseitigen Abbruch des angestrebten Kommunikationsgeschehens dar und ist ein Sakrileg gegen die Gottheit, für

---

154 Siehe auch 4Mose 30 und Ri 13,1–5.
155 Grundlegend dazu M. Mauss, Gabe. Vgl. auch F. Stolz, Grundzüge, 105ff.

das der Gelobende zur Rechenschaft gezogen werden kann. Dieser verpflichtende Charakter des Gelübdes hat auch etwas mit dem biblischen Wort- und Sprachverständnis zu tun. Das Gelübde war – dem Eid vergleichbar –[156] ein performativer Sprechakt, der die von der Gottheit erbetene Wirklichkeit geradezu heraufbeschwor. Daher sollte ein leichtfertiger Umgang mit Gelübden als freiwilligen Versprechen unterbleiben (3Mose 23,38; 4Mose 29,39). Vielmehr war es im Zweifel besser, lieber gar kein Gelübde abzulegen als eines, das unüberlegt war und dann nicht gehalten werden konnte (5Mose 23,23; Spr 20,25; Koh 5,4f.; Sir 18,22ff.). In besonderen Fällen bestand allerdings die Möglichkeit, die gelobte Gabe durch eine Geldleistung als Ersatz abzulösen (3Mose 27).

Aus alledem wird deutlich, dass Gelübde auch im alten Israel zu einer allgemein akzeptierten und legitimen Frömmigkeitspraxis gehörten. Ihre Problematisierung in der Weisheitsliteratur sowie in der exilischen und nachexilischen Gesetzgebung stellte keine grundsätzliche Infragestellung dar. Vielmehr erinnerte sie den Gelübdeleistenden lediglich an die Ernsthaftigkeit und die Konsequenzen seines feierlichen Versprechens gegenüber JHWH und regelte den richtigen Umgang mit ihnen.

Mit seinem Gelübde ließ Jiftach keinen Zweifel daran, dass der Ausgang eines Krieges bei aller Sorgfalt der Vorbereitung keineswegs allein von der Größe des Heeres, dem Mut der Soldaten, der Qualität ihrer Rüstung und dem strategischen Geschick ihrer Oberbefehlshaber entschieden wird. Wo die Waffen sprachen, kam für ihn selbstverständlich auch Gott ins Spiel. Daher der Versuch, sich mit Hilfe des Gelübdes der Gunst JHWHs zu versichern. Dabei bediente er sich

---

156 Vgl. H. Tita, Gelübde, 46.

der religiösen Verhaltensmuster und Ritualpraktiken, die auch bei den Nachbarvölkern Israels üblich waren.[157] So lautet zum Beispiel ein Gebet an Baal aus Ugarit:

»Wenn ein Starker euer Tor angreift,
ein Krieger eure Mauern,
dann werdet ihr eure Augen zu Baal erheben:
›O Baal, möchtest du nicht den Starken von unserem Tor vertreiben,
den Krieger von unseren Mauern?
Stiere, o Baal, werden wir darbringen,
Gelübde, Baal, werden wir darbringen,
htp-Opfer, Baal, werden wir einlösen,
Libation, Baal, werden wir ausgießen,
zum Heiligtum, Baal, werden wir hochsteigen,
die Pfade des Heiligtums, Baal, werden wir gehen!‹«[158]

Was die Beter im kanaanäisch-syrischen Raum ihrem Gott Baal glaubten schuldig zu sein, Gelübde und Opfer als Gegenleistung für die Rettung vor den Angreifern der Stadt, das hielt auch Jiftach in seinem Verhältnis zu JHWH für geboten. Mit seinem Gelübde erkennt er an, dass letztlich nicht er es ist, der autonom über Sieg oder Niederlage im Krieg gegen die Ammoniter entscheidet. Als einer, auf dem der Geist JHWHs liegt, wendet er sich gerade in der Stunde der Entscheidung an seinen Gott und weiß sich an ihn gebunden.

Phyllis Trible wollte darin, dass Jiftach überhaupt ein Gelübde leistete, ein Zeichen seiner Untreue und seines Unglaubens sehen. Anstatt als Träger des Geistes

---

157 Vgl. W. Gross, Richter, 597.
158 Übersetzung M. Dietrich / O. Loretz, Lieder, 819.

JHWHs überzeugt und couragiert in die Schlacht zu ziehen, habe er sich von Unsicherheiten und Zweifeln geplagt zu seinem verhängnisvollen Gelübde hinreißen lassen.[159] Ich bin mir nicht sicher, ob Jiftach diese Schelte verdient hat. Kann man in dem Gelübde, das er ablegt, nicht auch das Gegenteil von Untreue und Zweifel sehen, nämlich seine menschliche Antwort auf die unmittelbar vorausgehende Verleihung des Geistes JHWHs, also ein Zeichen der Demut und eben nicht des Übermutes dessen, der sich bereits auf der sicheren Seite weiß? *In dubio pro reo* – Im Zweifel für den Angeklagten! Mit diesem Vorsatz muss das *bedingte Gelübde* des Jiftach zunächst unvoreingenommen betrachtet werden.

In einem Konditionalsatzgefüge nennt Jiftach als Bedingung die von JHWH erbetene Leistung, auf die er mit einem Brandopfer als Gegenleistung zu antworten verspricht.

Vordersatz
Leistung JHWHs: *Wenn* du mir die Ammoniter wirklich in meine Hand gibst,

Nachsatz
Gegenleistung Jiftachs: *dann* soll's geschehen:
Wer (was?) auch immer herausgeht, mir entgegengeht aus den Torflügeln meines Hauses, bei meiner Rückkehr von den Ammonitern in Frieden, der (das?) soll JHWH gehören und ich werde ihn (es?) als Brandopfer opfern.

---

159 Vgl. Ph. Trible (Death, 5): »Rather than acting with conviction and courage, he responds with doubt and demand.«

Die Bedingung für das Brandopfer ist der Sieg über die Ammoniter, die mit der für die JHWH-Kriegs-Terminologie üblichen »Übereignungsformel« zum Ausdruck gebracht wird. Jiftach bittet JHWH, ihm die Ammoniter »in die Hand zu geben«. Das Motiv, dass der Feind in die Hand des kriegführenden Königs gegeben wird, war vor allem in der ägyptischen Ikonographie und dann von der Mitte des 2. Jt. v. Chr. an im gesamten Mittelmeerraum weit verbreitet.

Abb. 8: Ostrakon mit Ramses III. (1197–1165 v. Chr.), der mit der Linken ein ganzes Bündel von Feinden mit erhobenen, um Gnade flehenden Händen an den Haaren packt, um sie mit dem Sichelschwert in der Rechten niederzuschlagen.

Es ist die Bitte um Beistand in einem Krieg, in dem die Gileaditer nicht die Angreifer, sondern die Angegriffenen waren und sich als Verteidiger ihres Landes in höchster Gefahr befanden. Mit dieser Bitte appellierte Jiftach an JHWH, für die Durchsetzung des Tun-Ergehen-Zusammenhangs zu sorgen. Der Aggressor, der die bestehende Ordnung gefährdet, darf nicht ungestraft davonkommen.

Das Gelübde als solches sowie die Formulierung in der 1. Ps. Sg. hat dazu geführt, dass man Jiftach vorgeworfen hat, er habe mehr seine eigene Karriere im Sinn gehabt als die Interessen seiner Landsleute.[160] Ist das wirklich so? Immerhin hatten die Gileaditer ihn ja bereits zurückgeholt und zum Heerführer sowie zu ihrem Oberhaupt ernannt (11,4–11), damit er sie vertritt. Man kann daher das Gelübde auch so interpretieren, dass er in der ihm übertragenen Verantwortung als *corporate personality*[161] die Gileaditer vor JHWH repräsentiert.

Erst im Nachsatz wird dann neben dieser Bedingung für den Vollzug des Gelübdes noch eine weitere, Jiftach ganz persönlich betreffende Voraussetzung hinzugefügt: »… bei meiner Rückkehr von den Ammonitern im Frieden.«[162] Dabei hat das hebräische Nomen *schalom* hier nicht nur die Wiederherstellung des »Friedens« nach der kriegerischen Auseinandersetzung im Blick, sondern das vollkommene Wohlbefinden und die Unversehrtheit Jiftachs bei seiner Rückkehr aus dem Krieg. Auch diese Erwartung Jiftachs sollte man

---

160 So u. a. E. Assis, Self-Interest, 197.
161 Vgl. H. W. Robinson, Personality.
162 Die Einheitsübersetzung ändert daher die Reihenfolge der Teilsätze im Konditionalsatzgefüge (V 30–31) und ordnet die zweite Bedingung dem Vordersatz zu: »Wenn du die Ammoniter wirklich in meine Gewalt gibst und wenn ich wohlbehalten von den Ammonitern zurückkehre, dann …«.

nicht vorschnell als Zeugnis seiner Ichbezogenheit diffamieren. Zunächst einmal ist es ja eine ganz natürliche menschliche Regung, dass jemand, der sich genötigt sieht in einen Krieg zu ziehen, der ihm aufgezwungen wurde, den Wunsch hat, da auch heil wieder herauszukommen. Wichtiger aber noch als der Wunsch nach persönlicher Unversehrtheit ist es, die innere Logik von Gelübden als solche zu bedenken. Nur der Gelobende war durch sein Gelübde gebunden. Wer sollte es denn sonst einlösen, wenn nicht er selbst? Und dafür war nun einmal seine wohlbehaltene Rückkehr die unabdingbare Voraussetzung.

Was Jiftach demnach in seinem Gelübde von JHWH erbat, Sieg und Rückkehr mit heiler Haut, war nicht unbillig, sondern in der Sache selbst begründet und entsprach weitgehend den unzähligen Gelübden, die von Menschen in höchster Kriegsnot immer wieder geleistet wurden.

6.4.2.1. Was gelobte Jiftach?

Nicht die Bitten an JHWH waren problematisch, mit denen Jiftach sein Gelübde verband, sondern sein Versprechen, in dem seine Gegenleistung benannt wird. Es zeichnet sich durch eine seltsam unbestimmte Bestimmtheit aus, an der sich die Ausleger seit mehr als zweitausend Jahren immer wieder neu die Zähne ausgebissen haben. Bestimmt ist es insofern, als Jiftach gelobt, nach der erfolgreichen Rückkehr aus der Schlacht JHWH eine *'olah*, ein »Brandopfer«, darzubringen. Die normalerweise dafür vorgesehenen Opfertiere wurden geschlachtet und vollständig für die Gottheit verbrannt (*holocaustum*).[163] Die Verbrennung schließt aus, dass es

---

163 Vgl. 2Mose 18,12; 24,5; 32,6; 3Mose 1; Ri 6,26; 13,15f.; 1Sam 7,9; 1Kön 18,21ff. u. ö.

sich dabei um die archaische Vorstellung einer Speisung der Götter handelte.[164] Im Blick auf JHWH wird das jedenfalls durch die massive prophetische Opferkritik unterstrichen.[165] JHWH braucht die Brandopfer nicht, um sich an ihnen zu sättigen, da ihm ohnehin die ganze Erde und alles, was sie erfüllt, gehört (vgl. Ps 50,7–15). So lässt sich nicht sehr viel mehr sagen als dies, dass das Brandopfer wie auch andere Opfer eine Gabe des Menschen an die Götter darstellt. Aber dabei handelt es sich eben nicht um irgendeine, sondern um eine ganz bestimmte Gabe. Denn was der Mensch opfert, das sind ja Dinge, die er eigentlich selbst zum Leben braucht, sonst wären es keine Opfer.

Dinge sind es, »mit denen er sein Leben unterhält, die wie ein Stück seines Lebens und seiner selbst sind. Er nimmt etwas von sich, um es Gott zu geben; er verliert, aber er gewinnt, denn die Gabe ist ein Pfand, das er von Gott nimmt. Nicht, als Gott dessen bedürfte, aber Gott bindet sich, indem er die Gabe annimmt.«[166]

Mit der vollständigen Vernichtung wird das Brandopfer dem profanen Gebrauch entzogen und allein Gott zugeeignet. Die *'olah*, das »Brandopfer«, verwandelt sich in seiner sichtbaren und für den Menschen brauchbaren Gestalt und »steigt auf« (hebr. *'alah*) in die Welt des unsichtbaren Gottes Israels. Auf diese Weise dient das Opfer dem »Begehren, nicht nur abstrakt, mit Worten, sich an Gott zu wenden, sondern mit ihm ganz konkret eine Beziehung herzustellen und ihn in das Le-

---

164 Siehe P. WEIMAR, Brandopfer, 322.
165 Vgl. Jes 1,11; Hos 6,6; Am 5,22; Mi 6,6f.
166 R. DE VAUX, Lebensordnungen II, 302f.

ben des Volkes einzubeziehen.«[167] Opfergaben dienen demnach der Beziehungspflege zwischen Mensch und Gott. Darin jedenfalls ist das Versprechen, das Jiftach in seinem Gelübde ablegt, *bestimmt*. Die Gabe, die er JHWH verspricht, soll ein *Brandopfer* sein.

Unbestimmt bleibt sie allerdings im Blick auf die Opfermaterie (*victima*). Sie wird umschrieben durch ein maskulines Partizip, das auch neutrisch übersetzt werden kann: »Der/das, der/was mir aus den Torflügeln meines Hauses entgegengeht …«. Es verwundert nicht, dass diese offene Formulierung zahlreichen Spekulationen Tür und Tor geöffnet hat. Mit Sicherheit lässt sich lediglich sagen, dass Jiftach ein Lebewesen im Blick hatte. Aber was für eines – Mensch oder Tier?

Exkurs III: Menschenopfer im alten Israel?

Unabhängig von der Frage, ob es in der *Lebenswirklichkeit* des alten Israel und seiner Umwelt überhaupt die archaische Praxis von Menschenopfern gab, ist festzuhalten, dass Menschen- und Kinderopfer in die *literarische Welt* Israels Eingang fanden. Als Belege werden dafür neben Ri 11 immer wieder 1Mose 22 und 2Kön 3,27 genannt. Außerdem wird auf den sogenannten *Molek-Kult* hingewiesen, bei dem es Praxis gewesen sei, Kinder »durchs Feuer gehen zu lassen«, was immer auch damit gemeint war (5Mose 12,31; 18,10; 2Kön 16,3 u. ö.).[168] Geht man die infrage kommenden Texte durch, dann ist schnell festzustellen, dass Menschen- und Kinderopfer nicht einfach als eine gängige Ritualpraxis hingenommen wurden. Vielmehr werden sie durchweg problematisiert. Häufig wird gegen sie polemi-

---

167 A. MARX, Opferlogik, 146.
168 Vgl. auch 3Mose 18,21; 20,2–5; 2Kön 21,6; 23,10; Jer 7,31 f.; 32,35; Ez 16,20 f.; Ps 106,37 f.

siert und sie werden abgelehnt. Das gilt auch für die Darbringung des erstgeborenen Sohnes, der durch eine Ersatzgabe ausgelöst werden soll (2Mose 13,13.15; 34,20; 3Mose 27; 4Mose 3,41.45; Mi 6,7 u. ö.).[169] Und wenn bei der biblischen Polemik gegen den *Molek-Kult* davon die Rede ist, die Israeliten hätten gegen den ausdrücklichen Willen JHWHs ihre Kinder »durchs Feuer gehen lassen«, dann handelt es sich dabei nach allem, was wir heute wissen, eher nicht um Kinderopfer, sondern um einen mit magischen und mantischen Praktiken verbundenen aramäisch-assyrischen Feuerritus, durch den früh verstorbene oder auch lebende Kinder dem »König« (hebr. *mäläk*) der Unterwelt geweiht wurden. Für die lebenden Kinder war es eher eine Art Schutzritual, damit *Molek* sie nicht vorzeitig zu sich holen möge.[170] Von einer verbreiteten und regelmäßig geübten Menschen-/Kinderopferpraxis kann demnach im alten Israel kaum die Rede sein.

So bleiben die wenigen Stellen, die ausdrücklich von der Darbringung eines Kindes als Brandopfer berichten: 1Mose 22 läuft letztlich darauf hinaus, dass Isaak gerade nicht geopfert wird und an seine Stelle ein Tieropfer tritt.[171] In Ri 11 stürzt das Gelübde, dem die Tochter Jiftachs zum Opfer fällt, den Vater in tiefste Verzweiflung und einen unlösbaren Konflikt. Und in 2Kön 3,27 wird von einem Krieg zwischen Israel und den Moabitern erzählt. Dabei gerieten die Moabiter derart in Bedrängnis, dass sich ihr König Mescha genötigt sah, seinen als Thronfolger vorgesehenen Sohn auf der Stadtmauer seinem Gott Kemosch als Brandopfer darzubringen. Offensichtlich sollte das Opfer die Gottheit als letztes und äußerstes Mittel dazu bewegen, die verheerende Niederlage doch noch

---

169 Siehe dazu Chr. Dohmen, Exodus, 309f., O. Keel, Jerusalem, 497.
170 Ausführlich dazu O. Keel, Jerusalem, 497–504, A. Michel, Gott, 246ff., und M. Bauks, Tochter, 31ff.
171 Siehe dazu S. 177ff.

abzuwenden. Einer musste sein Leben lassen, damit viele gerettet würden. Angesichts dieser Tat sei aber ein gewaltiger Zorn über das israelitische Heer gekommen und es wäre abgezogen. Wessen Zorn veranlasste Israel zum Abbruch des Kampfes? Der Zorn des Moabitergottes Kemosch, der durch das Opfer des Königssohnes Israel zum Rückzug trieb?[172] Der Zorn JHWHs über solch eine monströse Tat, der Israel erkennen ließ, dass es besser sei, sich von solch einem unmenschlichen Gegner fernzuhalten, ihn zur Unperson zu erklären? Oder wollte der Erzähler sagen, »daß angesichts des unerhörten und in Israel streng verpönten Menschenopfers irrationaler ›Zorn‹ über das Heer kam und Israel veranlaßte, aus dem Land abzuziehen, in dem solcher Greuel geschah«?[173] Immerhin zeigt 2Kön 3,27, dass dem Erzähler die Vorstellung von einem Kinderopfer als letztem Mittel zur Rettung aus einer nahezu ausweglosen Situation bekannt war. Auch ikonographisch glaubt man, dafür Belege zu haben.

Das Wandrelief aus Karnak hält die dramatische Phase der Erstürmung der kanaanäischen Küstenstadt Askalon fest. Auf der Stadtmauer flehen Beter die Gottheit um Rettung an. Vor ihnen (rechts) steht ein Priester mit einer Kultschale und bringt Räucheropfer dar. Auf beiden Seiten werden von den Zinnen der Mauer Kinder herabgehalten. Die Darstellung wurde mehrfach als Darbringung von Kinderopfern interpretiert. Eine genaue ikonographische Analyse konnte aber zeigen, dass es sich dabei wahrscheinlich nicht um Kinderopfer durch einen Mauersturz handelt, sondern um die Präsentation von Geiseln. Sie sollen den Feind von weiteren Kampfhandlungen abhalten.[174] Die Präsentation der Kindergeiseln diente demnach der Aggressionshemmung.

---

172 Vgl. G. HENTSCHEL, 2 Könige, 13.
173 So E. WÜRTHWEIN, 1/2 Könige, 284.
174 Ausführlich dazu O. KEEL, Sühneriten, 413 ff., und M. BAUKS, Tochter, 34 ff.

Abb. 9: Die Erstürmung Askalons durch Pharao Merenptah (14. Jh. v. Chr.).

Eine eingehende Prüfung aller infrage kommenden Quellen hat gezeigt, dass »die Annahme einer archaischen, vorisraelitischen Kinder-/Menschenopfer-Tradition reine Spekulation« bleibt.[175] Falls es wirklich in der *realen Lebenswelt* Israels und seiner Nachbarn zu Kinderopfern kam, dann geschah dies – wenn überhaupt! – nur in extremen Ausnahmesituationen, die eine äußerst kritische Beurteilung erfuhren. Um so wichtiger ist es daher, in jedem einzelnen Fall der Frage nachzugehen, warum und mit welcher Absicht das Motiv von Kinderopfern in der *erzählten Welt* Israels zum Einsatz kam.

---

175 B. JANOWSKI, Gott, 122. Vgl. auch A. MICHEL, Gott, 151 ff.

Für Erzählungen antiker Autoren über Kinderopfer, gibt es vor allem narratologische Gründe. Ein Erzähler darf, will er die Aufmerksamkeit seiner Hörer und Leser nicht verlieren, kein Langweiler sein. Und da war und ist bis zum heutigen Tag immer noch der erzählte Tabubruch ein Erfolgsrezept. Dass der Opfertod eines Kindes durch die Hand des eigenen Vaters einen solchen Tabubruch darstellte, steht außer Frage. Allerdings ging es dem Erzähler dabei weniger um die Darstellung der grausamen Kindstötung als solche. Vielmehr konfrontierte er seine Leser mit dem Fall, dass sich ein Vater in einer extremen Notsituation dazu genötigt sah, gegen seinen eigenen Willen sein eigenes Kind zu opfern. Die Opferung geschah in einer Konfliktsituation, aus der er keinen anderen Ausweg sah als den, etwas zu tun, was eigentlich nicht getan werden darf. Die Götter, Dämonen oder das Schicksal hatten ihm einen Zwang auferlegt, aus dem es kein Entrinnen gab, ohne schuldig zu werden. Immer dann, wenn uns das Wandermotiv von der Opferung eines Kindes durch den Vater in der Mythen-, Sagen- oder Märchenwelt der Antike begegnet, geht es um die Inszenierung dieses Konfliktes, der seinem Wesen nach den Zwangscharakter des Tragischen offenbart. Ob die Tochter Jiftachs in Ri 11, der Sohn des Moabiterkönigs in 2Kön 3,27 oder Iphigenie, sie alle werden Opfer solch eines tragischen Konflikts. Und es ließen sich weitere Beispiele nennen: So hatte einst auch Idomeneus, König von Kreta, in einem schweren Seesturm dem Meeresgott Poseidon gelobt, ihm das erste Lebewesen zu opfern, das ihm begegnet, wenn er wohlbehalten wieder heimkehrt. Zu seinem Entsetzen war es sein eigener Sohn. Die Folgen für Idomeneus waren verheerend. Er verlor seinen Thron und musste fliehen.[176] Mit dem unbestimmten Gelübde Jiftachs steuerte der Erzähler solch einen tragischen Konflikt an, der die

Leser bewusst dazu herausforderte, sich die Frage zu stellen: Was eigentlich gelobte Jiftach zu opfern – Mensch oder Tier?

Die neueren Ausleger sind sich darin einig, dass der Erzähler seinen Lesern deutliche sprachliche Hinweise dafür gab, Jiftach habe ein Menschenopfer im Blick gehabt.[177] Diejenigen Autoren, die das allerdings für undenkbar halten, dass er beim Geloben an ein Menschenopfer dachte, da es nach der biblischen Tradition ja verboten sei, einen Menschen zu töten,[178] oder für *Molek* durch's Feuer gehen zu lassen,[179] setzen ein Tieropfer voraus. Diese Sicht war vor allem unter den rabbinischen Gelehrten weit verbreitet. Allerdings diente sie nicht der Entschuldigung Jiftachs. Vielmehr wurde er dafür heftig getadelt. Sein Gelübde sei unbedacht gewesen, da der offenen Formulierung wegen ja die Gefahr bestanden habe, dass es sich nicht um ein reines, sondern um ein unreines und daher nicht opferbares Tier handeln könne, das ihm entgegenkäme. So habe ihm JHWH auf sein Gelübde geantwortet:

»(Und) wenn ein Kamel, ein Esel oder Hund herausgeht, willst du es vor mir als Brandopfer darbringen? Was tat ihm

---

176 Siehe W. BAUMGARTNER, Sagenbeziehungen, 153, und R. NÜNLIST, Idomeneus, 894.
177 So u. a. W. RICHTER, Gelübde, 27; J. A. SOGGIN, Judges, 215; M. BAUKS, Tochter, 75 ff., und C. HOUTMAN / K. SPRONK, Jefta, 7 f. Von H. TITA (Gelübde, 95 ff.) und W. GROSS (Richter, 599 f.) werden die Argumente, die für diese Auffassung sprechen, im Einzelnen vorgestellt und diskutiert.
178 Vgl. 1Mose 9,5 f.; 2Mose 21,12; 3Mose 24,17; 4Mose 35,33 u. ö.
179 Zur biblischen Polemik gegen die sogenannten *mlk*-Opfer in 3Mose 18,21; 20,2–5; 5Mose 12,31; 18,10; Jer 32,35 und der Kontroverse um ihre Deutung, siehe M. BAUKS, Tochter, 40 ff., und C. BONNET / H. NIEHR, Religionen, 158 ff.

der Heilige, gepriesen sei er? Er antwortete ihm, wie es sich nicht gehört, und bereitete ihm seine Tochter.« (LevR 37,4)[180]

Die Leichtfertigkeit Jiftachs bei der Formulierung seines Gelübdes habe demnach JHWH damit bestraft, dass er anstelle eines gelobten Tieres die Tochter als Erste aus dem Haus kommen ließ. Diese Auffassung, Jiftach habe nicht an ein Menschenopfer gedacht, sondern ein Tieropfer intendiert, fand dann auch ihren Niederschlag in einer ganzen Reihe von Bibelübersetzungen. Sie geben die maskulinen Verbformen durchweg neutrisch wieder.[181] Wie also entgeht man diesem Dilemma? Sollte man Jiftach belasten, indem man ihm die Absicht eines Menschenopfers unterstellt, oder durch die Annahme eines Tieropfers entlasten?

Der mittelalterliche Gelehrte *David Kimchi* (1160–1235 n. Chr.) schlug eine elegante syntaktische Lösung des Problems vor, die er von seinem Vater *Josef Kimchi* übernahm.[182] Die letzten beiden Teilsätze des Gelübdes – »der soll JHWH gehören *und/oder* ich werde ihn (es?) als Brandopfer opfern« – werden ja durch das Bindewörtchen »und« miteinander verknüpft. Dieses wird im Hebräischen durch einen einzigen Buchstaben, das *Waw*, wiedergegeben. Es kann allerdings auch alternativ mit »oder« übersetzt werden. Daher versteht *Kimchi* die beiden abschließenden Teilsätze des Gelübdes als zwei eigenständige, alternative Aussagen. Die erste

---

180 Zitat nach A./D.U. ROTTZOLL, Erzählung, 212. Dort weitere Beispiele. Siehe dazu auch M. BAUKS, Tochter, 96 ff.
181 So u. a. die beiden jüdischen Bibelübersetzungen von H. TORCZYNER (1937) und M. BUBER / F. ROSENZWEIG (1955) sowie von christlicher Seite die *Einheitsübersetzung* (2016) und LUTHER (Rev. 2017).
182 Ausführlich dazu A. / D. U. ROTTZOLL, Erzählung, 213 f.

Aussage, »der soll JHWH gehören«, beziehe sich auf einen Menschen, und die zweite, »oder ich werde es als Brandopfer opfern«, auf ein Tier. Soll heißen: Wenn ihm zuerst ein Mensch aus seinem Haus entgegenkommen würde, dann solle dieser JHWH gehören. Und das bedeutet konkret, dass er ihm in diesem Falle zum lebenslangen Tempeldienst geweiht würde, wie das auch Hanna in ihrem Gelübde mit dem kleinen Samuel tat (1Sam 1,11). Käme Jiftach hingegen zuerst ein Tier entgegen, dann wolle er es JHWH als Brandopfer darbringen. Was also gelobte Jiftach zu opfern?

Alle Ausleger, die sich in der einen oder anderen Richtung meinen festlegen zu müssen, gehen an der Intention des Erzählers vorbei. Denn der eigentliche »Witz« der Erzählung besteht ja gerade darin, dem Leser zu verschweigen, was sich Jiftach bei seinem Gelübde vorgestellt hat. Mit Gewissheit lässt sich daher nur eines aus dem weiteren Leseverlauf schließen, dass Jiftach ganz bestimmt nicht an sein einziges Kind, seine Tochter dachte. Das wird durch seine Reaktion bei der Rückkehr aus der Schlacht in V 35 unübersehbar deutlich. Erst jetzt wird ihm bewusst, dass sein Gelübde ungeahnte Konsequenzen hatte, die nicht in seiner Absicht lagen.

Die Leerstelle, die der Erzähler im Gelübde lässt, gehört demnach zu seiner bewusst eingesetzten narrativen Strategie. Sie soll einerseits die Mitarbeit des Lesers herausfordern, sich selbst Gedanken über das Gelübde des Jiftach zu machen, das Unausgesprochene mit der eigenen imaginativen Vorstellungskraft zu füllen. Andererseits will sie aber ganz bestimmt auch eine Warnung an den Leser sein, es sich nicht zu leicht zu machen und Jiftach voreilig in die Schublade des Kindermörders oder des Helden zu stecken. War Jiftach ein skrupelloser Machtmensch, der bereit war, für seinen persönlichen Erfolg über Leichen zu gehen, einen Menschen zu opfern? Oder hat er einfach nur leichtfertig gehandelt, ungewollt einen verhängnisvollen Fehler gemacht? Oder war die Offenheit, in der er sein Gelübde formulierte, gar ein bewusster Akt der Demut, durch den er sich mit allem, was er gelobte, allein JHWH auslieferte, es ihm anheimstellte, welches Opfer ihm genehm sei?[183]

Der Leser soll und muss das aushalten, dass er nicht alles über den weiß und wissen kann, dessen Geschichte vor ihm ausgebreitet wird. Der *erzählte Jiftach* birgt wie jeder lebendige Mensch ein Geheimnis in sich, das sich der »Wut des Verstehens«[184] oder Verstehenwollens entzieht. Auf diese Weise setzt die Leerstelle, die der Erzähler im Gelübde des Jiftach lässt, im aufmerksamen Leser gleich eine ganze Reihe von Impulsen, Stimmungen und Vorahnungen frei: Zunächst einmal erhöht sie die Spannung und führt dazu, dass der Leser den Text nicht einfach gelangweilt beiseitelegt. Unwillkürlich erwacht die Frage: Wird das, kann das gut ausgehen, solch ein Gelübde, oder wird es böse enden? Mit dieser Frage verstrickt der Erzähler seine Leser aber gleichzeitig in die Dialektik von Gut und Böse, Glück und Unglück, Hoffnung und Verzweiflung, die in der Kontingenz verborgen ist. Jiftach, eben noch auf der Straße des Glücks – der Verstoßene, der Outlaw und Bandenführer im Lande Tob, heimgeholt und erhoben zum Oberhaupt der Gileaditer –, ziehen da mit dem Gelübde nicht erneut dunkle Wolken am Horizont über ihm auf? Wird mit der offenen Formulierung nicht auch ein Signal der Unbestimmtheit, Un-

---

183 So H. Tita, Gelübde, 101 f.
184 Zentral dazu J. Hörisch, Wut.

wägbarkeit und des Unvorhersehbaren gesetzt, das wie ein Keim des Unglücks im menschlichen Glück schlummert, ein Keim, der nur darauf wartet, das Gute zu vergiften? Deutet sich da eine weitere, verhängnisvolle Peripetie im Schicksal des Gileaditers Jiftach an? Mit derartigen Überlegungen und Emotionen entlässt der Erzähler Jiftach in die alles entscheidende Schlacht gegen die Ammoniter und seine Leser in das Lebensdrama ihres Helden.

6.4.2.2. Krieg und Sieg

Mit V 32 wird wieder an die JHWH-Kriegserzählung in V 29 angeknüpft. Der Vers nimmt das Leitverb *'abar* (durch-/weiter-/hinüberziehen) auf, das dort gleich dreimal begegnete. Das Gelübde Jiftachs war gleichsam ein letztes Atemholen, ein Moment der Besinnung im Angesicht JHWHs, bevor er seine Truppen von Mizpe-Gilead aus gegen die Ammoniter vorrücken ließ und mit ihnen in den Kampf zog. Der Erzähler zeigt allerdings nur mäßiges Interesse an der Darstellung und Ausmalung des Schlachtenlärms. Im knappen Protokollstil hält er lediglich die Ergebnisse des Kampfes fest. Und er bedient sich dabei der konventionellen Sprachmuster, die dem Leser bereits aus den anderen JHWH-Kriegs-Erzählungen des Josua- und Richterbuches bekannt sind. Noch hat der Kampf nicht wirklich begonnen, da wird bereits in V 32b mit der »Übereignungsformel«[185] festgestellt: »Und JHWH gab sie in seine Hand.« Damit ist der Ausgang der Schlacht entschieden. Jiftach und die Gileaditer waren auf der Siegerstraße. Aber damit hatte JHWH auch seinen Teil des Gelübdes erfüllt, denn exakt darum hatte Jif-

---

185 Siehe S. 85.114.

tach ihn ja gebeten (V 30b). In V 33 wird dann lediglich noch das Ausmaß des Sieges kurz angedeutet. Die Gileaditer sicherten sich das Gebiet von Aroer (*Chirbet Udena*) bis nach Minnit (*Umm el-Hannafisch*), zwanzig Städte und bis nach Abel Keramim (*Na'ur*?).[186] Nennenswerte Geländegewinne konnten (und wollten?) sie in dem regionalen Konflikt wohl nicht erzielen, denn es handelte sich ja bei den Angaben um Ortslagen, die in der Pufferzone zwischen Gilead und der östlich davon gelegenen Ammonitis lagen, aus der die Ammoniter wieder vertrieben wurden.[187] In der Sprache der Sieger, die stets zu Übertreibungen neigt, wird der militärische Erfolg als ein »gewaltiger Schlag« (*makkah g^edolah*)[188] gegen den Feind gefeiert. Und schon endet der Bericht mit der für die JHWH-Kriegsberichterstattung üblichen »Beugeformel«: »So wurden die Ammoniter durch die Israeliten ›gedemütigt‹.«[189]

Die Kürze des Kriegsberichtes macht deutlich, dass es dem Erzähler letztlich nicht um die Fragen von Krieg und Frieden ging. Dieser Aspekt trat zu der vorexilischen Jiftachüberlieferung erst durch die deuteronomistische Einfügung in Ri 11,12-28 hinzu. Vielmehr diente das überlieferte Wissen vom JHWH-Krieg, den Jiftach gegen die Ammoniter führte, lediglich als Hintergrund, vor dem sich sein persönliches Geschick und das seiner Tochter abheben sollte, das nun unaufhaltsam dem dramatischen Höhepunkt der Erzählung entgegenstrebt. Ein wenig zugespitzt kann man die

---

186 Zur möglichen Identifikation der Orte mit heutigen Ortslagen siehe E. Gass, Ortsnamen, 465–479.
187 Vgl. W. Gross, Richter, 601 f.
188 So auch in Jos 10,10.20; Ri 15,8; 1Sam 6,19; 19,8; 23,5; 1Kön 20,21.
189 Vgl. Ri 3,30; 4,23; 8,28; 1Sam 7,13; 2 Sam 8,1.

Frage stellen, ob es überhaupt einer ausführlichen Erwähnung Jiftachs in der Reihe der Richter Israels bedurft hätte, wenn da nicht dieses abgründige Geschehen um ihn und seine Tochter gewesen wäre.

6.4.2.3. Reigentänze für den Sieger

Die Schlacht ist geschlagen, ein glänzender Sieg errungen. Jiftach hat seine Pflicht getan. Als erfolgreicher Feldherr kehrt er zurück nach Mizpa (V 34). Wieder wechselt der Schauplatz. Der Erzähler verlässt die Ebene des öffentlichen Wirkens seines Helden und gibt Einblicke in dessen Privatsphäre, die an sein Haus gebunden ist. Der einst aus dem Haus des Vaters vertriebene uneheliche Sohn einer Hure (11,1–3) hat es demnach inzwischen zu einem eigenen Hausstand in Mizpa gebracht. Wie es dazu kam, wer seine Frau war, alles das interessierte wieder nicht und bleibt der Phantasie des Lesers überlassen.

Mit der Heimkehr des siegreichen Vaters erfährt die grandiose Erfolgsgeschichte einen radikalen Bruch: »Und siehe« ($w^ehinneh$), Achtung, aufgepasst (V 34a)! Nur eine hebräische Partikel konzentriert die ganze Aufmerksamkeit der Leser auf das Folgegeschehen: Wer kommt als Erster aus dem Haus? Seine Tochter ist es, die ihm mit Handpauken und in Reigentänzen entgegengeht. Da stockt dem Leser der Atem. Und um das Unglück vollkommen zu machen, stellt der Erzähler fest: »Sie war die Einzige« ($j^echidah$)! Jiftach hatte sonst weder einen Sohn noch eine andere Tochter. Obwohl uns der Erzähler ihren Namen nicht verrät, ist es eben nicht irgendeine Tochter, sondern eben die Einzige, die für den Fortbestand der Sippe Jiftachs und das Weiterleben seines Namens in potenziellen Nachkommen sorgen könnte. Nachdem der Erzähler bereits seine *Herkunft* problematisiert hatte, da er der Sohn einer namenlosen Hure war (11,1), verdunkelt sich mit dem Auftreten der namenlosen Tochter nun auch seine *Zukunft*.

So wie einst Isaak der »einzige« (*jachid*) Sohn Abrahams und Saras war, den er liebte und den er JHWH als Brandopfer auf dem Berg Morija darbringen sollte (1Mose 22,2), so auch die Tochter Jiftachs. Ob allerdings den vorexilischen Verfassern der Jiftachgeschichten die Erzählung von der *Aqedat Jizchaq*, der »Bindung Isaaks« bereits bekannt war, das ist höchst unwahrscheinlich.[190] Daher ist es ratsam, die Geschichte von Jiftach und seiner Tochter zunächst aus sich selbst und ihrer eigenen Erzähllogik heraus zu deuten und sie nicht zu früh mit einem Seitenblick auf 1Mose 22 zu lesen.

Immer wieder wird in den Kommentaren darauf hingewiesen, dass Jiftach doch mit dieser Möglichkeit hätte rechnen müssen, als er sein Gelübde ablegte. Denn schließlich sei es eine allgemeine Gepflogenheit gewesen, dass die aus dem Krieg heimkehrenden Sieger von ihren Müttern und Frauen sehnsüchtig erwartet wurden (Ri 5,28–30) und diese ihnen singend, musizierend sowie in Reigentänzen entgegengingen.[191]

In den beiden wirklich infrage kommenden Vergleichstexten, dem Siegeslied Mirjams (2Mose 15,20f.) sowie der Begrüßung Davids nach seinem Sieg über die Philister (1Sam 18,6), handelt es sich aber stets um eine große Zahl von Frauen, die den Sieger feiern. In Ri 11,34 fokussiert sich dagegen die Einholung des Siegers allein auf die Tochter Jiftachs. Das gesamte darüber hinausgehende Empfangszeremoniell, das man erwartet hätte, bleibt ausgeblendet. Das »Kameraauge«

---

190 Siehe dazu Exkurs IV, S. 177ff.
191 So u. a. K. BUDDE, Richter, 86f.; H. TITA, Gelübde, 96; W. GROSS, Richter, 602f.

Abb. 10: Gustave Dore, 19. Jh. Jiftachs Tochter eilt mit ihren Freundinnen musizierend dem Vater entgegen.

des Erzählers zoomt allein die beiden groß ins Bild, die Tochter und ihren Vater. Sie interessieren und sonst niemand. Dass Jiftach bei seinem Gelübde ganz bestimmt nicht mit ihr rechnete, seinem einzigen Kind, das geht aus seiner Bestürzung hervor, die ihn erfasste, als er die Tochter ihm musizierend entgegentanzen sah.

Häufig wird betont, dass sie namenlos bleibt,[192] wie übrigens auch die beiden anderen in der Jiftachüberlieferung erwähnten Frauen, Jiftachs leibliche Mutter, die »Hure« (11,1), und seine böse »Stiefmutter« (11,2). Dass die Tochter Jiftachs deswegen vom Erzähler gar nicht als eigenständiges Subjekt wahrgenommen worden wäre, sondern eben nur als Tochter ihres Vaters, wird man angesichts ihres selbstbewussten und couragierten Auftretens im Folgegeschehen aber nur schwer behaupten können. Ein Grund für die Namenlosigkeit könnte im Motiv des Kinderopfers in äußerster Not als solchem zu suchen sein. Da es sich um ein im östlichen Mittelmeerraum verbreitetes Wandermotiv handelte, waren die Personen und die Rollen, die sie auszufüllen hatten, austauschbar. In ihm ging es vor allem um die Inszenierung des unauflöslichen inneren Konflikts, den ein Vater zu bestehen hatte, der sich – nicht erst für den heutigen Leser! – in erschreckender Weise dazu gezwungen sah, sein eigenes Kind zu opfern. Da Jiftachs Tochter darüber hinaus das einzige Kind gewesen ist, war »weder ein Missverständnis noch eine Verwechslung der Person möglich.«[193] Dass darüber hinaus mit der Namenlosigkeit der Tochter auch die patriarchale Weltsicht des Erzählers zum Zuge kam, soll damit nicht bestritten werden.

6.4.2.4. Die Selbsterniedrigung des Vaters
Die erste Reaktion des heimkehrenden Vaters besteht in einem nonverbalen »Selbstminderungsritus«.[194] Dabei handelt es sich um Riten, die von Personen vollzogen wurden, welche von einem schweren Unglück be-

---

192 Ausführlich dazu vor allem M. BAUKS, Tochter, 58 ff.
193 M. BAUKS, Tochter, 61.
194 Grundlegend dazu E. KUTSCH, Trauerbräuche, 78 ff.

troffen waren, dem Tod von Angehörigen (Hi 1,20), oder auch auf andere Weise in tödliche Gefahren gerieten.[195] Mehrfach begegnet der Ritus aus Anlass einer verlorenen Schlacht.[196] Das Zerreißen der Kleider ist eines dieser Rituale, mit dem der Betroffene seine Selbstminderung zum Ausdruck bringt. In orthodoxen jüdischen Gemeinschaften wird die *Q^{e}riah,* das Einreißen der Kleider beim Tod eines nahen Angehörigen, teilweise heute noch praktiziert.[197] Es zeigt einen rituell inszenierten und zeitlich begrenzten sozialen Statuswechsel an. Die Person ist in ihrer Bestürzung, Trauer oder Furcht nicht mehr sie selbst, das, was sie einmal war oder wofür andere sie hielten. Vielmehr ist sie gebrochen, beschädigt wie ihr zerrissenes Kleid, weiß sich in ihrem Wert gemindert und erniedrigt.

Dramatischer kann die Begegnung von Vater und Tochter in Ri 11,34 f. nicht zum Ausdruck gebracht werden. Hier kommt die Tochter mit Paukenschlag und Reigentanz, dem siegreichen Feldherrn zu huldigen. Und dort tritt ihr der bestürzte Vater entgegen und zerreißt seine Kleider. In dem Augenblick, in dem er sie sieht, wird ihm sofort bewusst, dass er nicht länger das ist und sein kann, wofür ihn die Tochter hält. Kein strahlender Sieger ist er, sondern einer, der einen nicht wiedergutzumachenden Verlust erleiden muss. Als Feldherr gesiegt, als Vater vernichtet! Schärfer lässt sich die Dialektik von öffentlichem Sieg und persönlicher Niederlage, Rettung und Vernichtung nicht zum Ausdruck bringen als durch dieses Bild. Und dem entsprechend eröffnet Jiftach sein ergreifendes Zwiegespräch

---

195 Vgl. 1Mose 37,29; 2Sam 13,19; Est 4,1.
196 Vgl. 1Sam 4,12; 2Sam 1,2.11; 3,31 u. ö.
197 Siehe M. Joseph, Trauer, 1036.

Abb. 11: Jakob Holgers (17. Jh.). Jiftach begegnet seiner Tochter
und zerreißt im Schmerz seine Kleider.

mit seiner Tochter durch einen Weheruf, eine Interjektion: »Ach (*'ahah*), meine Tochter!« Ein unartikuliertes Aufstöhnen, ein Klageruf, in dem das ganze Unheil anklingt, in das er die Tochter und sich selbst gebracht hat.

Es folgen zwei Verbalsätze, in denen Jiftach andeutet, was das Auftreten seiner Tochter in ihm ausgelöst hat. In der Geschichte der Auslegung hat man an diesen beiden Sätzen immer wieder den zweifelhaften und egomanen Charakter Jiftachs festmachen wollen. Anstatt die Verantwortung für sein leichtfertiges Gelübde zu übernehmen und sich vor der Tochter schuldig zu bekennen, habe er ihr Vorwürfe gemacht und sich selbst bedauert, »ein klassischer Fall von Opferbeschuldigung«[198] sei das. Ist diese Lesart zwingend oder lassen sich die Äußerungen Jiftachs auch anders deuten?

Im ersten Satz wird ein und dasselbe Verb wiederholt (*figura etymologica*), wodurch der Aussage in ihrer Emotionalität ein ganz besonderer Nachdruck verliehen wird: »In die Knie gezwungen, ja, in die Knie gezwungen hast *du* mich.« Das hebräische Verb *karaʿ* (in die Knie gehen, beugen) begegnet mehrfach in militärischen Kontexten und bringt zum Ausdruck, dass jemand durch Macht und Gewalt in die Knie geht bzw. erniedrigt wird, fällt und am Boden zerstört ist.[199] In Ri 5,27, einem Vers aus dem Siegeslied der Debora, begegnet das Verb gleich dreimal, um das Niedersinken des durch Jael erschlagenen Sisera zum Ausdruck zu bringen. Mit dem Erscheinen der Tochter fühlt sich Jiftach in gleicher Weise in die Knie gezwungen, zu Boden geworfen, ja, geradezu tödlich getroffen und vernichtet. Damit verbalisiert dieser erste Satz des Jiftach im Gespräch mit seiner Tochter nichts anderes als die tiefe Bestürzung, die er bereits mit dem Zerreißen seiner Kleider körpersprachlich zum Ausdruck gebracht hatte. Er ist dadurch vernichtend getroffen, dass sein

---

198 So CH. EXUM, Richterbuch, 37 f. Vgl. auch E. SEIFERT, Tochter, 181 f., und W. GROSS, Richter, 604. Weitere Stimmen dazu bei G. HENTSCHEL, Jiftach, 23.
199 Jes 10,4; 65,12; Ps 18,40; 78,31.

Gelübde ausgerechnet die Tochter trifft, sein einziges Kind. Sie, ihr Erscheinen ist es, das ihn niederwirft.[200] Gibt er ihr damit wirklich die Schuld an der Zwangslage, in der er sich befindet?

Diese Interpretation ist alles andere als zwingend. Man kann diesen Satz auch als schmerzvolle Demutsgeste lesen, als die vollkommene Selbsterniedrigung, in der sich das körpersprachliche Signal vom Zerreißen der Kleider fortsetzt. Der große Sieger über die Ammoniter wird vom Schmerz über die ausgelassen tanzende Tochter in die Knie gezwungen. In der Begegnung mit ihr wird aus dem Sieger ein Verlierer. »Beide, Vater und Tochter, sind in etwas gefangen, was sich ihrer Kontrolle entzieht.«[201]

Der zweite Satz intensiviert die Anrede an die Tochter durch die Verdoppelung des Personalpronomens: »*Du*, ja *du* bist unter denen, die mich zerrütten.« In der Stunde der Entscheidung gibt es nur noch sie für ihn, das einzige Kind; das DU der Tochter, ohne welches auch das ICH des Vaters ruiniert ist. Auch dieser Satz spielt mit der Ambivalenz der Gefühle in der Begegnung zwischen Vater und Tochter. Einerseits zieht das Mädchen, fast noch ein Kind, dem siegreichen Vater entgegen, um ihn zu feiern und zu ehren. Andererseits zerrüttet sie – ohne auch nur etwas davon zu ahnen – mit ihrem Stolz auf ihn und mit ihrer unbefangenen Fröhlichkeit ihr eigenes Leben und das des Vaters. Einerseits kann dieser Satz als harter Vorwurf gegen sie gehört werden. Und andererseits klingt in ihm zugleich

---

200 Angesichts dieser Reaktion des Vaters ist die Behauptung von E. Seifert (Tochter, 183), dass die gesamte Erzählung keinerlei Gefühle des Vaters gegenüber der Tochter zeige, unverständlich.
201 Ch. Exum, Richterbuch, 38.

das ganze Leid des Vaters um sein Kind an. Ungewollt und unerbittlich wird aus dem Begrüßungsjubel, mit dem sie dem Vater entgegeneilt, ein Trauerspiel. Ausgerechnet die Tochterliebe reißt den Vater und sich selbst in den Abgrund. Und die verzweifelte Vaterliebe muss nun tun, was sie doch niemals tun darf, das Leben des Kindes und mit ihm die eigene Zukunft opfern.

Wieder bricht da jene Dialektik auf, die *Peter Szondi* als den Wesenskern eines tragischen Geschehens beschrieben hat. Der öffentliche Sieg wird zur persönlichen Niederlage; die Erhöhung des Siegers zur Erniedrigung; in der Liebe schlummert das Entsetzen; in der Unschuld lauert die Schuld; im Glück gähnt der Abgrund des Unglücks; der Freudentanz verwandelt sich in einen Totentanz. Da wird etwas zerstört und geht etwas unter, was nicht zerstört werden und untergehen darf.[202] Es ist diese innere Widersprüchlichkeit des Lebens, die wie aus heiterem Himmel plötzlich aufbrechen kann und der nicht zu entkommen ist. Sie muss gesehen, ausgehalten, durchlitten und bestanden werden.

Wenn es zutrifft, dass es nicht der in jeder Weise untadelige Charakter ist, der den tragischen Helden auszeichnet, sondern die Tapferkeit, mit der er sich seinem selbstverschuldeten oder auch ohne Schuld über ihn hereinbrechenden Geschick stellt,[203] dann ist bei moralischen Urteilen über Jiftach Zurückhaltung geboten. Denn auf das dreifache DU, mit dem er die Tochter in den ersten beiden Sätzen anredet, folgen nun zwei weitere Sätze mit einem dreifachen ICH: »*Ich* aber, *ich* habe meinen Mund aufgemacht gegenüber JHWH. Und *ich* kann nicht zurück« (V 35b). Beide Sätze werden wieder an die vorausgehenden Sätze durch das Bindewört-

---

202 Siehe S. 28.
203 Vgl. S. 25 f.

chen »und«, den hebräischen Buchstaben *Waw*, angeschlossen, der auch adversativ im Sinne von »aber« übersetzt werden kann, was in unserem Falle nahe liegt. Dann ergibt sich folgender Sinnzusammenhang für das, was Jiftach seiner Tochter zu sagen hatte: Du, du hast mich zwar in die Knie gezwungen als wärest du unter denen, die mich zerrütten. Ich *aber*, ich bin es doch, der »den Mund aufgemacht hat«[204] gegenüber JHWH. Du bist es nicht! Dich trifft keine Schuld. Mit dem dreifachen ICH übernimmt Jiftach ohne Wenn und Aber die Verantwortung für das unauflösliche Dilemma, in das er sich und seine Tochter durch das Gelübde hineinmanövriert hat. Er hat JHWH sein Wort gegeben und kann es nun nicht mehr rückgängig machen.

Damit nimmt ein verzweifelter Vater das Wort, der der festen Überzeugung ist, dass ein der Gottheit einmal gegebenes Gelübde unter keinen Umständen gebrochen werden darf.[205] Das Gelübde wird zur Zwangsjacke, aus der er sich ohne Schuld nicht mehr befreien kann. Bricht er es, wird er schuldig an JHWH. Hält er es, wird er schuldig an seiner Tochter.

---

204 Die Wendung wird von einigen Auslegern pejorativ im Sinne von »das Maul aufreißen / den Mund zu voll nehmen« gedeutet. Dafür könnte Hi 35,16 sprechen, wo davon die Rede ist, dass Hiob vergeblich und ohne Sinn und Verstand »den Mund aufgerissen habe«. Übt Jiftach mit dieser Formulierung Selbstkritik an seinem unüberlegten Gelübde? Allerdings steht die gleiche Formulierung in Ps 66,13f. auch völlig wertfrei für das Öffnen des Mundes bzw. der Lippen zum Ablegen eines Gelübdes. Vgl. dazu M. Bauks, Tochter, 76, und W. Gross, Richter, 604f.
205 Vgl. 4Mose 30,3; 5Mose 23,22–24; Koh 5,3–5.

6.4.2.5. Die Selbstbehauptung der Tochter

Die Tochter hat die Zwangslage des Vaters sofort durchschaut. Sie weiß, worum es geht. Ohne dass vom Erzähler näher ausgeführt werden müsste, wie, was und von wem sie über das verhängnisvolle Gelübde unterrichtet worden wäre – hier ist wieder die Phantasie des Lesers gefordert –, kam es ihm alleine darauf an, die Tochter jetzt für sich selbst sprechen zu lassen. Ihr erstes Wort lautet *'abi*, »mein Vater«! Bereits auf dieser Anrede lastet das ganze Gewicht der verhängnisvollen Vater-Tochter-Beziehung, ihrer unauflöslichen Bindung in Schmerz und Liebe.[206] Ihm verdankt sie ihr Leben und durch seine Hand soll sie sterben. Was für ein Widersinn!

Im Folgenden wiederholt sie zunächst wörtlich, was der Vater ihr sagte, dass er den Mund vor JHWH aufgemacht habe. Damit wird auch von ihr festgestellt, dass die Verantwortung für das, was geschehen muss, allein bei ihm liegt. Doch dann übernimmt sie selbst das Heft des Handelns. Sie bittet ihn nicht etwa von dem einmal gelobten Opfer abzulassen, sondern fordert ihn auf: »Tue mit mir, was aus deinem Munde kam« (V 36a). Für diese Aufforderung erfuhr sie von den Auslegern Anerkennung und Kritik. Einerseits rühmte man sie für ihre mutige und freiwillige Einstimmung in ihren Opfertod, mit der sie sich nicht nur eine außergewöhnliche Würde, sondern auch ein ungewöhnliches Maß an Selbstbehauptung bewahrt habe. »Sie ist als die eigentliche Heldin der Erzählung gezeichnet«[207] und hat sich damit als eine »starke Frau«[208]

---

206 Vgl. 1Mose 22,7; 27,18.34.38.41; 2Kön 13,14.
207 So M. Bauks, Tochter, 59.
208 W. Gross, Richter, 610.

erwiesen. Andererseits warf man ihr vor, mit ihrer Einwilligung »gegen ihre eigenen Interessen« zu sprechen, sich widerstandslos »in ihre Rolle des unschuldigen Opfers« zu fügen und der Autorität des Vaters zu beugen.[209] Letztlich habe sie sich zum »Sprachrohr des Opfersystems und der väterlichen Autorität« gemacht und diesem »obendrein auch noch die Absolution« erteilt.[210]

Lob und Tadel sind aus heutiger Sicht verständlich, legitim und werden durch die Offenheit in der Formulierung des Textes provoziert. Es bleibt allerdings fraglich, ob es dem antiken Autor jemals überhaupt um die für den Leser der Moderne höchst relevante Frage der freiwilligen oder auch unfreiwilligen Unterwerfung der Tochter unter die väterliche Autorität ging. Was im Rahmen unseres Wertekanons mit Recht Kritik erfährt, war unter den Bedingungen einer patriarchalen Gesellschaft ein gängiges und probates soziales Verhaltensmuster. Ein Verhaltensmuster, das starke emotionale Bindungen wie Liebe und Mitgefühl von Vätern zu Töchtern und Töchtern zu Vätern nicht ausschloss. Hier agiert weder ein egoistischer, skrupellos autoritärer Vater, der zu allem Übel auch noch »gemeinschaftsunfähig« gewesen sein soll,[211] noch eine naive, aber über sich selbst hinauswachsende, von eigenem Leid unberührbare Tochter. Vielmehr stellt der Erzähler zwei Menschen aus Fleisch und Blut auf die Bühne des Geschehens, die einen unlösbaren Konflikt zu bestehen haben. Die Ursache für diesen Konflikt hat der Erzähler weder in einer gestörten Vater-Tochter-Beziehung gesucht, noch in der patriarchalen Gesellschaftsverfas-

---

209 Ch. Exum, Richterbuch, 39.
210 Ch. Exum, Richterbuch, 42.
211 So W. Gross, Richter, 607.

sung seiner Zeit, sondern allein in einem hochproblematischen Gelübde, das Jiftach JHWH gegenüber abgelegt hatte. Und nachdem JHWH ihm das verschaffte, worum er ihn bat, nämlich Sieg und »Rache« an seinen Feinden, war er nun seinerseits gefordert, seinen Teil des Versprechens einzulösen. Das sah die Tochter nicht anders als der Vater (V 36).

Exkurs IV: JHWHs Rache

Der hebräische Begriff der Rache (n^eqamah), den Jiftachs Tochter hier für den Sieg ihres Vaters ins Spiel bringt, kann den heutigen Leser schnell auf eine falsche Fährte locken. Für uns ist er durchweg negativ besetzt. Wir verbinden mit Rache Affekte und Taten jenseits von Recht und Gesetz, die nach einem unkontrollierten, überschäumenden Bedürfnis nach Vergeltung und Strafe schreien. In den antiken Kulturen aber und auch im alten Israel war Rache ein notwendiger und selbstverständlicher Bestandteil der öffentlichen Rechtsordnung, der in differenzierter Weise geregelt wurde. Ohne Rache kein Recht! Das hieß: Ohne Bestrafung des Täters, der die Welt- und Rechtsordnung elementar verletzt, keine Gerechtigkeit. Wenn Unrecht nicht geahndet wird, erleidet die Rechtsordnung nachhaltigen Schaden. Daher ist es in der Regel wohl angemessener, die hebräische n^eqamah nicht mit »Rache« zu übersetzen, weil es um die Wiederherstellung eines verletzten Rechtsgutes geht. Als Alternative wurde der ein wenig antiquierte, aber die Sache treffendere Begriff der »Ahndung« vorgeschlagen, der ja die Bestrafung eines Vergehens bezeichnet.[212] Doch letztlich greift auch er noch zu kurz. Es geht nämlich um viel mehr als nur darum, dass

---

212 Siehe zur Problematik E. ZENGER, Gott, 137 ff., und B. JANOWSKI, Gott, 109 ff.

der Übeltäter mit seiner Tat konfrontiert und zur Rechenschaft gezogen wird. Hinter dem biblischen Rachekonzept stehen nicht nur die negativ konnotierten Motivationen von Strafe und Vergeltung an den Tätern. Vielmehr geht es zugleich auch positiv darum, dass den Opfern und dem Recht Genüge getan wird. Daher schwingt neben dem Moment der Strafe im biblischen Rachedenken auch das der »Genugtuung« mit, auf die die Opfer des Unrechts einen Anspruch haben und durch die die verletzte Rechtsordnung wieder geheilt wird.

Neben der Frage nach der Semantik des biblischen Begriffs der »Rache« und dem Aspekt von Rache als einem rechtskonformen Handeln kommt in Ri 11,36 noch ein weiterer Gesichtspunkt hinzu. Die Tochter Jiftachs stellt ja nicht fest, dass ihr Vater an den Ammonitern Rache genommen habe. Subjekt ihrer Aussage ist vielmehr JHWH! Er, JHWH, habe ihm, Jiftach, »Rache/Genugtuung« gegenüber seinen Feinden verschafft. Jiftach war bei alledem nur ein Werkzeug JHWHs. Was er tat, das tat er nicht im Blutrausch eigenmächtiger, hitziger Emotionen. Vielmehr war bei seinem Sieg über die Ammoniter JHWH selbst am Werk. Was in dieser Formulierung begegnet, ist eine auch sonst häufig zu beobachtende Theologisierung des biblischen Rachekonzepts, die am zugespitztesten in 5Mose 32,35 zum Ausdruck kommt: »Mein ist die Rache und die Vergeltung«, spricht JHWH.[213] JHWH nimmt die Ausübung der Rache für sich in Anspruch,[214] was ihm schließlich den schlechten, aber unberechtigten Leumund als »Rachegott« eingebracht hat. Doch wird dabei gerne übersehen, dass damit dem Menschen sein eigenmächtiges Recht auf Rache entzogen und das Rachemonopol auf JHWH übertragen wird.[215] Ziel dieser Theologisierung ist es, die mensch-

---

213   Wieder aufgenommen in Röm 12,19; Heb 10,30.
214   Vgl. Ps 94,1f.; Jes 1,24; 34,8; 35,4; 59,17; Jer 51,6 u. ö.
215   So in 3Mose 19,18; 1Sam 24,13. Vgl. dazu auch R. Lux, Gott, 23ff.

liche Blutspur der Rache, die häufig zur Ausuferung neigt, zu unterbrechen. JHWH ist der Rächer der Rechtlosen, der ihnen Genugtuung verschafft.

Jiftachs Tochter weiß ihren Vater und damit auch sich selber unwiderruflich in der Verantwortung gegenüber JHWH. Dieser hatte ihm Rache an den Feinden gewährt. Nun musste er seinerseits liefern.

Nachdem das klargestellt ist, bestimmt sie energisch das weitere Verfahren. Mit der atemberaubenden Aufforderung an ihren Vater, ihr das zu tun, was er gelobt hatte (V 36), ließ sie die Rolle, lediglich passives Objekt des Geschehens zu sein, endgültig hinter sich und wurde immer stärker zum handelnden Subjekt in dem sich vollziehenden Drama. Das wird in der zweiten Redesequenz in V 37 unübersehbar deutlich. Sie bittet, ja, fordert ihren Vater geradezu auf, noch zwei Monate von ihr abzulassen, um mit ihren Freundinnen in die Berge zu gehen und ihre Jungfrauschaft ($b^e tulim$) zu beweinen. Der Vater gewährt ihr ohne jedes Zögern den Aufschub (V 38a). Und so verbringt sie die beiden letzten Monate ihres Lebens mit ihren Freundinnen in den Bergen und beweint ihr Geschick, als junge, heiratsfähige Frau sterben zu müssen, ohne jemals die Frau eines Mannes und Mutter von Kindern sein zu können (V 38).

Diese Bitte ist aus der Perspektive der exilisch-nachexilischen Gelübdepraxis nicht unproblematisch, da nach 5Mose 23,22 und Koh 5,3 einmal geleistete Gelübde umgehend eingelöst werden sollen.[216] Das bedeutet allerdings nicht, dass in ganz besonderen Fällen ein Aufschub oder sogar eine Aufhebung der Er-

---

216 Dem vorexilischen Erzähler dürften beide Texte allerdings noch unbekannt gewesen sein.

füllung unmöglich gewesen wären.[217] Durch die Bitte der Tochter wird die Motivkette JHWH-Krieg → Gelübde → Kinderopfer um ein zusätzliches Motiv erweitert, ein Mädchenritual, das auf der Schwelle von der Kindheit zur reifen, heiratsfähigen jungen Frau begangen worden sei.

Abb. 12: Jean-Paul Lautens, 20. Jh., Jiftachs Tochter tanzt tamburinschlagend dem Vater entgegen.

---

217 Ein Beispiel dafür findet sich in 1Sam 14,24–46. Obwohl Jonatan unwissentlich den einem Gelübde gleichkommenden Eid Sauls brach, wurde Jonatan vom Volk ausgelöst und musste nicht sterben. Ausführlich dazu H. TITA, Gelübde, 73–85 u. 102f.

Exkurs V: Die Mädchentragödie

Als Vorbild dafür werden Initiationsrituale vermutet, die in vielen antiken Kulturen verbreitet waren. Das »Mädchen« (*na'ᵃrah*) trat mit seiner Geschlechtsreife als »Jugendliche« (*bᵉtulah*) in eine höchst sensible Übergangsphase ein.[218] Nach und nach löste es sich aus der *patria potestas*, der väterlichen Macht und Verfügungsgewalt, um als potenzielle »Ehefrau« (*ba'ᵃlah*) in das Haus ihres künftigen »Ehemannes« (*ba'al*) überzutreten. Dabei steht hinter der einschlägigen Begrifflichkeit nicht nur die patriarchale Vorstellung des Herrschafts- und Besitzrechtes, das der *pater familias* an seinen Töchtern und der Ehemann an seiner Frau innehatte, sondern zugleich die damit gegebene umfassende Schutz- und Versorgungspflicht, die ihnen mit diesen Rechten aufgetragen war.

In dieser Übergangsphase vom Dasein als Kind zur Erwachsenenwelt befand sich offensichtlich auch die Tochter Jiftachs. Sie war heiratsfähig, »hatte aber noch keinen Mann erkannt« (V 39), womit umschrieben wird, dass sie als junge Frau bisher noch keinen Geschlechtsverkehr hatte und damit auch biologisch als »Jungfrau« galt.[219] Der mit dem Ende der Pubertät gegebene Eintritt in einen neuen sozialen Status, den der heiratsfähigen jungen Frau, wurde in den meisten antiken Kulturen mit entsprechenden Passageriten begangen, die den sich nach und nach vollziehenden Wechsel vom Kindsein zum Erwachsenenalter symbolisch zur Darstellung brachten.[220] Die Vorstellung von solch einem Passageritus könnte auch hinter den letzten Versen der Gelübdeerzählung über Jiftach und seine Tochter gestanden haben.

---

218 Zum Erwachsenwerden in antiken Kulturen siehe vor allem A. KUNZ-LÜBCKE, Adoleszenz, 165 ff., und DERS., Kind, 85–111.
219 Vgl. 1Mose 4,1.17.25; 24,16; 4Mose 31,17 f.; 1Sam 1,19 u. ö.
220 Siehe dazu F. STOLZ, Grundzüge, 89 f.

Walter Burkert hat sich mit der Problematik weiblicher Initiationsriten ausführlich beschäftigt und ihrem narrativen Programm nachgespürt, das in zahlreichen Variationen immer wieder von Neuem durchgespielt wird, aber doch eine Reihe von Konstanten aufweist. Was in ihnen zur Sprache kommt, hat er unter dem Begriff der »Mädchentragödie« zusammengefasst.[221] Das Handlungsgerüst derartiger Mädchentragödien beschreibt er wie folgt: »(1) Ein Bruch im Leben eines jungen Mädchens: Eine von außen kommende Macht zwingt, das Haus zu verlassen; dies bedeutet Trennung von der Kindheit, von den Eltern, von der Familie. (2) Eine Periode der Abgeschiedenheit, die oft als eine idyllische, wenn auch abnorme Lebensform geschildert wird. Ein besonderes Haus oder auch ein Tempel dient als Aufenthalt, doch an Stelle des Eingeschlossen-Seins kann auch der Ausbruch in die Wildnis stehen, weit weg vom zivilisierten Lebensbereich. (3) Die Katastrophe, die das Idyll zerbrechen lässt. In der Regel geht es um das Eindringen eines Mannes; nicht selten eines sehr eigentümlichen Wesens, Dämon, Heros oder Gott. Das Mädchen wird vergewaltigt und geschwängert. (4) Eine Periode des Leidens, der Bestrafung der Todesnot, sei es durch Gefangenschaft, sei es durch Austreibung in die Fremde. (5) Die Rettung, die zu einem glücklichen Ende führt. Dieser Abschluss ist in der Regel direkt oder indirekt mit Kindsgeburt verbunden; meist handelt es sich um einen Sohn, um einen Stammesheros […].«[222] Diese Handlungsstruktur, die sich in vielen Mythen/Erzählungen nachweisen lässt, verbindet sich oft mit dem Opfermotiv. Daher verwundert es nicht, dass *Burkert* dieses Grundmuster auch in der Erzählung über Jiftach und seine Tochter sowie im Iphigenie-Stoff wiederfindet.[223] Die Opfererzählung wird

---

221 W. BURKERT, Kulte, 89–101.
222 W. BURKERT, Kulte, 91f.
223 Kritisch dazu W. GROSS, Richter, 609f.

zur Ätiologie, die das in Ri 11,37ff. geschilderte Mädchenritual begründen und erklären soll. Unabhängig von der umstrittenen Frage, was am Anfang der Überlieferung stand, die Gelübde-Opfererzählung (V 29–36),[224] oder das sich daran anschließende Mädchenritual (V 37–40), das durch sie erklärt werden soll,[225] bleibt es die Aufgabe der Leser, sich den inneren Sinnzusammenhang beider Motive zu erschließen, die vom Erzähler wohl nicht grundlos miteinander verknüpft worden sind.

Mit dem Gang in die Berge entzog sich Jiftachs Tochter auf Zeit dem am Boden zerstörten Vater, entfernte sich aus seinem Haus und seiner *patria potestas*. Hier vollzieht sich auf andere Weise das, was auch Jiftach in seiner Jugend widerfuhr. So wie er einst aus dem Haus seines Vaters in das Land Tob floh (11,1–3), Opfer einer zerbrochenen Familiensolidarität wurde, so verlässt seine einzige Tochter nun sein Haus, um in den Bergen ihr Geschick zu betrauern. Jiftachs Flucht aus dem Haus seines Vaters Gilead führte ihn in eine Zukunft voller Ungewissheiten. Der Weg der Tochter aus dem Haus Jiftachs in die Berge gewährt ihr eine letzte Frist ohne jede Hoffnung auf Zukunft. Das Geschick beider erfuhr mit dem Verlassen des väterlichen Hauses eine dramatische Wendung. Die Übergangsphase, in die sie eintraten, war jeweils eine Phase der Gefährdung, allerdings von ganz unterschiedlicher Intensität. Jiftach fand Zuflucht in Tob, einem »guten« Land, in dem für ihn nach dem Abstieg ein ungeahnter Aufstieg begann.[226] Für seine Tochter wurde der »Abstieg« in die Berge am

---

224 So u. a. M. Bauks, Tochter, 73.
225 So R. Jost, Gender, 164f., u. I. Willi-Plein, Opfer, 157f.
226 Siehe S. 75ff.

Ende zu einem Abstieg in den Opfertod. Und so wie sich damals um Jiftach einige mittellose Männer sammelten, die sein Schicksal im Land Tob teilten, so wurde Jiftachs Tochter von ihren Freundinnen begleitet, um ihre Trauer mit ihr zu teilen. An die Stelle der Familiensolidarität trat die Solidargemeinschaft der Gefährten und Freundinnen, die ihnen in der Herauslösung aus dem Haus des Vaters zur Seite standen. Zwei dramatische Jugendgeschichten mit unterschiedlichem Ausgang! Jiftachs Flucht aus dem Haus des Vaters bildet den Übergang in eine neue Lebensphase, der Gang der Tochter in die Berge endet im Tod. Denn nach dem Ende der zweimonatigen Frist kehrt sie ohne jedes Zögern und Zaudern zu ihrem Vater zurück.

Wenn es tatsächlich zutreffen sollte, dass hinter dem zweimonatigen Aufenthalt der Tochter Jiftachs mit ihren Freundinnen in den Bergen die Vorstellung eines Initiationsrituals stand,[227] mit dem der Übergang von der Pubertät zur heiratsfähigen jungen Frau begangen worden sei, dann lässt sich kaum übersehen, dass diese Vorstellung durch den hebräischen Erzähler eine massive Transformation erfuhr. Denn Jiftachs Tochter wollte ja mit ihren Freundinnen in den Bergen gerade nicht den Eintritt in die Erwachsenenwelt rituell begehen, sondern beweinen, dass ihr dieser Eintritt verwehrt bleiben würde, darüber trauern, »daß ihr ›Übergang‹ gewaltsam abgebrochen wird.«[228] Was uns hier geboten wird, ist in der Tat eine »Mädchentragödie« mit einem Passageritus der ganz besonderen Art. Da wird nicht die Passage einer jungen Frau in einen neuen Lebensabschnitt gefeiert, sondern ihre Passage

---

227 Zurückhaltend bis kritisch dazu W. GROSS, Richter, 607. Zustimmend M. BAUKS, Tochter, 58–73.
228 Mit W. GROSS, Richter, 607.

in den Tod beweint. Was einmal ein Initiationsritual gewesen sein mag, das hat sich für Jiftachs Tochter in ein Klage- und Trauerritual verwandelt.

6.4.2.6. Opfertod und Memorialkultur

Lapidar stellt der Erzähler schließlich fest: »Da vollzog er an ihr sein Gelübde, das er gelobt hatte« (V 39). Die knappe Formulierung lässt kaum einen anderen Schluss zu als den, dass Jiftach aus der Sicht des Erzählers seine Tochter tatsächlich opferte. Das Unaussprechliche bedurfte keiner weiteren Erläuterung. Mit der blutigen Ausmalung von Grausamkeiten konnte und wollte der Erzähler nicht dienen. Was sich nicht in Worte fassen lässt, spricht mitunter lauter als jede zusätzliche Illustration des Geschehens.

Abb. 13: Charles Lebrun, 17. Jh., Opferung der Tochter Jiftachs.

Alle Versuche allerdings, in den Text einen glimpflicheren Ausgang hineinlesen zu wollen, scheitern an dem, was geschrieben steht. So wollte man daraus, dass in V 39 nicht mehr von einem Brandopfer die Rede sei, schließen, dass die Tochter am Ende doch kein Opferschicksal erleiden musste, sondern lediglich JHWH geweiht worden wäre,[229] was immer das auch im Einzelnen bedeutet haben könnte.

Indirekt wird der Vollzug der Opferung durch den Hinweis auf den »Brauch« (*choq*) bestätigt, der sich aus dem zweimonatigen Gang der Tochter Jiftachs mit ihren Freundinnen in die Berge entwickelt habe. Jährlich seien seither die Töchter Israels vier Tage lang hingegangen, um die Tochter des Gileaditers Jiftach zu besingen (V 39b.40). Es fällt auf, dass dabei nicht nur von den Töchtern Gileads, sondern von denen ganz Israels die Rede ist, die diesen Brauch begehen. Damit sorgte der Erzähler dafür, dass das Gedenken an das Schicksal der Tochter Jiftachs keine regionale Angelegenheit blieb. Vielmehr haben es sich die Töchter ganz Israels zu eigen gemacht. Das könnte ein Hinweis darauf sein, dass diese letzte Notiz über das jährliche Trauergedenken nicht zum ältesten Bestand der Gelübdeerzählung gehört, sondern ein Zusatz des Sammlers und Erzählers ist, der die einzelnen Episoden der gileaditischen Jiftachtradition zu einer Gesamterzählung formte und in der Geschichte ganz Israels verankerte.[230]

---

[229] So D. MARCUS, Jephtah, 50ff., und K. ENGELKEN, Frauen, 33f. Ähnlich R. JOST, Gender, 201.

[230] Ob es sich dabei noch um den vorexilischen Erzähler handelte oder die deuteronomistischen Bearbeiter in exilisch-nachexilischer Zeit, die die Israelitisierung der gileaditischen Stammeserzählung forcierten und theologisch neu profilierten (s. S. 53f.), das bleibt eine offene Frage.

Diese Schlussnotiz der Gelübdeerzählung nimmt noch einmal den auch sonst immer wieder zu beobachtenden knappen Protokollstil des Erzählers auf. Auf eine farbige Beschreibung des jährlichen Brauchs wird dabei verzichtet. Wohin die Töchter Israels gingen, ob ebenfalls in die Berge, zur Opferstätte, von der nirgends die Rede ist, ob es Trauergesänge oder Lob- und Preislieder waren wie in Ri 5,11, die aus diesem Anlass für die heldenhafte Tochter und Märtyrerin Israels angestimmt wurden, was es mit der Frist von vier Tagen auf sich hatte, in denen der Brauch begangen wurde, und was sich dabei im Einzelnen vollzog, alles das bleibt ungesagt. Gerne wüsste man mehr darüber, was sie an der Tochter Jiftachs besungen haben, ihr individuelles Geschick als junge Frau, den gewaltsamen Tod durch die Hand des Vaters, ihren Heldenmut, ihre Opferbereitschaft für Gilead und die gemeinsame Sache ganz Israels? Der Leser erfährt nichts von alledem. Nur in einer Hinsicht lässt der Erzähler keinerlei Zweifel aufkommen: Besungen wird nicht Jiftach, der Gileaditer, sondern allein seine Tochter! Sie erhält einen prominenten Ort in der Memorialkultur Israels. Keinem der Richter Israels widerfuhr jemals die Ehre eines solchen postmortalen Trauer- und Gedenkrituals, das sie im kollektiven Gedächtnis Israels verankert hätte.[231] Allein diesem namenlosen gileaditischen Mädchen wurde solcher Ruhm zuteil. In der Solidarität der Töchter Israels überdauert sie ihren Opfertod. Der Brauch sorgt dafür, dass sie in der Erinnerung des Volkes weiterlebt und nicht im Dunkel der Geschichte den zweiten Tod des Vergessens stirbt.

---

231 Vergleichbar damit sind lediglich die regelmäßigen Klagelieder für den großen Reformkönig Josia in 2Chr 35,25.

Bei allem Erschrecken über das, was da geschehen ist, haben diese letzten Worte der Gelübdeerzählung etwas Versöhnliches an sich. Das Gedenken kann nicht ungeschehen machen, was geschah, aber es zeigt einen Weg auf, angemessen mit diesem außergewöhnlichen Opfertod umzugehen, denn »in der Erinnerung liegt das Geheimnis der Erlösung«.[232] Macht es aber einen Sinn, angesichts eines solchen Opfergangs überhaupt von *Erlösung* zu reden, wenn damit mehr gemeint sein sollte als nur ein billiger, oberflächlicher Trost? Wer wird hier eigentlich woraus und durch wen erlöst? Zunächst einmal könnte man sich an die Rede des Aristoteles von der *Katharsis* erinnern, der reinigenden Wirkung einer Tragödie, die unter anderem die Kraft hat, ihr Publikum von den durch die Darstellung des schrecklichen Geschehens ausgelösten Affekten des Jammers und Erschreckens auch wieder zu befreien.[233] Und es soll an dieser Stelle auch gar nicht bestritten werden, dass das viertägige Gedenk- und Trauerritual der Töchter Israels, von dem am Ende der Gelübdeerzählung die Rede ist, solch eine reinigende und befreiende Wirkung freisetzen kann. Allerdings dürfte es trotz alledem vielen Lesern und Leserinnen der Erzählung von Jiftach und seiner Tochter schwerfallen, in ihr auch nur einen Hauch von Erlösung zu entdecken. Man kann allenfalls von einer Zähmung des Tragischen durch kulturelle Erinnerung sprechen. Andererseits führt aber die rituelle Erinnerung dazu, sich der blei-

---

232 Dieses viel zitierte Sprichwort wird dem Baal Schem Tov (Rabbi Israel Ben Elieser, 1700–1760) zugeschrieben, dem Begründer des Chassidismus. Die Zuschreibung ist allerdings unsicher. Vollständig habe es gelautet: »Das Vergessen verlängert das Exil, in der Erinnerung liegt das Geheimnis der Erlösung.«
233 Siehe S. 24.29 f.

benden Widersprüchlichkeit der Lebenswirklichkeit in jeder Generation neu zu stellen und sie nicht zu verdrängen.

Im Unterschied zu einer Reihe von frühen antiken Rezipienten der Erzählung verharren heutige Leser in Sprachlosigkeit und Entsetzen darüber, dass so etwas in der Bibel steht.

Aber diese »Sichtweise rechnet nicht mit der Möglichkeit, in der Bibel Un-Sinn anzutreffen oder sich erbarmungsloser religiöser Zumutung und Überforderung ausgesetzt zu sehen. Die Chance, in einer über weite Strecken unheilen und unsinnigen Welt Un-Sinn bewußt wahrzunehmen, ihn nicht immer wieder in Sinn umzudichten, sondern ihm theologisch standzuhalten und ihn zu verarbeiten, kann erst gar nicht bedacht werden.«[234]

Folgt man diesem irritierenden Votum von *Ulrich Hübner*, dann wäre es unsere Aufgabe und Chance, diesem *Un-Sinn*, der ja etwas anderes ist als gedankenlos-fröhlicher *Unsinn*, nämlich die Abwesenheit und Unauffindbarkeit von Sinn, theologisch auszuhalten und zu bearbeiten. Wer sich darum ernsthaft bemüht, der sollte mit der Einsicht beginnen, dass ein Geschehen, welches uns Heutigen als sinnlos erscheint, einem antiken Erzähler und Leser alles andere als sinnlos gewesen sein könnte. Auch Sinnwelten verändern sich und haben ihre Geschichte.

Der Opferkult gleich welcher Art gehört ohne Zweifel zu den Konstanten antiker Religionen und war für

---

234 So das nachdenkenswerte Schlussvotum von U. Hübner (Möglichkeiten, 500f.) in seiner rezeptionsgeschichtlichen Studie zur Jiftacherzählung.

sie von sinnstiftender Bedeutung.[235] Es wurde ja bereits auf die Analogien zwischen dem zwischenmenschlichen »Gabentausch« und einem den Göttern gewidmeten Opfergeschehen hingewiesen.[236] Und doch haben beide auch etwas Unvergleichliches. Ein Opfer ist mehr als lediglich eine Gabe. Zum Opfer wird die Gabe erst dann, »wenn mit ihr eigene, zum eigenen Selbsterhalt wichtige Lebensressourcen […] *vergeben* werden.«[237] Der Gabentausch zwischen Menschen kommt einem sozialen Kitt gleich, der dem Zusammenleben dient. Das Opfer hingegen ist die Gabe von Lebensgütern, die ich eigentlich selbst zum Leben brauche, im Extremfall sogar die paradoxe Hingabe des eigenen Lebens als höchstem Gut. »Gabensysteme regeln das Miteinanderleben. Opfersysteme regeln das Voneinanderleben bzw. das Leben auf Kosten von Leben.«[238]

Wer sich auf diese Sinndimension des antiken Opferkultes einlässt und wem sie nicht von vornherein als sinnlos erscheint, dem könnte sie auch eine Hilfe bei der Lektüre der Gelübdeerzählung in Ri 11 sein. Dabei ist es hilfreich, sich das Geschehen mit Hilfe des sogenannten Opferaktionsschemas noch einmal zu vergegenwärtigen. Dieses besteht aus fünf einfachen Fragen:

1. Wer ist der *Opferspender,* der das Opfer aufbringt?
2. Wer ist der *Opfervollzieher,* der das Opfer darbringt?
3. Wer ist der *Opferempfänger,* dem es dargebracht wird?
4. Wer oder was ist das *Opfer* (*victima*)?
5. Wer ist der *Opfernutznießer,* dem das Opfer zugute kommt?[239]

---

235 Vgl. grundsätzlich dazu B. J. MALINA, Rituale, 23–57.
236 Siehe S. 116f.
237 So S. BRANDT, Sinn, 250.
238 S. BRANDT, Sinn, ebd.

Die Fragen eins bis drei sind schnell beantwortet. *Opferspender* und *Opfervollzieher* ist Jiftach in einer Person. Er verspricht, JHWH ein Brandopfer darzubringen und ihm damit etwas von seinen eigenen Lebensressourcen zuzueignen, wobei es zunächst offenbleibt, ob dies ein Tier oder ein Mensch sein soll. Und von ihm heißt es dann am Ende, dass er sein Gelübde auch erfüllt hat, was nur bedeuten kann, dass er das Opfer tatsächlich selbst vollzog. Ebenso eindeutig wird JHWH als *Opferempfänger* benannt, dem Jiftach das Brandopfer versprach. Die abgründige Dramatik des Geschehens ergibt sich aus der vierten Frage nach der *Opfermaterie* (*victima*). Am Ende sieht sich Jiftach dazu genötigt, JHWH etwas zu opfern, woran er bei seinem Versprechen des Brandopfers gar nicht gedacht hat und das er niemals opfern wollte. Er muss nicht nur etwas von seinen materiellen Lebensressourcen opfern, sondern etwas von seinem Leben selbst, das, was ihm am teuersten war, die einzige Tochter, sein eigen Fleisch und Blut. Zwischen dem Opferversprechen und dem Opfervollzug hat sich ein dunkler Abgrund aufgetan. Damit erfährt das gesamte JHWH von Jiftach gelobte Opfergeschehen eine hochgradige Problematisierung. Die Unbestimmtheit des Opfers, das Jiftach gelobt, öffnet dem Un-Sinn Tor und Tür, der den Sinn des Opfergeschehens konterkariert. Denn während der antike Opferkult den Sinn hatte, der Förderung und Lebenserhaltung des Opferspenders zu dienen, konnte davon im Falle Jiftachs – wenn überhaupt – nur sehr bedingt die Rede sein. Obwohl er leiblich unversehrt aus der Schlacht gegen die Ammoniter zurückkehrte, stellte gerade diese Rückkehr, nach der er sich genötigt sah,

---

239   Mehr dazu bei S. Brandt, Sinn, 251 ff.

seine Tochter zu opfern, eine verheerende Minderung ja letztlich gar die Auslöschung seines Lebens dar.

Leben, das ist nach biblischem Verständnis mehr als ein lebendiger Leib. Es ist immer ein Leben in Beziehungen und hat neben der rein physischen Existenz stets auch eine lebenswichtige religiöse und soziale Dimension.[240] Mit der Opferung seiner Tochter kommt es zum Abbruch der für Jiftach wichtigsten sozialen Beziehung. Er stirbt mit ihr einen sozialen Tod, weil der Tod eben nicht nur am Ende des Lebens steht, sondern mitunter durch Feinde, Krankheit, Elend und Einsamkeit tief in das irdische Leben des Menschen eingreift.[241] Und da sich das menschliche Leben immer in einer Generationenkette vorfindet, von den Vätern und Müttern empfangen und an die Kinder und Enkel weitergegeben wird, stellt die Opferung der einzigen Tochter für Jiftach sogar noch eine Verschärfung des sozialen Todes dar. Mit ihr reißt die Generationenkette. Ein irdisches »Weiterleben« des Verstorbenen in Kindern und Kindeskindern,[242] die sein Geschlecht und seinen Namen lebendig erhalten, blieb Jiftach verwehrt. Damit ging auf dem Brandopferaltar nicht nur das Leben seiner Tochter, sondern auch die lebensnotwendige soziale Dimension seines eigenen Lebens in Rauch auf. Wenn das antike Opferwesen den Sinn hatte, der Lebenserhaltung zu dienen, dann hatte sich dieser Sinn für Jiftach und seine Tochter in sein Gegenteil verkehrt und erwies sich für beide – in unterschiedlicher Weise – als sinnlose Lebensvernichtung. Weder Jiftach noch seine Tochter können demnach als *Opfernießer*

---

240 Grundlegend dazu B. JANOWSKI, Anthropologie, 183 ff., und K. LIESS, Leben, 2008.
241 Siehe dazu B. JANOWSKI, *De profundis,* 244 ff.
242 Vgl. 1 Mose 50,23; Hi 42,16; Ps 127,3 ff.; 128,5 f.

des im Gelübde gelobten Brandopfers bestimmt werden. Zwar kam Jiftach wie erbeten mit heiler Haut davon, wurde aber in seiner Seele tödlich getroffen.

Und doch blieb dieses widersinnige Opfer nicht ohne jeden Sinn. Was auf der individuellen Ebene des erzählten Geschehens als Un-Sinn verbucht werden muss, machte – jedenfalls für einen antiken Leser – auf der kollektiven Ebene durchaus einen Sinn. Obwohl Jiftach und seine Tochter persönlich keinerlei Nutzen aus dem gelobten Opfer zu ziehen vermochten, es sei denn den der Verankerung in der kollektiven Erinnerung Israels, so war doch die Gemeinschaft der Gileaditer der eigentliche *Opfernutznießer*. Denn JHWH hatte der Bitte des Gelübdes entsprechend die Feinde Gileads in die Hand Jiftachs gegeben und es damit vor den Ammonitern gerettet (Ri 11,30). Die Gileaditer durften aufatmen und auf Kosten des Lebens der Tochter Jiftachs sowie ihres Vaters leben. Das Tor in die Zukunft, das sich mit dem Sieg über die Ammoniter für Gilead öffnete, hatte sich für Jiftach, den es zu seinem Heerführer und Oberhaupt erkoren hatte, und für seine Tochter ein für allemal geschlossen. Man könnte allenfalls sagen, dass in der scheinbaren Sinnlosigkeit ihres Opfers für einen Moment nur ein verborgener Sinn aufblitzt, nämlich der des Leidens und Sterbens für andere.[243]

Was hier erzählt wird, ist eben nicht nur lauter Unsinn, die vollkommene Abwesenheit von Sinn, sondern das unauflösbare Ineinander von Sinn und Un-Sinn, in dem sich Menschen wiederfinden können. Hier, in diesem Reich der inneren Widersprüche, erhebt das Tragische mit seiner unerbittlichen Durchschlagskraft den Anspruch zu herrschen. Damit stellt sich schließlich die

---

243 Siehe dazu das Votum von W. SCHADEWALDT, S. 29 f.

Frage nach der religiösen Dimension des Lebens. Welche Rolle spielt JHWH im Kampf des Menschen mit dem Tragischen?

6.4.2.7. JHWHs Schweigen

Da es sich in Ri 11,29–40 um eine Gelübdeerzählung handelt, ist von Anfang an JHWH, der Gott Israels, als Jiftachs Gegenüber mit im Spiel. Es fällt auf, dass derjenige Autor, der die Fragmente der alten, mündlich überlieferten Jiftachtraditionen sammelte, verschriftete und zu einem Erzählzyklus zusammenstellte, darum bemüht war, seinen Lesern Jiftach als einen treuen Anhänger des JHWH-Glaubens zu präsentieren. Bereits nach der Ernennung Jiftachs zum Heerführer und Oberhaupt Gileads unterstreicht er, dass Jiftach von nun an alles, was ihm wichtig war, vor JHWH zur Sprache brachte (11,11). Und daher verwundert es auch nicht, dass er dann die Gelübdeerzählung mit der Bemerkung einleitet, dass vor der entscheidenden Schlacht gegen die Ammoniter der Geist JHWHs über Jiftach gekommen sei (V 29). Diese beiden Notizen signalisieren dem Leser, dass es eine Beziehung zwischen Jiftach und JHWH gab, die auf Gegenseitigkeit beruhte. Jiftach bespricht seine Angelegenheiten mit JHWH, und dieser rüstet ihn mit seinem Geist aus. Das dem *do-ut-des*-Prinzip folgende Gelübde (V 30f.) ist schließlich als solches bereits ein elementarer Ausdruck dieser auf Gegenseitigkeit hin angelegten JHWH-Beziehung. Es ist darüber hinaus die einzige Stelle in der gesamten Erzählung, in der Jiftach in direkter Rede (2. Ps. Sg.) zu JHWH spricht. Von einem *dialogischen* Verhältnis der beiden im eigentlichen Sinne des Wortes kann allerdings kaum die Rede sein. Denn abgesehen von der JHWH-Rede in dem deuteronomistischen Prolog (10,11–14), der dem Zyklus später vorangestellt wurde, lässt der Erzähler der älteren Jiftachtradition an keiner anderen Stelle JHWH selbst durch sein Wort in das Geschehen eingreifen. Wenn er Jiftach antwortet, dann nicht mit Worten, sondern durch Ereignisse, die als Taten JHWHs gedeutet werden. Dabei ist der Sieg der Gileaditer über die Ammoniter das alles entscheidende Ereignis, an dem der Erzähler ein Eingreifen JHWHs in die Geschichte festmacht. Mehrfach wird mit dem Aufgreifen der sogenannten »Übereignungsformel« darauf hingewiesen. Jiftach erhofft und erbittet sich von JHWH, dass er ihm die feindlichen Ammoniter in die Hand geben möge, was schließlich auch geschah (11,9.30.32; 12,3). Schließlich unterstreicht auch die Tochter Jiftachs noch einmal, dass JHWH es gewesen sei, der ihm Rache an seinen Feinden gewährt habe (11,36). In der gesamten älteren Jiftachtradition ist JHWH kein Gott, der redet, sondern handelt. Dagegen ist Jiftach, sein Gegenüber, derjenige, der seine Anliegen vor ihm zur Sprache bringt (11,11) und ihm gegenüber seinen Mund aufmacht (11,35 f.). In seinem Gelübde verpflichtet er sich schließlich, es nicht nur bei Worten zu belassen, sondern mit der Darbringung eines Brandopfers auch seinerseits handeln zu wollen.

Das ist schon eine merkwürdige Konstellation, die uns hier präsentiert wird. Jiftach redet, JHWH schweigt, seine »Sprache« ist die Geschichte, in der er sich durch seine Taten offenbart. Davon waren jedenfalls der Erzähler und seine erzählten Figuren Jiftach sowie seine Tochter überzeugt. Warum aber bleibt es im Blick auf den Vollzug des Gelübdes beim tatenlosen Schweigen JHWHs? Warum greift er – anders als in 1 Mose 22 – weder durch ein erlösendes Wort noch durch eine rettende Tat ein, um damit das Opfer der Tochter zu verhindern? Dass er selbst dieses Ende herbeigeführt und gefordert habe, wie zum Beispiel Artemis, die sich Iphigenie als

Opfer ausersah,[244] ja, dass er es gewesen sei, der die Tochter aus dem offenen Tor dem Vater entgegenziehen ließ, davon ist in der Erzählung keine Rede.[245] Zwar brachte er Jiftach mit dem Sieg über die Ammoniter in einen Zugzwang, nun auch seinen Teil des Gelübdes zu erfüllen, dass diese Erfüllung aber für Jiftachs Tochter im tödlichen Desaster enden müsse, und dass dies der Wille JHWHs gewesen sei, das lässt sich allenfalls in die Erzählung hinein-, nicht aber aus ihrem Wortlaut herauslesen.

Und wenn schon JHWH nicht rettend in das Verhängnis eingriff, warum unternahmen dann andererseits weder Jiftach noch seine Tochter keinerlei Versuch, sich in dieser außergewöhnlichen Notsituation vertrauensvoll an ihren Gott zu wenden und ihn zu bitten, sie von der Erfüllung des Gelübdes mit seiner vernichtenden Konsequenz zu entbinden? War die bindende Wirkung dieses unglücklichen Gelübdes für sie so unumstößlich, dass sie keinerlei Möglichkeit mehr sahen, ihre verzweifelte Situation wenigstens noch einmal vor JHWH zu beklagen und ihn um Hilfe anzurufen? War die grausam-unerbittliche Macht des Gelübdes für sie am Ende sogar stärker als die souveräne Macht JHWHs, dem man es gelobt hatte? Ja, war nicht in dem alternativlosen und absoluten Gehorsam, in dem sich Jiftach an die Erfüllung des Gelübdes kettete – jenem »Ich kann nicht mehr zurück« (V 35) –, der religiöse Ritus zum Selbstzweck geworden und damit an die Stelle des lebendigen und rettenden Gottes getreten?

Die Gelübdeerzählung hinterlässt ihre Leser mit einer Reihe nicht endender Fragen, von denen hier nur

---

244 Siehe S. 14.
245 So auch W. Gross, Richter, 616; S. Krahe, Kinder, 17.

einige gestellt werden konnten. Das Verhältnis zwischen JHWH und Jiftach, der am Beginn seiner Karriere all seine Anliegen vor JHWH zur Sprache brachte (V 11), endet in einer bestürzenden Sprachlosigkeit. Das Gelübde und seine Erfüllung steht wie eine undurchdringliche Wand zwischen ihnen, die zum Abbruch jeglicher Kommunikation führte. Jiftach verharrt im Panzer des Gehorsams und JHWH im Schweigen. Es scheint so, als sei der Geist JHWHs (V 29) von ihm gewichen oder habe sich in einen Dämon verwandelt, der blinden Gehorsam fordert, die Tötung der Tochter. Gerade an dieser »Einsamkeit des Untergangs« erkannte *Franz Rosenzweig* ein wichtiges Charakteristikum des tragischen Helden. Da war nichts als Sprachlosigkeit. Jiftach fand »keine Brücke nach irgend einem Außen«,[246] keinen Weg, das Eingeschlossensein in seinem Gehorsam, seinem Selbst zu durchbrechen und zu rebellieren, JHWH als Gegenüber zu suchen und sich ihm in Klage und Widerspruch zuzumuten, wie das der rebellierende Hiob tat.[247]

So bleibt auch die Gottesbeziehung des tragischen Helden nicht unberührt von der inneren Widersprüchlichkeit des menschlichen Daseins. Da entschwindet der nahe geglaubte Gott ins Schweigen. Der rettende Gott verbirgt sich hinter einer Maske des Erschreckens. Jiftachs Vaterliebe und Gottesliebe kämpfen einen bitteren Krieg. Der Preis des Gehorsams ist der Tod der einzigen Tochter und mit ihr die Auslöschung des eigenen Geschlechts, den Jiftach für den Sieg über Ammon und das Leben der Gileaditer zahlt. Die Gottesbeziehung Jiftachs ist ganz und gar durchsetzt von dieser

---

246 Siehe S. 28f. und F. Rosenzweig, Stern, 85f.
247 Vgl. dazu R. Lux, Hiob, 141ff.

Dialektik des Tragischen. Der *deus revelatus*, der sich Jiftach im Sieg offenbarte, ist zugleich der *deus absconditus*, der sich ihm in der Opferung seiner Tochter, der schrecklichsten Niederlage seines Lebens, verbirgt und schweigt. Immer wieder bricht sie in die Gottesbeziehung des Menschen ein, diese Urgewalt des Tragischen, der Gottesschrecken in den Gottesgehorsam, das Leiden an Gott in die Gottesliebe. Die Erzählung von Jiftach und seiner Tochter hält dieser Erfahrung stand, indem sie uns eine Antwort auf die Frage »Warum?« verweigert. Sie verzichtet darauf, sie theologisch bewältigen zu wollen und gibt damit auf ihre ganz eigene und verstörende Weise dem unerschöpflichen Geheimnis Gottes und des Menschen die Ehre. Mit der sensiblen Wahrnehmung des Tragischen tastet sich jede Theologie an ihre Grenzen heran. Allein die Hoffnung bleibt, auch hinter der Grenze möge nicht das Nichts triumphieren, sondern der lebendige Gott Israels.

6.5. Jiftachs Bruderkrieg mit Efraim (Ri 12,1–6)

12 [1]Da wurde die Mannschaft Efraims zusammengerufen. Und sie zog hinüber nach Zafon und sprachen zu Jiftach: »Warum bist du hinübergezogen zu den Ammonitern, um gegen sie zu kämpfen und hast uns nicht gerufen, um mit dir zu ziehen? Dein Haus soll über dir mit Feuer verbrannt werden.« [2]Da sprach Jiftach zu ihnen: »Als ich einen heftigen Streit hatte, ich selbst und mein Kriegsvolk mit den Ammonitern, da habe ich euch gerufen. Ihr aber habt mich nicht aus ihrer Hand gerettet. [3]Und als ich sah, dass du kein Retter bist, da nahm ich mein Leben in meine eigene Faust und zog hinüber gegen die Ammoniter. JHWH aber gab sie in meine Hand. Warum also seid ihr heute

zu mir heraufgekommen, um gegen mich zu kämpfen?«
⁴Daraufhin versammelte Jiftach alle Männer Gileads. Und er kämpfte mit Efraim. Und die Männer Gileads schlugen Efraim. Denn sie hatten gesagt: »Entlaufene/Flüchtlinge aus Efraim seid ihr. Gilead liegt mitten in Efraim, inmitten von Manasse.« ⁵Da besetzte Gilead die Jordanfurten nach Efraim. Und es geschah: Wenn die Flüchtlinge aus Efraim sprachen: »Ich will hinübergehen«, dann sagten die Männer Gileads zu ihm: »Bist du ein Efraimiter?« Und sagte er »Nein!«, ⁶dann sagten sie zu ihm: »Sprich doch *Schibbolet*«. Sagte er daraufhin »*Sibbolet*«, weil er es nicht verstand, es richtig auszusprechen, dann ergriffen sie ihn und schlachteten ihn ab an den Jordanfurten. So fielen in jener Zeit zweiundvierzigtausend aus Efraim.

Einige Ausleger sehen in dem Abschnitt einen späteren Zusatz, der nicht zur ursprünglichen Jiftachüberlieferung gehört habe.[248] Es gibt gute Gründe, die für diese Sicht der Dinge sprechen. Da wäre vor allem der klare Abschluss der vorausgehenden Gelübdeerzählung zu nennen. Die Schlacht gegen die Ammoniter wurde siegreich geschlagen, das Gelübde erfüllt und die Tochter Jiftachs fand mit der Aufnahme in die jährliche Memorialkultur Israels einen bleibenden und würdigen Platz in der Geschichte. Was gäbe es zu dieser »Mädchentragödie« eigentlich noch hinzuzufügen? Nichts, außer einem: Die Rat- und Sprachlosigkeit des Lesers, mit der dieser zurückbleibt! Von einer *Katharsis*, einer Reinigung des Gemüts kann keine Rede sein. Im

---

248 So u. a. H. W. HERTZBERG, Richter, 217; M. GÖRG, Richter, 69; G. HENTSCHEL, Jiftach, 34 f., und W. GROSS, Richter, 565.

Gegenteil: Das »Warum?«, auf das die Erzählung eine und doch wieder keine Antwort zu geben vermag, hallt in der Wirkungsgeschichte, den diese Erzählung erfuhr, unüberhörbar nach. Allein dies ist ein Indiz für das Paradoxon eines in sich geschlossenen Erzählbogens[249] mit einem offenen Ende. Während das Geschick der Tochter Jiftachs zum Abschluss kam, stellt sich durchaus die Frage, wie es danach mit Jiftach weiterging. So drängt sich dem Leser mit *Bertolt Brecht* der Eindruck auf:

»Wir stehen selbst enttäuscht und sehn betroffen
Den Vorhang zu und alle Fragen offen.«[250]

Hat dieses Empfinden die Sammler und Erzähler der Jiftachüberlieferung dazu bewogen, die Schlussätiologie von Ri 11 doch noch nicht das letzte Wort zur Sache sein zu lassen? Die Frage lässt sich nur beantworten, wenn man den Abschnitt nicht allein für sich, sondern im Gesamtkonzept des vorexilischen Triptychons der Jiftachüberlieferung bedenkt.

Die Episode über den Bruderkrieg Jiftachs mit Efraim in 12,1–6 bildet im vorliegenden Erzählzusammenhang den Epilog der Jiftachüberlieferung. Er gliedert sich in zwei Teile (V 1–3 und 4–6), die in ganz unterschiedlicher Weise in den Kontext des Richterbuches sowie in die Jiftachüberlieferung in Ri 11 eingebunden wurden. In V 1–3 betreten die Efraimiter die Bühne des

---

249 In der Narratologie spricht man vom »Gestaltschließungszwang«. Einmal in die Erzählung eingeführte Personen oder Ereignisse müssen zu einem plausiblen Abschluss gebracht werden, um Rückfragen der Hörer/Leser zu vermeiden. Vgl. dazu CHR. HARDMEIER, Textwelten, 68.
250 B. BRECHT, Werke 2, 294.

Geschehens. Sie führen Klage darüber, dass Jiftach sie nicht am Kampf gegen die Ammoniter beteiligt habe und drohen ihm damit, deswegen sein Haus niederzubrennen. Jiftach weist den Vorwurf umgehend zurück. Er habe sie gerufen, sie aber seien seinem Ruf nicht gefolgt. In V 4–6 übernimmt er dann selbst die Initiative. Es kommt zum Kampf der Männer Gileads mit den Efraimitern, der mit ihrem klaren Sieg endet. Der Konflikt zwischen Jiftach/Gilead einerseits und Efraim andererseits wird in den beiden Abschnitten unterschiedlich begründet. Während in V 1–3 die Efraimiter Jiftach bedrohen, weil er sie nicht am Kampf gegen Ammon beteiligt habe, wird der vernichtende Schlag gegen Efraim in V 4–6 damit begründet, dass diese die Gileaditer als »Flüchtlinge aus Efraim« verspottet hätten, die doch eigentlich zu ihnen gehören würden, weil Gilead »inmitten von Efraim und Manasse« läge. Während es demnach in V 1–3 um die Zurücksetzung im Kampf ging, wird in V 4–6 ein Stammeskonflikt ausgefochten, in dem die Gileaditer jeden Anspruch der Efraimiter auf sie und ihr ostjordanisches Territorium ein für allemal zurückweisen.

6.5.1. Efraims Anklage und Drohung gegen Jiftach
Nachdem zwei Monate ins Land gegangen waren, zogen die Efraimiter, die ihr Stammesgebiet im Westjordanland hatten, hinüber nach Zafon[251] im Ostjordanland und suchten Streit mit Jiftach. Wer die Jiftach-

---

251 Gemeint ist hier die in Jos 13,27 erwähnte Stadt Zafon nördlich des Jabboq. Siehe dazu die Karte S. 72, sowie E. Gass, Ortsnamen, 496 ff., und W. Gross, Richter, 611. Hatte Jiftach inzwischen seinen Wohnsitz von Mizpa (vgl. Ri 11,34) nach Zafon verlegt, oder traf er dort lediglich auf die streitbaren Efraimiter, die im ostjordanischen Zafon nichts zu suchen hatten?

erzählungen im Zusammenhang des Richterbuches liest, der wird sich sofort an die Gideonerzählungen erinnern. Denn in Ri 7,23–8,3 wird erzählt, dass die Efraimiter schon einmal gegenüber Gideon eine solche Klage geführt hätten. Auch Gideon habe sie nicht am Kampf gegen die Midianiter beteiligt. Dabei stimmen die Formulierungen, mit denen die Konflikte in Ri 7,23–8,3 und 12,1–3 beschrieben werden, teilweise wörtlich überein.[252] Die gegenseitigen Anspielungen der Texte aufeinander sind unübersehbar. Sollte sich der Leser von Ri 12,1–3 an Gideon in 7,23–8,3 erinnern?[253] Und war dem Verfasser von 12,1–3 mit dem Rückverweis auf Gideon daran gelegen, seinen Lesern vor Augen zu führen, dass sich solch ein Konflikt auch ganz anders lösen ließ als nur durch einen blutigen Bruderkrieg? Ja wurde Jiftach hier wirklich als »negatives Gegenmodell« zu Gideon etabliert?[254] Immerhin konnte Gideon den Streit durch Schmeicheleien und mit diplomatischem Geschick letztlich friedlich beilegen (8,2f.). So erschien die Klage der Efraimiter am Ende reichlich übermotiviert.

In Ri 12,1–3 stellt sich das Geschehen dagegen etwas anders dar. In der Sache tragen die Efraimiter zwar die gleiche Klage vor, dass sie nicht am Kampf beteiligt worden seien, verbinden diese Klage aber mit einer

---

252 So schon K. Budde, Richter, 62, und H.-D. Neef, Ephraim, 243ff.
253 Die Frage, ob der Verfasser von Ri 12,1–3 von Ri 7,23–8,3 »abgeschrieben« hat (so M. Görg, Richter, 69; D. Böhler, Jiftach, 361ff.; W. Gross, Richter, 565f.) oder umgekehrt (so A. Scherer, Überlieferungen, 308ff.), wird unterschiedlich beurteilt. Denkbar ist allerdings auch, dass beide Texte auf ein und denselben Bearbeiter zurückgehen, der die ältere Gideon- und Jiftachüberlieferung verschriftete und ganz bewusst aufeinander bezogen hat.
254 So W. Gross, Richter, 612.

massiven persönlichen Drohung gegen Jiftach. Sie wollen ihm sein Haus über dem Kopf abbrennen. Jiftach antwortet ihnen mit Gegenvorwürfen: Er habe sie in dem heftigen Streit sehr wohl zu Hilfe gerufen, sie aber seien seinem Ruf nicht gefolgt und hätten ihn im Stich gelassen. So sei ihm nichts anderes übrig geblieben, als die Sache auf eigene Faust hin zu versuchen. Und JHWH habe schließlich den Mut des Tapferen belohnt und ihm die Ammoniter in die Hand gegeben. Wer war mit seinen Vorwürfen im Recht? Die Efraimiter oder Jiftach? Davon, dass Jiftach die Efraimiter um Unterstützung im Kampf bat, war bisher noch nicht die Rede. Da die Efraimiter die Anschuldigung Jiftachs allerdings nicht zurückweisen, sollte man ihm nicht ohne Anhalt am Text unterstellen, seine Erwiderung sei lediglich eine billige Ausrede gewesen.[255] Und dass er gelogen habe, ja bei seiner Antwort »ins Schwitzen und Stottern« gekommen sei, ist nichts als eine pure Vermutung.[256] Offensichtlich ließ sich der Konflikt nicht durch Worte entscheiden. So mussten am Ende die Waffen sprechen.

Die Unterschiede der beiden Versionen von der Klage der Efraimiter, nicht am Kampf beteiligt worden zu sein, liegen auf der Hand. Während Gideon es vermochte, den Konflikt zu befrieden, erfährt er bei Jiftach durch die persönliche Drohung gegen ihn eine gefährliche Eskalation, die nicht ihm vorzuwerfen ist. Das in Ri 12,1–3 begegnende Jiftachbild knüpft damit einerseits an die ihm vorausgehenden Episoden der vorexilischen Jiftachüberlieferung an, verleiht ihr aber andererseits auch einige neue Facetten.

---

255 So u. a. M. Görg, Richter, 69.
256 So E. A. Knauf, Richter, 125.

1. Wie in 11,1–3 sind es keine Fremden, die Jiftach bedrohen. Dort waren es seine Stiefmutter und seine Halbbrüder, hier sind es Angehörige des den Gileaditern nahestehenden Bruderstammes Efraim. Nicht Jiftach hat den Konflikt gesucht, sondern Efraim!

2. Wie in 11,1–3 geht es um Gileads Vertreibung aus seinem nächsten sozialen Umfeld. Dort muss er das Haus des Vaters verlassen und in das Land Tob fliehen. Hier sieht er sich genötigt, sein eigenes Haus samt Leib und Leben zu verteidigen. So wie er in 11,1–3 um seinen Anteil am väterlichen Erbe betrogen wurde, so wird ihm hier sein Haus- und Besitzrecht streitig gemacht. Der Lebenskreis Jiftachs schließt sich. Wie er begann im Konflikt mit den Brüdern, so endet er im Konflikt mit dem Bruderstamm.

3. Im Unterschied zu 11,1–3 fügt sich Jiftach hier nicht mehr in das Unvermeidliche und zieht sich auch nicht kampflos zurück. Vielmehr weist er den Vorwurf der Efraimiter zurück und setzt sie durch seinen Gegenvorwurf ins Unrecht. In seinem selbstbewussten Agieren wird die soziale Stellung deutlich, die er sich inzwischen als Oberhaupt der Gileaditer erworben hatte. Und da es JHWH war, der ihm die Ammoniter in die Hand gegeben hatte (11,32; 12,3), kann er an seinem militärischen Vorgehen nichts Unrechtes finden.

4. Der Erzähler ließ die Klage der Efraimiter nicht unmittelbar auf den Kampf und Sieg Jiftachs gegen die Ammoniter in 11,32–34 folgen. Warum melden sie sich erst jetzt mit zwei Monaten Verspätung zu Wort, nachdem Jiftach sein verhängnisvolles Gelübde an seiner Tochter erfüllt hatte? Deutet sich darin auch eine versteckte Kritik der Efraimiter an diesem Gelübde an? Ja, verbarg sich hinter der Klage der Nichtbeteiligung am Kampf der unausgesprochene Vorwurf, dass Jiftach solch ein Gelübde gar nicht nötig gehabt hätte, wenn er

die Efraimiter rechtzeitig zu Hilfe gerufen hätte? Man mag hinter dem Epilog eine derartige Gelübdekritik vermuten. Der Text selbst lässt allerdings davon nichts erkennen. Was dagegen ausgesagt wird ist erneut eine dramatische Gefährdung, in der sich Jiftach ganz persönlich befindet.

6.5.2. Dialekt mit Todesfolge

Warum aber legte Efraim überhaupt so viel Wert darauf, an den militärischen Scharmützeln Gideons wie auch Jiftachs beteiligt zu werden? Auf diese Frage gibt der zweite Abschnitt des Epilogs in 12,4–6 eine Antwort. Erklärbar wird dieser Ehrgeiz, wenn man den Jakobssegen in 1Mose 48 liest. Dort wurde Efraim, der zweitgeborene Sohn Josefs, dem erstgeborenen Manasse vorgezogen. Darin spiegelt sich die dominante Stellung wider, die Efraim mit der Zeit unter den Stämmen Israels für sich beanspruchte. Im Zuge dieses Anspruchs auf Vorherrschaft wurde die Bezeichnung »Efraim« im 8. Jh. v. Chr. geradezu zum Synonym für das gesamte Nordreich Israel.[257] Begründet wird der Kampf der Gileaditer gegen Efraim jetzt aber damit, dass diese sie als »Flüchtlinge aus Efraim« (V 4) verspottet hätten. Allerdings ging es in dieser Begründung nicht nur um Hohn und Spott, sondern wohl auch um sehr viel handfestere Herrschafts- und Gebietsansprüche, die Efraim für sich reklamierte. Bereits in Jos 16,9; 17,9 ist von Enklaven inmitten des Stammes Manasse die Rede, die Efraim für sich beanspruchte. Offensichtlich trachteten die Efraimiter danach, ihr Herrschaftsgebiet sukzessive zu erweitern.[258] Weil Ma-

---

257 Vgl. Hos 4,17; 5,11 ff. u. ö. sowie M. GÖRG, Efraim, 473 f.
258 Vgl. CHR. SCHÄFER-LICHTENBERGER, Stadt, 337 f., und H.-D. NEEF, Ephraim, 254.

nasse seine Gebiete im West- und im Ostjordanland hatte, ist es gut denkbar, dass die Efraimiter auch entsprechende Gebietsansprüche für sich jenseits des Jordans geltend machten, die das Territorium Gileads tangierten.²⁵⁹

Das aber war tatsächlich im 9. und 8. Jh. v. Chr. der Fall, in denen das Nordreich Israel/Efraim gegen Ende der Omridendynastie und dann noch einmal unter Jerobeam II. seinen Einfluss im Ostjordanland massiv geltend machte.²⁶⁰ Wurde hier ein Konflikt aus der Zeit, in der man die ursprünglich eigenständigen Jiftachüberlieferungen sammelte, verschriftete und zu Erzählzyklen zusammenstellte,²⁶¹ in die vorstaatliche Frühgeschichte Israels zurückprojiziert? Und wollte man damit seinen Lesern zu erkennen geben, dass die Efraimiter schon seit den Tagen des Manassiten Gideon sowie des Gileaditers Jiftach bemüht waren, ihre Vorherrschaft auf ostjordanische Stammesgebiete auszuweiten? Wie immer man auch den Konflikt Jiftach/Gilead gegen Efraim in der Geschichte verortet, in der Sache ging es um die Anerkennung und Autonomie Gileads. Die im Ostjordanland beheimateten Gileaditer fühlten sich keineswegs als entlaufene und geflüchtete Efraimiter, sondern bestanden auf ihrer Eigenständigkeit.

Diesen Anspruch brachte der Erzähler mit einer feinen Ironie zum Ausdruck. Wieder dreht er wie in V 3 den Spieß um. Nach der gewonnenen Schlacht besetzten die Männer Gileads die Jordanfurten,²⁶² um die in

---

259 So auch W. Gross, Richter, 611.
260 Ausführlicher dazu I. Finkelstein, Königreich, 123 ff. und 149 ff.
261 Auch I. Finkelstein (Königreich, 161 f.) geht davon aus, dass die Rettererzählungen des Richterbuches im 8. Jh. erstmalig verschriftet wurden.
262 Schon im Kampf Ehuds gegen Moab in Ri 3,12–30 wird deut-

Scharen in das Westjordanland flüchtenden Efraimiter auf ihrem Rückzug ein für allemal zu demütigen. Sie konterten den Spott ihrer Gegner damit, dass sie nun ihrerseits die Geschlagenen zu »Flüchtlingen Efraims« erklärten (V 4f.). Nicht Jiftach hatte es versäumt, Efraim um Hilfe zu bitten, sondern Efraim war seiner Bitte nicht gefolgt. Und nicht die Gileaditer waren »Flüchtlinge Efraims«, sondern diese selbst sollten sich am Ende als solche erweisen.

Den Nachweis dafür führten sie mit Hilfe einer Sprechprobe, die sie den fliehenden Efraimitern an den Jordanfurten abverlangten. Sie diente ihrer Identifizierung. Bei diesem einmaligen Motiv der »Sprechprobe« handelt es sich wohl um eine alte Lokaltradition,[263] die bereits in die dem Erzähler vorgegebene Jiftachtradition Eingang fand. Danach war der Jordan nicht nur eine natürliche geographische, sondern auch eine Sprach- und Dialektgrenze zwischen dem Ost- und dem Westjordanland. Das Wort *Schibbolet/ Sibbolet*, das die Fliehenden auszusprechen hatten, wird zum Grenzmarker. Dabei kam es nicht auf die doppelte Bedeutung des Wortes an (»Ähre/Zweig« oder »Strom/ Flut«),[264] sondern allein auf seine Aussprache. Offensichtlich war im Ostjordanland nicht nur unter den Gileaditern, sondern auch bei den Ammonitern der Sigmatismus weit verbreitet. Sie sprachen den hebräischen Buchstaben *Schin* wie ein *Samech* aus, also S anstelle von Sch,[265] den Hamburgern vergleichbar, die nicht anders

---

lich, dass der Jordan die Ostgrenze Efraims bildete, die Ehud mit der Besetzung der Jordanfurten gegen die ostjordanischen Moabiter und Ammoniter verteidigte.
263 Siehe dazu W. RICHTER, Überlieferungen, 517–522.
264 Vgl. W. GROSS, Richter, 614.
265 So mit Verweis auf ein ammonitisches Siegel R. S. HENDEL, Si-

können als »übern spitzen Stein zu stolpern«. Wenn die Gileaditer von den Flüchtenden verlangten, sie sollten *Schibbolet* sagen, dann waren diese offensichtlich nicht dazu in der Lage, den *S*-Laut phonetisch in gleicher Weise auszusprechen. Ihr Dialekt verriet ihre efraimitische Herkunft und bedeutete zugleich ihr Todesurteil. Insgesamt habe der Bruderkrieg 42.000 Efraimitern das Leben gekostet. Die hohe Opferzahl ist vergleichbar mit denen anderer Rettergestalten[266] und gehört zu den üblichen Mustern narrativer Kriegs- und Siegerpropaganda. In unserem Falle sollte sie wohl auch als Warnung davor verstanden werden, derartige Stammes- und Bruderkriege vom Zaun zu brechen.

Zum Abschluss müssen wir uns noch einmal Rechenschaft über die Frage geben, warum die Sammler und Erzähler der Jiftachüberlieferung diese Episode vom Bruderkrieg zwischen Gilead und Efraim an das Ende ihres vorexilischen Triptychons stellten:

1. Thematisch wird noch einmal auf die außergewöhnlichen militärischen Fähigkeiten hingewiesen, die Jiftach von allem Anfang an als einem »tüchtigen Krieger« attestiert wurden (11,1). Schließlich hatten sie ja auch dazu geführt, dass der aus dem Haus seines Vaters von seiner Stiefmutter und seinen Halbbrüdern Vertriebene von den Ältesten Gileads wieder zurückgeholt wurde, um sie in den Kampf gegen die Ammoniter zu führen (11,4–11). Militärisch bleibt Jiftach auch nach dem Ammoniterkrieg erfolgreich.

---

bilants, 69ff., J. Tropper, šibbolæt-Falle, 198ff., und W. Gross, Richter, 614f.

266 Ri 3,29: 10.000 gefallene Moabiter; 5,8: 40.000 unbewaffnete Israeliten; 8,10: 120.000 gefallene Midianiter; 15,15: 1000 erschlagene Philister; 20,44: 18.000 gefallene Benjaminiter.

2. Er selbst hat diesen Streit mit den Efraimitern nicht gesucht. Dieser wurde ihm vielmehr mit der Androhung der Verbrennung seines Hauses aufgezwungen. Sein Kampf gegen den Bruderstamm war demnach ein Akt der Selbstverteidigung. Wie im Kampf gegen die Ammoniter, der den Gileaditern ebenfalls aufgenötigt wurde, befindet sich der Kriegsmann Jiftach in einer Zwangssituation.

3. Ging er dem Streit mit seiner Stiefmutter und seinen Halbbrüdern noch aus dem Weg, zog sich in das Land Tob zurück und legte den Konflikt auf diese Weise friedlich bei (11,1–11), so bleibt ihm dieser Ausweg durch die Strafandrohung der Efraimiter versperrt. Diesmal muss er sich zur Wehr setzen und sein eigenes Hab und Gut, Leib und Leben sowie die Autonomie und Besitzrechte der Gileaditer im Ostjordanland gegen die Ansprüche der Efraimiter auf Vorherrschaft verteidigen. Dabei galt es, ihnen ein für allemal am Jordan auf drastische Weise deutlich zu machen, wo die Grenze zwischen ihnen und Gilead verlief und wo ihre Autorität endete.

4. In alledem enthält sich der Erzähler, dem wir dieses dritte Bild des Triptychons verdanken, strikt jeder expliziten Bewertung des Geschehens. Das Handeln Jiftachs wird weder kritisiert noch gerühmt. Die Situationen, in denen er sich genötigt sieht zu agieren, hat er sich nicht ausgesucht, sie haben – wenn man so will – ihn gesucht, mitunter in verstörender Weise »heimgesucht«. Das gilt für seine Vertreibung aus dem Haus des Vaters, für das verhängnisvolle Gelübde, das sich als schwerwiegender Fehler herausstellte, aber eben als ein Fehler, den er so nicht vorausgesehen hat. Und das gilt auch für die Auseinandersetzung mit den Efraimitern. Aus alledem geht Jiftach weder mit Ruhm noch mit Tadel hervor. Am Ende ist es diese strikte Zurückhaltung

des Erzählers, die jegliches Urteil dem Leser überlässt, die uns verstört. Jiftach bleibt bis zum Schluss ein Sieger, aber einer, der durch schwere menschliche Niederlagen gehen muss. Wenn es einem Erzähler damit ernst ist, das tragische Geschick eines Menschen zur Darstellung zu bringen, dann gebietet es der Respekt vor dem gelebten Leben des Anderen, sei er nun ein Außenseiter oder Querulant, vom Urteilen Abstand zu nehmen.

6.6. Jiftachs Tod und Begräbnis (12,7)

> Jiftach aber richtete Israel sechs Jahre lang. Dann starb Jiftach der Gileaditer und wurde in den Städten Gileads begraben. (Ri 12,7)

Ri 12,7 bildet das Schlusswort der Deuteronomisten, die die vorexilischen Richter- und Rettererzählungen in ein chronologisches Gerüst einpassten und schließlich zum Buch der Richter formten.[267] Die wichtigsten Mitteilungen, die der Leser in den abschließenden Notizen erfährt, betreffen Tod und Begräbnis, die Jahre der Regentschaft sowie eine Ruheformel:

---

267 Siehe S. 40 ff.

Name	Stelle	Wirkungs-zeit	Tod/Begräbnis	Ruhe-formel
Otniël	3,11	40 Jahre	X/?	X
Ehud	3,30; 4,1	80 Jahre	X/?	X
Schamgar	3,31	?	?/?	?
Debora/Barak	5,31	40 Jahre	?/?	X
Gideon	8,28.32	40 Jahre	X/X	X
Tola*	10,2	23 Jahre	X/X	?
Jair*	10,3ff.	22 Jahre	X/X	?
Jiftach*	12,7	6 Jahre	X/X	?
Ibzan*	12,9f.	7 Jahre	X/X	?
Elon*	12,11f.	10 Jahre	X/X	?
Abdon*	12,13ff.	8 Jahre	X/X	?
Simson	16,30f.	20 Jahre	X/X	?

* Liste der Kleinen Richter

Die Liste gibt einen Überblick über das Formelgut, mit dem die Deuteronomisten die Mitteilungen über die jeweiligen Retter- und Richtergestalten abgeschlossen haben. Am auffälligsten sind dabei die fehlenden Mitteilungen über Schamgar, der wohl erst später zwischen Ehud und Debora/Barak ergänzt wurde.[268] Jiftach gehörte ja – wie bereits erwähnt – sowohl zur Riege der sogenannten Großen Richter, der Rettergestalten, als auch zu den Kleinen Richtern. Dabei fällt auf, dass seine Regentschaft im Vergleich mit den an-

---

268 Siehe M. Görg, Schamgar, 462.

deren Rettergestalten nur sechs Jahre währte. Aus dem Umstand, dass ihm keine längere Wirkungszeit zugeschrieben wurde, hat man mehrfach ein »negatives Urteil« der Deuteronomisten über ihn abgeleitet.[269] Zwingend ist das aufgrund der ebenfalls recht begrenzten Regentschaften der drei folgenden kleinen Richter Ibzan, Elon und Abdon allerdings nicht. Wollten die Redaktoren im 6./5. Jh. v. Chr. damit lediglich andeuten, dass sich der im deuteronomistischen Richterschema[270] erkennbare Kreislauf von Israels Abfall zu fremden Göttern, Strafe JHWHs, Reue, Bitte um Rettung, Erweckung eines Retters, Rettung und erneutem Abfall immer schneller zu drehen begann? Und geriet das Verhältnis JHWH – Israel damit zunehmend auf eine schiefe Bahn? Für diese Annahme spricht auch der Befund, dass die sogenannte »Ruheformel«, wonach das Land während der Regentschaft der Retter Ruhe vor seinen Feinden hatte, von der Zeit der Kleinen Richter an ausfällt. Auf diese Weise steuert Israel auf eine Katastrophe zu, die schließlich mit dem Fehlen einer starken zentralen Herrschaft begründet wurde. Es war eben die Zeit, »in der es noch keinen König in Israel gab«.[271] Wenn man Jiftach etwas anlasten will, dann lediglich dies, dass auch er es letztlich nicht mehr schaffte, Israel während seiner Wirkungszeit eine dauerhafte Ruhe vor seinen Feinden sowie ein friedliches Miteinander der Stämme zu verschaffen.

Die letzten Worte, die von seinem Tod sowie seiner Bestattung in den »Städten Judas« berichten, könnten schließlich noch einmal eine Anspielung auf sein tra-

---

269 So u. a. W. Gross, Richter, 615, und E. A. Knauf, Richter, 12 f.
270 Siehe S. 44.
271 Ri 17,6; 18,1; 19,1; 21,25.

gisches Geschick sein. Blieb der Ort seines Grabes unbekannt, weil es keine Nachkommen mehr gab, die seiner vor Ort gedenken konnten,[272] so dass die Literatur zu seinem eigentlichen Überlebens- und Gedächtnisort wurde? Erst spätere Jahrhunderte haben ihm ein Heiligengrab im *'Aǧlūn* zugeschrieben.[273] So weiß Josephus zu berichten, er sei »in seiner Heimat Sebe, einer Stadt im Galadenerlande« begraben worden (JosAnt V 7,12).

6.7. Abrahams Sohn und Jiftachs Tochter – eine kanonische Lektüre

Die prominenteste Erzählung der Bibel Israels, in der neben Ri 11,29–40 das Motiv des Kinderopfers eine Rolle spielt, ist die der Nichtopferung Isaaks in 1Mose 22,1–19.[274] Ein Vergleich beider Erzählungen kann uns dabei helfen, den Blick für ihr literarisches und theologisches Profil zum Abschluss noch einmal zu schärfen. Welche Erfahrungen mögen es gewesen sein, die die Erzähler Israels dazu bewogen haben, sich zweimal auf unterschiedliche Weise und mit unterschiedlichem Ausgang dem dunklen Thema anzunähern, dass sich ein Vater genötigt sah, sein Kind zu opfern?

Der Leser der Moderne tritt an 1Mose 22 mit seinem jeweiligen Weltwissen und seinem eigenen Normenkanon heran. Das kommt exemplarisch in einem Urteil

---

272 So W. Gross, Richter, 615. Die griechische Übersetzung (LXX) hat dieses Problem erkannt und den hebräischen Text (MT) in »und er wurde in *seiner* Stadt in Gilead begraben« geändert.
273 Vgl. U. Hübner, Möglichkeiten, 492.
274 Siehe dazu die ausführlichen und einfühlsamen Auslegungen von B. Janowski, Gott, 117–144, und M. Köckert, Abraham, 191–215.

des Erziehungswissenschaftlers *Dieter Hoof* zum Ausdruck, der die Empfehlung gab, diesen Text mit seiner unbarmherzigen Theologie des Gehorsams doch besser auf dem »Sondermüll der Predigtgeschichte zu entsorgen«.[275] Bevor man dieser Empfehlung folgt, sollte man allerdings dem Text die Ehre antun, ihn noch einmal etwas genauer zu betrachten. Die sorgfältig gegliederte Erzählung zerfällt in zwei Teile. Der erste Teil (V 1–8) erzählt, dass Abraham den Auftrag bekommen habe, mit seinem Sohn Isaak auf den Berg Morija zu ziehen, um ihn dort als Brandopfer darzubringen. Widerspruchslos machen sich Vater und Sohn sowie zwei Knechte auf den Weg. Im zweiten Teil (V 9–19) wird schließlich das Opfergeschehen auf dem Berg Morija geschildert, das eine überraschende Wende erfährt.

Der Text enthält implizite und explizite Leseanweisungen, die der Leserlenkung durch den Autor dienen. Die erste, nicht zu übersehende, aber in vielen Kommentaren übergangene Leseanweisung, die ein starkes Signal darstellt, ist die Einleitungsformel: »Es geschah nach diesen Worten / Ereignissen«. Die Erzählung setzt demnach beim Leser andere Erzählungen und deren Kenntnis voraus. Ohne diese ist sie nur schwer zu entschlüsseln. Sie soll also, so die klare Anweisung des Autors, in einem größeren Kontext wahrgenommen werden. Wer sie isoliert von den vorausgehenden Abrahamerzählungen betrachtet, könnte sie missverstehen.[276]

Es folgt eine zweite Leseanweisung: »Da prüfte Gott den Abraham«. Der Leser soll von Anfang an wissen, dass Gott Abrahams Gehorsam »nur« auf eine Probe

---

275 D. Hoof, Opfer, 60.
276 Vgl. dazu B. Janowski, Gott, 133 ff., und M. Köckert, Abraham, 195 ff.

stellte. Aber was heißt hier *nur*? Ist das nicht eine unmenschliche Probe? Ja! Es ist eine göttliche Probe. Und Gott ist kein »Gefangener unserer Moral«.[277] Erprobungsgeschichten haben es an sich, dass sich der Leser unwillkürlich fragt, ob derjenige, der geprüft wird, der *Glaubens- und Gehorsamsprüfung* auch standhält oder nicht. Das ist das eigentliche Thema der Erzählung und nicht das des Kinderopfers, oder der Ablösung eines archaischen Brauchs von Kinderopfern durch Tieropfer.[278] Vielmehr setzt die Erzählung ja gerade die Tieropfer als Normalität voraus (V 7). Dass es sich zugegebenermaßen um eine drastische Glaubens- und Gehorsamsprüfung handelt, davon erfahren Abraham und Isaak selbst nichts. Wir, die Leser, sollen das wissen. Wüssten es Abraham und Isaak, wäre es keine Prüfung mehr. Das Geheimnis von Glaubens- und Gehorsamsproben besteht eben darin, dass dem Menschen oft erst im Nachhinein aufgeht, worum es sich eigentlich handelte.

In diesem doppelten Anfang ist eine dritte Leseanweisung enthalten. Der Leser soll mindestens zwei Kommunikationsebenen des Textes voneinander unterscheiden. Auf der ersten Ebene spricht der Autor zu seinen Lesern. Er schildert uns die handelnden Personen und die Ereignisse. Auf der zweiten Ebene sprechen die handelnden Figuren selbst miteinander, das sind die direkten Reden. Wer diese direkten Reden studiert und danach fragt, wer in ihnen mit wem spricht,

---

277 So M. KÖCKERT, Abraham, 193.
278 So die seit H. GUNKEL (Genesis, 242) verbreitete Ansicht vieler Ausleger. Sie ist schon deswegen problematisch, da es – nach allem, was wir wissen – eine allgemein verbreitete Praxis von Menschen- und Kinderopfern weder im Alten Orient noch in Israel gab (s. S. 118 ff.).

der kann Entdeckungen machen. Sechs solche Entdeckungen seien hier erwähnt:

1. Gott hat das erste und in Gestalt seines Engels auch das letzte Wort in der Erzählung. Das ist wichtig. Der Leser sollte sich davor hüten, über das erste Wort Gottes (V 1b–2), dass Abraham seinen Sohn Isaak opfern soll, ein vorschnelles Urteil zu fällen, solange dieser sein letztes Wort (V 15–18) noch nicht gesprochen hat. Der Leser braucht, gerade dann, wenn Gott redet, einen langen Atem. Er sollte ihm nicht vorzeitig ins Wort fallen.

2. Am Anfang verwendet der Erzähler lediglich die allgemeine Gottesbezeichnung *Elohim*. Könnte das nicht jede beliebige Gottheit sein, die zu Abraham sprach, gar ein Dämon oder Abergott, der das Unfassbare von ihm verlangte? Erst am Ende gibt er sich durch einen Engel mit seinem Namen *JHWH* zu erkennen. In der Stunde der Rettung zeigt er sein wahres Gesicht. JHWH, der den Namen »Ich bin da« (2Mose 3,14) trägt, wird auch in dieser Gehorsamsprobe wider allen Augenschein bei Abraham und Isaak sein.

3. Die Anweisung Gottes (V 1b–2) scheint auf den ersten Blick vollkommen verständlich und eindeutig zu sein. Auf den zweiten Blick sieht das anders aus. Schon die antiken jüdischen Kommentatoren haben darauf aufmerksam gemacht, dass die Formulierung des Auftrags auch eine andere Lesart zulässt. Die auf den Befehl »Geh, du, in das Land Morija …« folgenden Worte sind zweideutig. Man kann sie übersetzen mit

a) »und opfere ihn (Isaak) dort als Brandopfer« oder

b) »und lass ihn (Isaak) hinaufsteigen zu einem Brandopfer«.[279]

---

279 Vgl. B. Jacob, Genesis, 494.

Bestand die eigentliche Erprobung Abrahams vielleicht darin, dass der Mensch das eine, eindeutige Wort Gottes auf zweierlei Weise hört? Für welches Verständnis würde sich Abraham entscheiden? Hätte er sich für das bequemere entschieden und ein Opfertier mitgenommen, wäre er der Glaubensprobe ausgewichen. Aber er hielt der eigentlichen Zumutung Gottes stand.

4. Nach der ersten Etappe des Weges gibt Abraham seinen Knechten die Anweisung, zurückzubleiben. Er selber wolle mit Isaak gehen, um anzubeten. Und dann sagt er: »Und danach wollen *wir* zurückkehren zu euch« (V 5b). War das eine Notlüge? Wollte er sein Wissen um den Auftrag Gottes vor Isaak und den Knechten verbergen? Oder vertraute er fest darauf, dass Gott seinen ihm einmal gegebenen Verheißungen treu bleiben würde, selbst dann, wenn das eigene Schicksal, ja, wenn sogar Gott selbst durch sein eigenes Wort diesen Verheißungen zu widersprechen schien? Auch hier ist den voreiligen Auslegern der Rat zu geben, nicht nur über Gott, sondern auch über Abraham nicht voreilig zu urteilen. Zwar wird in V 19 nicht *expressis verbis* gesagt, dass Abraham mit Isaak wieder zu den Knechten zurückkehrte, aber in dem »und sie gingen *miteinander* nach Beerscheba ...« ist wohl Isaak mit eingeschlossen. Die Formulierung nimmt die unauflösliche Vater-Sohn-Beziehung auf, die bereits das vorausgehende Gespräch Abrahams mit Isaak rahmte: »So gingen die beiden *miteinander*« (V 6b.8b). Sie waren unzertrennlich.

5. Das ergreifende Zwiegespräch zwischen Vater und Sohn auf dem Wege steht zwischen diesen beiden Bemerkungen (V 7–8). Bisher hatte Isaak durchweg geschwiegen. Jetzt spricht er und stellt die einzige für ihn offene Frage: »Wo ist das Schaf zum Brandopfer?« Abrahams Antwort: »Gott wird sich das Schaf zum Brand-

opfer ersehen.« Weicht Abraham der Frage des Sohnes aus? Verheimlicht er ihm, was er weiß? Kommt zur ersten vermeintlichen Notlüge eine zweite hinzu? Auch hier stellt sich erst am Ende heraus (V 13), dass Abraham damit die Wahrheit und nichts als die Wahrheit sagte.

6. Die erste Engelrede (V 11) wiederholt den Anruf aus V 1b, jetzt aber mit der Verdoppelung des Namens: »Abraham, Abraham!« Nach dem ersten Anruf wird hier die Klimax der Erzählung erreicht. Und auf dem Höhepunkt der Erzählung ergeht das Wort: »Strecke deine Hand nicht aus gegen den Knaben! Tue ihm nicht das Geringste!« (V 12) Das ist die Kernbotschaft von 1Mose 22. Jetzt wird *expressis verbis* deutlich, worauf Gott mit seiner Anweisung in V 1b–2 tatsächlich hinauswollte. Es geht in der Erzählung von der *Aqedah*, der »Bindung Isaaks«, nicht – wie manche christliche Bibelausgaben über Jahrhunderte suggerierten – um die Opferung, sondern um die *Nichtopferung* Isaaks. Abraham hat ihn zwar zum Opfer vorbereitet, *gebunden*, ohne ihn wirklich opfern zu müssen. Erst jetzt wird die Doppeldeutigkeit von V 2 endgültig aufgehoben. Und der Leser erfährt, dass Abraham die Erprobung seiner Gottesfurcht bestanden hat.

Der kundige Bibelleser kann leicht erkennen, dass unsere Erzählung – wie bereits erwähnt – eine Fülle von sprachlichen und sachlichen Anspielungen auf vorausgehende Texte enthält, vor allem auf die Verheißungen des Landes und reicher Nachkommenschaft (1Mose 12; 13; 15; 21 u. a.). Sie setzt die Kenntnis dieser Texte voraus und ist daher wohl erst in der Perserzeit (5. Jh. v. Chr.) entstanden. Diese späte Entstehungszeit legt es nahe, dass Israel im Geschick Abrahams und Isaaks eine narrative Verdichtung seiner eigenen Glaubens- und Gehorsamsprüfungen zur Sprache brachte.

Es handelt sich um eine theologische Lehrerzählung über die Geschichte Gottes mit seinem Volk Israel, dargestellt am Exempel Abrahams und Isaaks. Abraham stand und steht für die Erprobungen, der die Väter in jeder Generation neu ausgesetzt waren.

1Mose 22 setzt damit geschichtliche Unheilserfahrungen als Gotteserfahrungen ins Bild. Die Erfahrung, dass sich Gott zuweilen selbst ins Wort zu fallen scheint, seine Verheißungen scheinbar preisgibt, haben sich Israel tief eingegraben. Hier wird die paradoxe Erfahrung formuliert, dass Gott gegen Gott steht. Dieser scheinbare Selbstwiderspruch Gottes ist durchaus dazu geeignet, den Menschen in einen tragischen Konflikt zu stürzen. Auf der narrativen Ebene wird dieser Konflikt als ein Konflikt zwischen der Liebe Abrahams zu seinem Sohn einerseits sowie zu Gott andererseits inszeniert. Beide, die Vaterliebe und die Gottesliebe, stehen in einem dramatischen Ringen miteinander, sie werden als ein von der Seite des Menschen aus nahezu unlösbarer, tragischer Gegensatz erfahren, der ausgehalten und bestanden sein will. Welche Liebe wird siegen? 1Mose 22 macht deutlich: keine von beiden allein! Die Liebe ist unteilbar! Am Ende wird sichergestellt, dass der Vater seine Sohnesliebe weder der Gottesliebe opfern muss, noch die Gottesliebe der Sohnesliebe. Vaterliebe und Gottesliebe gehören zusammen. Ja, die Gottesliebe Abrahams rettet und erhält auch dem Sohn das Leben, dem Verheißungsträger. Der tragische innere Kampf, den Abraham auf seinem schweren Weg nach Morija zu bestehen hatte, wird nicht ungeschehen gemacht, aber er wird aufgehoben. Und das in des Wortes doppelter Bedeutung, aufgehoben durch JHWHs Engel und aufgehoben in der Erinnerung Israels.

Die thematischen Berührungspunkte zwischen der Gehorsamsprobe Abrahams in 1Mose 22 und der Gelübdeerzählung in Ri 11 liegen mit dem Motiv des »Kinderopfers«, das beiden gemein ist, auf der Hand. Trotz dieser Gemeinsamkeit weisen beide Erzählungen zahlreiche Differenzen miteinander auf. Der wichtigste Unterschied besteht natürlich darin, dass das Opfer der Tochter Jiftachs vollzogen wird und das Isaaks nicht.[280] Ein Vergleich der unterschiedlichen Gotteserfahrungen, die Abraham und Jiftach machen, kann dabei hilfreich sein, sich das Ringen der Erzähler Israels mit dem Phänomen des Tragischen noch einmal zu vergegenwärtigen.

Der Erzähler von 1Mose 22 ließ für die Leser von Anfang an keinerlei Zweifel am Sinn des gesamten Geschehens. Gott stellte Abraham auf eine in jeder Weise verstörende Probe seines Glaubens und Gehorsams. Er wird aktiv. Aber es war eben »nur« eine Probe, die Abraham zu bestehen hatte, und damit war klar, dass Gott eigentlich *nicht* wollte, was er von ihm forderte, die Opferung Isaaks. Dieser der Erzählung eingeschriebene Sinn, der dem Leser mitgeteilt wird, blieb aber Abraham zunächst verborgen. Ihm musste die Forderung Gottes als purer Un-Sinn erscheinen. Denn sie widersprach der gesamten Sinngebung seines bisherigen Lebens, die ihm in den Verheißungen zahlreicher Nachkommen mit auf den Weg gegeben worden waren. Mit der Bereitschaft, das ganz und gar Un-Sinnige zu tun, das Gott von ihm forderte, lieferte er den Beweis für seine unumstößliche Gottesfurcht. Daraufhin offenbarte ihm Gott, der im letzten Augenblick als Engel JHWHs in das Geschehen eingriff, den Sinn, der sich hinter der un-sinnigen Forderung verbarg.

---

[280] Eine kurze Zusammenstellung davon findet sich bei W. Gross, Richter, 620f.

Die Radikalität dieser Gehorsamsprobe, der Abraham unterzogen wurde, ist damit nicht aus der Welt geschafft. Was auf dem Weg nach Morija im Inneren Abrahams zwischen ihm und seinem Gott vor sich ging, darüber schweigt der Erzähler. Für die Leser aber ist gerade dieses Schweigen emotional hoch besetzt. Wen lässt dieser Text unberührt, und wer würde bei seiner Lektüre nicht von »Furcht und Zittern«[281] ergriffen? Die Forderung Gottes bleibt selbst für den Leser, der von Beginn an um ihren Sinn wusste, ungeheuerlich. Und daher stellt auch das rettende Eingreifen des Engels JHWHs kein schlichtes Happy End dar. Bei wem hinterließe eine solche Anfechtung des Glaubens keine bleibenden Narben und Traumata?

»Von dem Tage an war Abraham alt, er konnte nicht vergessen, daß Gott solches von ihm gefordert hatte. Isaak gedieh wie vordem; Abrahams Augen aber waren verdunkelt, er sah die Freude nicht mehr.«[282]

Dass die biblischen Erzähler in 1Mose 31,42.53 dem Gott Isaaks den Beinamen *pachad jizchaq* (Schrecken Isaaks) gegeben haben, stimmt nachdenklich (1Mose 31,42.53).[283] Der Schatten des Tragischen, der über dem Weg Abrahams und Isaaks hinauf nach Morija lag, diese Dialektik, dass Gott von einem Menschen den äußersten Un-Sinn fordert, die Tötung des einzigen Soh-

---

281 Unter dieser Überschrift hat sich Søren Kierkegaard mit 1Mose 22 auseinandergesetzt.
282 S. Kierkegaard, Furcht, 69.
283 Hat ein später Erzähler des 5. Jh. v. Chr. mit der Erzählung von der »Bindung Isaaks« die viel ältere Gottesbezeichnung »Schrecken Isaaks« auf seine eigene Weise interpretiert? Zur Problematik dieser Gottesbezeichnung siehe M. Köckert, Fear, 329 ff.

nes, den er lieb hat, ohne dass dieser von dem Sinn hinter diesem Un-Sinn auch nur etwas ahnt, dieser Schatten wird mit der Nichtopferung Isaaks nicht ausgelöscht. Ja, am Ende steht die Erlösung Abrahams von der furchtbaren Pflicht. Ein tragischer Schatten aber begleitet von nun an das Licht der Erlösung.

Im Unterschied dazu wird in Ri 11 nicht Gott, sondern Jiftach aktiv. Er legt von sich aus und aus freien Stücken vor JHWH ein Gelübde ab und bietet ihm damit ein Tauschgeschäft an: Sieg über die Ammoniter gegen ein noch unbestimmtes Brandopfer. Die Glaubens- und Gehorsamsprobe Abrahams in 1Mose 22 war eine Aktion Gottes, mit der er Abraham (heim-)suchte. Das Gelübde Jiftachs in Ri 11 ist eine Aktion des religiösen Menschen, der die Hilfe Gottes sucht. In 1Mose 22 trachtet Gott danach, sich der Gottesfurcht Abrahams zu versichern. In Ri 11 trachtet Jiftach danach, sich des Beistandes JHWHs zu versichern. Das Brandopfer, das Gott in 1Mose 22 fordert, ist bestimmt und hat einen Namen: Isaak! Das Brandopfer, das Jiftach in Ri 11 gelobt, bleibt unbestimmt. Gott weiß, was er fordert und warum er es fordert. Jiftach weiß, warum er ein Gelübde ablegt, aber er weiß (noch?) nicht wirklich, was er gelobt. Nachdem sich Abraham in seiner Gottesfurcht bewährt hat, greift JHWH durch seinen Engel ein. Isaak wird nicht geopfert. Nachdem Jiftach den von JHWH erbetenen Sieg errungen hat, bleibt jedes weitere Eingreifen JHWHs aus. Die Tochter, die Jiftach ganz bestimmt nicht opfern wollte, muss am Ende doch geopfert werden. Isaak, das Brandopfer, das von Abraham gefordert wurde, musste ihm ganz und gar un-sinnig erscheinen. Das unbestimmte Brandopfer, das Jiftach JHWH gelobte, machte für ihn zunächst durchaus einen Sinn. Er wollte siegen. Während sich aber für Abraham am Ende im geforderten Un-Sinn ein

Sinn offenbarte, stürzte das Gelübde, das Jiftach leistete, diesen in eine unlösbare Sinnkrise. Denn einerseits hatte das Gelübde tatsächlich seinen Sinn erfüllt. Der Sieg über Ammon wurde errungen. Andererseits aber ward er errungen um den Preis des Un-Sinns, das Opfer der einzigen Tochter, das den Sieger zum Verlierer machte. Die Glaubensprobe Abrahams endete in einer Erlösung, die allerdings nicht ohne den Schmerz der Erinnerung bleibt. Das Gelübde Jiftachs endet in tiefer Verzweiflung. Es wurde zum »Fallstrick« (Spr 20,25) und nicht zu einem »erlösenden Gängelband«, denn

»falls Du Dich selbst nicht darin verstehst, was Du Gott gelobst, nicht die wahre Vorstellung davon hast, was Du Gott geloben kannst und darfst: dann verlierst Du Gott, Du verwöhnst Deine Seele dahingehend, mit Gott und Gottes Namen leichtsinnig und eitel umzugehen. Und falls Du Gott nicht hältst, was Du gelobst, so verlierst Du Dich selbst. O, und da ist doch ständig Einer, dem ein Mensch nicht entfliehen kann: er selbst, und dann noch Einer: Gott im Himmel!«[284]

Im Unterschied zu *Søren Kierkegaard* enthält sich der biblische Erzähler jeder moralischen Beurteilung Jiftachs. Ob er »leichtsinnig und eitel« gelobte oder »mit bestem Wissen und Gewissen«, das möge der Leser selbst entscheiden.

Warum aber bleibt Isaak verschont? Und warum muss die Tochter Jiftachs sterben? Mehrfach hat man an 1Mose 22 diese Frage nach der *Theodizee*, der Gerechtigkeit Gottes, gestellt.

---

284 S. Kierkegaard, Schriftproben, 164.

»Während die traditionelle Theodizeefrage mit dem Problem ringt, dass es Übel gibt, die Gott *nicht will, aber zulässt,* geht es in Gen 22 darum, dass es etwas Übles gibt, das Gott *will, aber nicht zulässt* – wie allerdings erst am Ende deutlich wird.«[285]

Hieße das im Umkehrschluss, dass Gott in Ri 11 das Übel *nicht wollte, am Ende aber zuließ?* Nein! Denn es gibt ein Drittes, eine Erfahrung, in der weder vom Wollen oder Nicht-Wollen, noch von Zulassung oder Nicht-Zulassung des Übels durch Gott die Rede sein kann. Ein Drittes, in dem sich der Mensch nicht zum Richter über Gott erhebt. Und dieses Dritte scheint mir der biblische Erzähler am Beispiel Jiftachs und seiner Tochter ins Bild gesetzt zu haben. Da ist an keiner Stelle ausdrücklich davon die Rede, ob JHWH dieses Übel wollte oder nicht, und dass er es war, der es zuließ oder nicht. Da ist lediglich von einem Menschen die Rede, von Jiftach, der, dem frommen Brauch folgend, JHWH suchte und ihm in höchster Not ein rätselhaft-unbestimmtes Gelübde leistete. Jiftach wollte dieses Übel, das Opfer der Tochter, ganz bestimmt nicht. Er glaubte aber, es am Ende doch zulassen, ja, schlimmer noch, es selbst vollziehen zu müssen. Was uns in Jiftach entgegentritt, das ist die *Tragik des religiösen Menschen*, der nach Gottes Hilfe und Beistand sucht, dem aber auf dieser Suche Gott immer mehr ins Schweigen und in die Verborgenheit zu entschwinden droht. In Ri 11 wird der Mensch mit einer Kontingenzerfahrung konfrontiert, die hinter alle religiösen oder auch nichtreligiösen Sinnspiele ein Fragezeichen setzt.

---

285 Vgl. B. Janowski, Gott, 143.

Abb. 14: Holzschnitt »Jiftach und seine Tochter« von
Flip van der Burgt (20. Jh.)

Der Holzschnitt von Flip van der Burgt bringt etwas von dieser abgrundtiefen Ratlosigkeit zum Ausdruck. Im Augenblick der Begegnung von Vater und Tochter offenbart sich das Verhängnis, das völlig unerwartet in ihr Leben einbricht. Der Vater mit vor Schreck geweiteten Augen und abwehrender Hand, der vor seinem einzigen Kind zurückweicht, nicht wahrhaben will und verstehen kann, was ihm widerfährt. Die Tochter, die mit geöffneten Armen dem Vater entgegengeht, mit ihrer rechten Hand die abwehrende Hand des Vaters zärtlich berührt. Vater und Tochter reduziert auf zwei menschliche Gesten, die die Erschütterung zum Ausdruck bringen, das stumme Entsetzen, das zwischen ihnen steht. Nur wer diese abgründig-verborgene Seite des biblischen Gottes- und Menschenbildes nicht verdrängt, kann ermessen, wie unabweisbar der Mensch – und gerade der religiöse Mensch! – auf Erlösung angewiesen bleibt.

C WIRKUNG

Dass die Erzählungen über den Retter und Richter Jiftach eine breite Wirkungsgeschichte in Gang setzten, verwundert angesichts der hochdramatischen Ereignisse, die zur Darstellung kommen, sowie der zahlreichen Leerstellen, die zum Weiterfabulieren geradezu einladen, wenig. In Disputationen, Nacherzählungen, Gedichten, in Theater, Musik und Malerei wurde das Geschehen um Jiftach und seine Tochter immer wieder neu zur Darstellung gebracht. Gegen diese Geschichte ist kein Kraut gewachsen. Sie lässt sich nicht zum Schweigen bringen. Sie bleibt auf eine bedrückende Weise lebendig. Einige der Abbildungen, die ich in dieses Buch aufgenommen habe, lassen erkennen, dass der Stoff für die bildende Kunst immer wieder eine Herausforderung darstellte. Aber auch in der Musik hat man sich Jiftachs und seiner Tochter angenommen. Man denke nur an *Georg Friedrich Händels* dramatisches Oratorium »Jephta« (1751/2), das – ganz wie in 1Mose 22 – schließlich doch nicht mit einem blutigen Brandopfer endet, sondern mit dem Auftreten eines Engels im 3. Akt, der das Schlimmste verhindert und die Tochter Jiftachs zum lebenslangen JHWH-Dienst bestimmt.[286] Schließlich dürfte wohl das prominenteste Beispiel der literarischen Wirkungsgeschichte aus dem 20. Jh. der Roman »Jefta und seine Tochter« von *Lion Feuchtwanger* sein. In ihm verliert Jiftach am Ende seinen Gott:

---

286 Ausführlich dazu R. BARTELMUS, Jephtha, 77 ff.

»Jefta hatte sein furchtbares Gelöbnis getan, um sich den Beistand eines Gottes zu kaufen, der nicht war. Er hatte sein bestes, eigenstes Blut für einen Gott vergossen, der nicht war.«[287]

Aber mit seinem Gott verliert er sich auch selbst. Nachdem ihn der Priester Elead zum obersten Richter in Israel salbte, womit er alles erreicht hatte, was er sich jemals erträumte, heißt es:

»Er übersah das ganze weite Land zu seinen Füßen, er sah weiter und mehr als die anderen, er hatte Tieferes, Größeres erlebt als die anderen, ihm eignete Meisterschaft und Wissen um die Lenkung des Landes. Aber er spürte qualvoll die Einsamkeit des Gipfels und seine klare, schneidende, tödliche Kälte. Der Mann Jefta ist nicht mehr da. Was der Priester salbt, ist nicht mehr der Mann Jefta. […] Es ist nicht der Mann Jefta, es ist der Ruhm des Jefta, der hier auf dem steinernen Stuhle sitzt.«[288]

Doch da ist Jiftach immer noch in der Literatur der Bibel bis zur Gegenwart. Immer wieder haben sich die Schreiber und Ausleger der Frage gestellt, wer war das eigentlich, dieser Jiftach, der da auf dem steinernen Stuhle seines Ruhmes sitzt. Und sie haben sich den, der nicht mehr da war, wie eine leere Schablone mit ihren Farben ausgemalt, haben ihn gescholten und gerühmt, haben mit ihm geklagt, sind an ihm verzweifelt und gewachsen.

Die folgende Auswahl und Vorstellung von Beispielen der Wirkungsgeschichte beschränkt sich auf bibli-

---

287 L. FEUCHTWANGER, Jefta, 714.
288 L. FEUCHTWANGER, Jefta, 721f.

sche, jüdische und christliche Stimmen von der Antike bis zur Reformation.[289]

1. Innerbiblische Stimmen

Wenn man wegen der thematischen Bezüge voraussetzen darf, dass der Verfasser von 1Mose 22 im 5. Jh. v. Chr. die vorexilische Jiftachtradition aus dem 9./8. Jh. v. Chr. kannte, dann könnte die Erzählung von der »Bindung Isaaks« auch als eine frühe Antwort auf die Gelübdeerzählung in Ri 11 gedeutet werden. Eine Antwort, wonach Israel seit den Tagen Abrahams zwar in schwerste Glaubens- und Gehorsamsproben geführt wurde, Gott aber weder wollte noch will, dass solchen Anfechtungen andere Menschen und schon gar nicht die eigenen Kinder zum Opfer fallen. Auf diese Weise kann 1Mose 22 als eine »Gegengeschichte« zu Ri 11 gelesen werden, die eine implizite Kritik an Jiftach übt.[290] Der gottesfürchtige Abraham wird zum Antitypos des unbedachten Jiftach. Allerdings fehlt im Kanon der Bibel Israels jede ausdrückliche Kritik an Jiftach. Vielmehr dominieren die positiven Stimmen.

Der letzte Richter Israels war Samuel (1Sam 7). In seiner langen Abschiedsrede (1Sam 12) lässt er noch einmal die Geschichte vom Auszug aus Ägypten bis zur Einführung des Königtums Revue passieren (V 6–15).

---

289 Eine umfassendere Aufarbeitung findet sich vor allem bei C. Houtman und K. Spronk (Jefta). Studien zur jüdischen und christlichen Wirkungsgeschichte in Antike und Mittelalter wurden von U. Hübner (Möglichkeiten), A./D. U. Rottzoll (Erzählung) sowie von M. Bauks (Tochter) vorgelegt. Außerdem findet sich auch eine repräsentative Auswahl bei W. Gross (Richter).
290 Vgl. dazu W. Gross, Richter, 620f.

Und in diesem Rückblick wird Jiftach ausdrücklich erwähnt. Dabei erhielt er neben Jerubbaal/Gideon, Barak und Samuel einen besonders hervorgehobenen Platz als ein von JHWH erwählter Retter Israels (V 11). Diese Abschiedsrede Samuels stammt aus der Feder der Deuteronomisten,[291] denen wir auch den Prolog zum Zyklus der Jiftacherzählungen verdanken. Ganz offensichtlich vertraten sie die Auffassung, dass JHWH seine Entscheidung in Ri 10,13ff., Israel nicht noch einmal zu retten, am Ende mit der Erwählung Jiftachs doch korrigiert habe. Und damit avancierte Jiftach zu einem der prominentesten und angesehensten Richter Israels.

Das aus dem 2. Jh. v. Chr. stammende Buch *Jesus Sirach* erwähnt im sogenannten »Lob der Väter« (Sir 44–50), einem summarischen Rückblick auf die Geschichte, auch die Richter:

»Und die Richter, jeder nach seinem Namen,
die nicht anderen Göttern dienten
und nicht vom Herrn abfielen,
auch ihr Gedächtnis bleibe gesegnet!« (Sir 46,11)

Obwohl der weise Siracide hier summarisch von den Richtern spricht, darf man wohl mit dem Zusatz »jeder nach seinem Namen« davon ausgehen, dass er auch Jiftach ohne jeden Abstrich in dieses »Lob der Väter« eingeschlossen hat. »Die zwölf Namen werden ihm ebenso geläufig gewesen sein wie die der zwölf Propheten, die er ähnlich summarisch behandelt«[292] (vgl. Sir 49,10).

Eine positive Sicht Jiftachs wurde auch im Neuen Testament vom Verfasser des Hebräerbriefes in der

---

291 Siehe G. HENTSCHEL, 1Samuel, 86ff.
292 G. SAUER, Jesus Sirach, 316f.

zweiten Hälfte des 1. Jh. n. Chr. vertreten. Wie Abraham, Mose und andere fand er in der »Wolke der Zeugen« des Glaubens einen Ehrenplatz:

»Und was soll ich noch sagen? Die Zeit würde mir fehlen, wenn ich erzählen wollte über Gideon, Barak, Simson, Jephtha, David und Samuel und die Propheten, die durch Glauben Königreiche niederkämpften, Gerechtigkeit bewirkten, Verheißungen erlangten, Löwenrachen verschlossen, Feuergewalt auslöschten, der Schneide des Schwertes entrannen, zu Kraft kamen aus Schwachheit, stark wurden im Krieg, fremde Heere zum Weichen brachten.« (Hebr 11,32–34)

Im Unterschied zu der ausführlichen Rühmung der Taten Abrahams und Moses (Hebr 11,8–31) werden für die Richter- und frühe Königszeit vom Autor des Briefes nur noch einige exemplarische Namen genannt. Von den Propheten ist schließlich nur noch summarisch die Rede. Auch wenn die Abfolge der Namen nicht der chronologischen Reihenfolge entspricht, in der sie im Richterbuch und in 1Samuel begegnen, so sind die wenigen Hinweise bemerkenswert. Was an den Richtern und damit auch an Jiftach besonders gerühmt wird, das sind ihre militärischen Fähigkeiten als Rettergestalten sowie ihr Einsatz für Gerechtigkeit. Allerdings waren sie dazu nur aufgrund ihres Glaubens an die Verheißungen JHWHs fähig. Das heißt, auf seine Zusagen hin und mit seiner Hilfe haben sie fremde Königreiche niedergerungen. Der Verfasser des Briefes wird nicht müde darin, deswegen diese alle als Zeugen des Glaubens zu rühmen. Seinen Adressaten mögen sie Trost, Mahnung und Ermutigung sein, selbst in Leiden, Schmähungen, Verfolgungen und Bedrängnissen am Glauben festzuhalten (Hebr 10,32–35). Wer hätte das gedacht, dass Jiftach einmal in diese neutestamentliche Ruhmeshalle aufgenommen würde?

2. Jüdische Stimmen

Für die jüdische Bibelhermeneutik der Antike und des Mittelalters ist eine Lektüre der Bibel Israels, die die Texte unterschiedlicher biblischer Bücher und Zeiten aufeinander bezieht und sich gegenseitig auslegen lässt, selbstverständlich.[293] Anders als die historisch-kritische Bibelwissenschaft setzt sie die in der Bibel vorgegebene Chronologie der Ereignisse als gegeben voraus. Daher geht sie grundsätzlich davon aus, dass Jiftach die Tora des Mose kennen musste, die in 1–5Mose ihren Niederschlag gefunden hatte. Folglich wird sein Verhalten daran gemessen, ob er sich auch an ihre Gebote in Bezug auf die Gelübdepraxis sowie auf Menschenopfer hielt oder nicht. Israels Treue oder Untreue gegenüber dem Bund, den JHWH mit seinem Volk geschlossen hatte, sowie gegenüber dem Gesetz des Mose waren für die frühjüdischen Historiker und die Rabbinen die entscheidenden Kriterien in der Darstellung und Beurteilung der eigenen Geschichte.

2.1. Josephus: Vom Unglück im Glück

In den »Jüdischen Altertümern« (*Antiquitates Judaicae*) des griechisch schreibenden jüdischen Historikers *Flavius Josephus* stellt dieser gegen Ende des 1. Jh. n. Chr. die Geschichte von der Schöpfung bis in seine Gegenwart in 20 Büchern dar. Dabei erzählt er im 5. Buch

---

[293] Näheres dazu in Chr. Dohmen / G. Stemberger, Hermeneutik, 79 ff.

auch recht knapp die Ereignisse um Jiftach und seine Tochter nach.[294] Danach stammte Jiftach aus einem »alten, edlen Geschlecht«, der »auf eigene Kosten ein Heer unterhielt.« Bereits in dieser Beschreibung wird eine auffällige Idealisierung seiner Herkunft deutlich. Auch seine Mutter sei nicht wie in der Bibel eine Prostituierte gewesen, sondern eine Fremde, die sein »Vater aus großer Liebe bei sich aufgenommen habe«. Da ihm aber von seinen Halbbrüdern großes Unrecht widerfuhr, die ihn aus dem Haus vertrieben, lehnte er zunächst die Bitte der Hebräer ab, ihnen im Kampf gegen die Ammoniter beizustehen. Letztlich ließ er sich aber durch das Angebot der »lebenslänglichen Oberherrschaft« doch erweichen und machte seine Söldnertruppe mobil (JosAnt V 7,8). Zunächst startet er wie in der biblischen Vorlage einen Versuch der friedlichen Beilegung des Konflikts, der allerdings scheiterte (JosAnt V 7,9). Daraufhin wendet sich der Erzähler der Gelübdeerzählung zu. Jiftach habe gelobt, er wolle nach erfolgreicher Rückkehr aus der Schlacht »das erste, das ihm begegnet, Gott opfern.« Die neutrische Wiedergabe der hebräischen Vorlage macht deutlich, dass Jiftach nach Josephus nicht unbedingt an ein Menschen-, sondern eher an ein Tieropfer dachte. Nach dem glänzenden Sieg über die Ammoniter mit der Eroberung vieler Städte, großem Landgewinn und reicher Beute erfolgte seine Rückkehr:

»Als er dann aber nach Hause kam, stieß ihm ein Unglück zu, das zu seinem glücklichen Feldzuge gar nicht passte: denn es begegnete ihm zuerst seine einzige jungfräuliche

---

294 Alle Zitate werden in der Übersetzung der »Jüdischen Altertümer« durch H. CLEMENTZ wiedergegeben.

Tochter. In der Größe seines Schmerzes stöhnte er schwer auf und schalt seine Tochter, dass sie solche Eile gehabt, ihm entgegenzugehen: jetzt nämlich müsse er sie seinem Gelöbnis zufolge Gott opfern. Sie aber vernahm ihr bevorstehendes Schicksal mit Freuden, dass sie für den Sieg ihres Vaters und die Freiheit ihres Volkes gern ihr Leben hingeben wolle.« (JosAnt V 7,10)

Der Schlüsselsatz, der der Begegnung von Vater und Tochter vorangestellt wird, spiegelt mit der Formulierung, dass das Unglück gar nicht zum glücklichen Ausgang des Feldzuges passe, etwas von der tiefen Tragik des Geschehens wider. Zwischen dem Wollen Jiftachs und der ihm widerfahrenen Wirklichkeit tat sich ein unversöhnlicher Abgrund auf. Und diese Tragik hatte Folgen. Sie warf einen dunklen Schatten auf die Vater-Tochter-Beziehung. Aus dem Schmerz des Vaters brachen Vorwürfe gegen die Tochter auf. Diese aber antwortete darauf mit der freudigen Bereitschaft, ihr Leben für den väterlichen Sieg und die Freiheit des Volkes zu opfern. Während sich das Bild des Vaters durch seine Vorwürfe immer stärker eintrübt, strahlt die freudige Opferbereitschaft der Tochter um so heller. So kommt Josephus nach dem vollzogenen Brandopfer zu dem abschließenden Fazit:

»Doch handelte er (der Vater) damit weder im Sinne des Gesetzes, noch nach dem Willen Gottes; auch dachte er nicht an die Zukunft, noch daran, was diejenigen über die Tat denken würden, die davon Kunde erhielten.« (JosAnt V 7,10)

Dass Josephus das Handeln Jiftachs am »Gesetz« gemessen hat, entspricht der frühjüdischen Bibelhermeneutik. Mit ihm ist zunächst einmal das jüdische Proprium angesprochen, die Mose am Sinai offenbarte

Tora. Wenn er dieser darüber hinaus den »Willen Gottes« hinzufügt, dann kommt damit nicht nur die Tora als die zentrale Willensäußerung Gottes für Juden in Blick, sondern auch die ihr innewohnende Kraft, sich unter den Völkern zu verbreiten. Und weil Gott der Herr aller Völker ist, drückt sich in ihr auch der Wille Gottes für alle Menschen aus.[295]

Somit handelte Jiftach mit der Opferung seiner Tochter gegen die Tora des Mose sowie den in ihr enthaltenen universalen Willen Gottes, der solche Opfer verabscheut. Nicht das Gelübde als solches wird von Josephus getadelt. Das führte vielmehr zu einem unvorhergesehenen Unglück, das den glücklichen Ausgang der Schlacht konterkariate. Und dafür werden weder Jiftach noch Gott verantwortlich gemacht. Das Jiftachbild des Josephus trübt sich vielmehr dadurch ein, dass er glaubte, die Tochter tatsächlich als blutiges Schlacht- und Brandopfer Gott darbringen zu müssen. Dagegen stand Gott mit seinem Gesetz und seinem Willen. Und damit ruinierte er nicht nur seine eigene Zukunft und die seiner Tochter, sondern auch sein Ansehen sowie den Glauben Israels unter allen, die künftig davon Kunde erhielten.

Was bei Josephus ausgefochten wird, das ist der Konflikt zwischen *Orthodoxie* und *Orthopraxie*, dem rechten Glauben und dem rechten Handeln. Jiftach glaubte, nicht mehr zurück zu können (Ri 11,35), sich strikt an das Gelübdegesetz der Tora halten und entsprechend dem, was er gelobt hatte, auch handeln zu müssen (4Mose 30,2; 5Mose 23,22–24). Mit der Opferung der Tochter verstieß er aber nicht nur gegen das Tötungsverbot des Dekalogs (2Mose 20,13 / 5Mose

---

295 Siehe dazu CHR. GERBER, Bild, 277 ff.

5,17), sondern auch gegen das ausdrückliche Verbot der Tora, nicht wie die fremden Völker die eigenen Söhne und Töchter mit Feuer zu verbrennen (5Mose 12,31). Dabei hätte ihm die Tora mit dem Gebot der Auslösung der Erstgeburt durch ein Tieropfer oder eine finanzielle Kompensation (2Mose 13,13–15; 34,20; 4Mose 18,15) nicht nur die Möglichkeit eingeräumt, anders zu handeln, sondern ausdrücklich geboten, seine erstgeborene Tochter zu verschonen und auszulösen. Gefangen im rechten Glauben, was die unbedingte Erfüllung von Gelübden angeht, war er blind für das rechte Handeln an seiner Tochter. Damit verstrickte er sich in einen für die Tragik klassischen Normenkonflikt, der bei einer gründlicheren Torakenntnis vermeidbar gewesen wäre. So scheiterte Jiftach nach Josephus am Gesetz.

2.2. Pseudo-Philo: Vom rechten Beten

Gegen Ende des 1. Jh. n. Chr. erzählte ein jüdischer Gelehrter für seine Leser die Geschichte von Adam bis hin zum Tod des Königs Saul nach. Ehemals schrieb man sein »Buch der biblischen Altertümer« (*Liber Antiquitatum Biblicarum* = LAB) dem jüdischen Philosophen Philo von Alexandrien zu. Da sich diese Zuschreibung als unzutreffend erwies und uns der tatsächliche Autor unbekannt ist, gab man ihm in der Forschung den Namen *Pseudo-Philo*.[296] Die Kapitel XXXIX und XL enthal-

---

[296] Die älteste Handschrift des Werkes, die uns erhalten blieb und nur noch als Fragment vorliegt, ist eine lateinische Übersetzung aus dem 4. Jh. n. Chr. Ursprünglich wurde die Schrift in hebräischer Sprache verfasst. Näheres dazu bei CHR. DIETZFELBINGER, Pseudo-Philo, 91 ff. Alle folgenden Zitate sind seiner Übersetzung entnommen.

ten eine Nacherzählung und Auslegung der Jiftachüberlieferung, die die biblische Vorlage an Länge weit übertrifft. Die Leerstellen der biblischen Erzählung werden durch midraschähnliche[297] Reflexionen und Zusätze aufgefüllt und erweitert.

Die Nacherzählung setzt damit ein, dass sich JHWH von Israel abgewandt hatte und das Volk Israel von den Ammonitern hart bedrängt wurde. Deswegen wendete es sich an den Gileaditer Jiftach, den seine Brüder in das Land Tob vertrieben hatten, und bot ihm die Herrschaft über das Volk an. Dabei ist die Argumentation, mit dem sie ihn zur Rückkehr bewegen wollen, bemerkenswert:

»Wer nämlich weiß, ob du nicht darum bewahrt worden bist für diese Tage oder ob du darum befreit worden bist aus den Händen deiner Brüder, damit du in dieser Zeit herrschest über dein Volk.« (LAB XXXIX,3)

Damit deuten sie an, dass Jiftachs Vertreibung durch seine Brüder sowie seine Rückholung alles andere sein könnte als eine üble Laune der Geschichte. Steckt hinter alledem nicht möglicherweise ein verborgener Plan Gottes, seine »Vorsehung« (*providentia dei*), die sich mit dem Angebot der Herrschaft über Israel erfüllen würde?[298] Jiftach lehnte das Angebot zunächst ab. Er misstraute seinen Brüdern und konnte ihnen nicht ver-

---

[297] Unter *Midrasch* versteht man in der jüdischen Bibelhermeneutik eine aktualisierende, auf die Gegenwart bezogene Auslegung der Schrift. Grundlegend dazu G. STEMBERGER, Midrasch, 21–26.

[298] Zwar wird Gott nicht als derjenige genannt, der Jiftach bewahrt und befreit hat, aber die Rede von Gott, ohne direkt von ihm zu sprechen (*passivum divinum*), verweist auf ihn als denjenigen, der in der Verborgenheit hinter dem sichtbaren Geschehen wirkt.

geben: »Ob nach dem Hass die Liebe zurückkehrt oder die Zeit alles besiegt [...]?«[299] Nachdem diese ihn aber an die Langmut und Barmherzigkeit Gottes erinnerten, die Gott seinem Volk erwiesen hatte, wenn es von ihm abgefallen war, wollte auch er nicht weiter in seinem Zorn verharren. Daher forderte er das Volk in seiner jetzigen Not dazu auf, sich mit dem ganzen Herzen dem »Gesetz« zuzuwenden und Gott in einem Bußgebet um Hilfe zu bitten: »[...] du (Gott) mögest uns nicht übergeben im Angesicht derer, die dich hassen«.[300] Daraufhin bereute Gott seinen Zorn und stärkt den Geist Jiftachs![301] Es folgen wiederum vergebliche Verhandlungen mit dem Ammoniterkönig, der hier den Namen Getal trägt, zur friedlichen Beilegung des Konflikts. Als sich dieser dem verweigert, lässt Jiftach ihm unmissverständlich erklären:

»In Wahrheit habe ich erfahren, dass Gott den König der Söhne Ammon herbeigeführt hat, um ihn zugrunde zu richten, wenn er nicht ablässt von der Bosheit, mit der er Israel schädigen wollte.« (LAB XXXIX, 9)

Wieder wird der Vorsehungsglaube, von dem sich der Autor leiten lässt, deutlich. Hinter allem, was geschieht, steht die unsichtbare Hand Gottes. Der bewaffnete Kampf wurde unausweichlich. Jiftach bewaffnete das Volk und und gab in einem persönlichen Gebet[302]

---

299 LAB XXXIX, 4.
300 LAB XXXIX, 7. Das Bußgebet knüpft an Ri 10,10ff. an.
301 LAB XXXIX, 8. Vgl. Ri 11,29.
302 Pseudo-Philo vermeidet es, von einem Gelübde zu sprechen. Wollte er bereits damit andeuten, dass Jiftachs Gebet die notwendige Ernsthaftigkeit fehlte, die für ein öffentlich proklamiertes feierliches Gelübde unerlässlich war?

Gott ein Versprechen. Dabei nahm er die offene Formulierung der biblischen Vorlage auf: »[…] soll jeder/alles (lat. *omnis*), der/was mir als erster/s begegnen wird, dem Herrn zum Brandopfer dienen«.[303] Im Ergebnis aber erfuhr die Gottesbeziehung Jiftachs damit eine schwere Störung:

»Da erzürnte der Herr im Zorn und sprach: ›Siehe, Jephtha hat gelobt, dass er mir alles opfert, was ihm als erstes begegnen wird. Siehe, wenn jetzt ein Hund zuerst Jephtha begegnen wird, soll etwa der Hund mir geopfert werden? Aber jetzt gerate dem Jephtha sein Gebet auf die erstgeborene Frucht seines Leibes und seine Bitte auf seine Einziggeborene. Ich aber will mein Volk gewiss befreien in dieser Zeit, nicht um seinetwillen, sondern um des Gebetes willen, das Israel gebetet hat.‹« (LAB XXXIX, 11)

Jiftachs leichtfertiges und unüberlegtes Gebet erregte Gottes Zorn. Im Umgang mit Gott sind Sorgfalt und Ernsthaftigkeit angesagt. Diese Tugenden habe Jiftach vermissen lassen, als er Gott das erstbeste Lebewesen als Brandopfer versprach, das ihm begegnen würde. Was, wenn es ein Hund wäre, ein in der Bibel Israels meist verächtlich behandeltes, unreines und daher auch nicht zum Opfer geeignetes Tier?[304] Hier wird – anders als bei Josephus – bereits das Gebetsversprechen Jiftachs verurteilt. Gott selbst bestrafte ihn dafür, indem er ihm seine einzig- und erstgeborene Tochter entgegenkommen ließ und zum Opfer bestimmte. Auf diese Weise nahm das Geschehen einen doppelten Aus-

---

303 LAB XXXIX, 10. Vgl. Ri 11,31.
304 Vgl. 2Mose 22,30; 1Kön 21,19; 22,38; Ps 68,24; Spr 26,11; Jes 66,3 u. ö.

gang. Die leichtfertige Gebetsbitte Jiftachs wurde bestraft, das von ihm selbst angeregte Gebet des Volkes hingegen belohnt. Und das ausdrücklich nicht um Jiftachs willen. Wieder ist es nach Pseudo-Philo Gott, der im Hintergrund – für heutiges Empfinden – auf erschreckende Weise Regie führt.

Das wird dann auch im Augenblick der Begegnung zwischen Vater und Tochter deutlich. Jiftach ist bestürzt und erklärte ihr gegenüber:

»Billigerweise ist dein Name Seila benannt worden, damit du zum Opfer dargebracht würdest. Und wer wird jetzt mein Herz in die Waage bringen und meine Seele ins Gleichgewicht? Und ich werde stehen und sehen, was überwiegen wird, ob die Freude, die geschehen ist, oder die Traurigkeit, die mir widerfährt.« (LAB XL, 1)

Erstmalig erhält die Tochter Jiftachs einen Namen: »Seila«! Er bedeutet »die, die (von Gott) gefordert/nach der gefragt wurde«.[305] Jetzt erst ahnte der Vater, was es mit dem Namen seiner Tochter auf sich hatte, nämlich dass sie von Anfang an zum Opfer ausersehen war. Der Name wurde zum Orakel ihres Geschicks. Doch während Jiftach lamentierte, dass er nicht weiß, wie er Herz und Seele ins Gleichgewicht bringen könne, ob er sich über den Sieg über Ammon freuen oder über das Opfer der Tochter trauern solle, übernahm Seila das Heft des Handelns und redete ihrem Vater ins Gewissen, der am liebsten sein Gelübde widerrufen hätte, was ihm allerdings verwehrt ist:

---

305 Vgl. CHR. DIETZFELBINGER, Pseudo-Philo, 211, und C. HOUTMAN / K. SPRONK, Jefta, 32 f.

»Und wer ist es, der beim Sterben betrübt ist, wenn er das Volk befreit sieht? Oder bist du uneingedenk (dessen), was in den Tagen unserer Väter geschehen ist, als der Vater den Sohn zum Brandopfer hinlegte, und er widersprach ihm nicht, sondern sich freuend stimmte er ihm zu, und es war (der), der dargebracht wurde, bereit und (der), der darbrachte, fröhlich. Und jetzt mögest du alles, was du gelobt hast, nicht umstoßen«. (XL, 2–3)

Jiftachs Tochter wird zur Schriftauslegerin! Den Vater, der nicht weiß, was er tun soll, erinnerte sie an die freudige Opferbereitschaft Abrahams und Isaaks in 1Mose 22. An ihnen möge sich Jiftach ein Vorbild nehmen. So wie Abraham ohne Murren bereit war, Isaak zu opfern, und dieser freudig einstimmte, sich opfern zu lassen, so möge sich Jiftach an das halten, was er gelobte. Die Heroisierung des Verhaltens von Abraham und Isaak in 1Mose 22, die die biblische Vorlage so nicht erkennen lässt, wird zum Maßstab, an dem sich nicht zuletzt auch Seila messen lassen will. So bittet sie ihren Vater vor ihrer Opferung um eine Frist, um in den Bergen die »Traurigkeit ihrer Jugend« beweinen zu können. Was aber gab es da noch zu betrauern angesichts der freudigen Opferbereitschaft, die sie ihrem Vater gegenüber propagierte?

»[…] ich bin nicht betrübt darüber, dass ich sterben werde, und mich schmerzt es nicht, dass ich meine Seele hingebe; sondern weil mein Vater sich beim Gebet im voraus verpflichtet hat, aber ich mich freiwillig zum Opfer dargebracht habe, fürchte ich, dass mein Tod nicht wohlgefällig ist oder für nichts meine Seele verderbe.« (LAB XL, 3)

Seila war betrübt, weil sie in Sorge war, es könne ein dunkler Schatten auf ihren Opfertod fallen. Denn zwischen der Verpflichtung, die der Vater in seinem Gebet einging, und der Freiwilligkeit, mit der sie sich zum Opfer bereiterklärte, sah sie einen Widerspruch. Was war denn ihre Freiwilligkeit noch wert, wie wohlgefällig wäre ihre Lebenshingabe in den Augen Gottes, wenn dem Vater ohnehin nichts anderes übrig blieb als sie – eher widerwillig als willig – zu opfern? Stellte das Gebet des Vaters nicht ihre Reinheit und uneingeschränkte, ja freudige Opferbereitschaft für die Freiheit ihres Volkes infrage? Diese Frage ließ ihr keine Ruhe. Nur um ihretwillen und nicht um den Gang zum Opferaltar zu verzögern erbat sie sich eine Frist vom Vater, um mit ihren Freundinnen in der Einsamkeit der Berge nach einer Klärung zu suchen. So brach sie auf und legte ihre Frage den »Weisen ihres Volkes« vor, die ihr aber keine Antwort geben konnten, weil es Fragen gibt, über die Gott selbst ins Grübeln kommt:

»[...] der Herr dachte nach über sie bei Nacht und sprach: ›Siehe, jetzt habe ich verschlossen die Zunge der Weisen meines Volkes in dieser Generation, dass sie der Tochter Jephthas auf ihr Wort nicht antworten können – und es wird erfüllt werden mein Wort – und (dass) mein Plan nicht umgestoßen werde, den ich erdacht hatte, und ich sah sie weiser als ihren Vater und als verständige Jungfrau vor allen, die jetzt weise sind. Und jetzt werde ihre Seele kraft ihrer Bitte hingegeben, und es wird ihr Tod kostbar sein vor meinem Angesicht alle Zeit‹«. (LAB XL, 4)

Diese nächtliche Selbstbesinnung Gottes bildet den theologischen Höhepunkt der Deutung von Ri 11 durch Pseudo-Philo. Gott war es, der die Weisen verstummen ließ, um auf dem Hintergrund ihrer Unwissenheit sowie der des Vaters die Weisheit der Tochter um so heller leuchten zu lassen. Ja, sie verkörpert geradezu das Ideal der Weisheit schlechthin, die nach Spr 8 als Erstling der Schöpfung in einer unvergleichlichen Beziehung zu Gott steht.[306] Mit der freiwilligen Annahme ihres Geschicks entsprach sie – ohne selbst den göttlichen Ratschluss zu kennen – dem Wort Gottes, der sie als Strafe für das leichtfertige Versprechen Jiftachs als Erste dem väterlichen Sieger entgegengehen ließ. Ihrer Opferbereitschaft ist die Befreiung des Volkes von den Ammonitern zu danken. Jiftach, der militärische Sieger, wurde zum menschlichen Verlierer, Seila, das Opfer, zum Sieger. Denn nur ihr und ihrer Weisheit ist es zu danken, dass der göttliche Plan hinter dem Geschehen nicht zunichte gemacht wurde. Mit ihrem Opfer nimmt sie teil am Heilsplan Gottes für sein Volk.

In seiner Auslegung von Ri 11 füllt Pseudo-Philo die entscheidende Leerstelle der biblischen Gelübdeerzählung mit dem Verweis auf das Gesetz der Vergeltung. Die Opferung Seilas, der einziggeborenen Tochter, ist Gottes Strafe für das unüberlegte Versprechen Jiftachs, das er Gott vor der Entscheidungsschlacht gegen die Ammoniter im Gebet gab. Der Gott Israels aber ist ein Gott der Gerechtigkeit. So wie er an Jiftach seines unwürdigen Gebetes wegen individuelle Vergeltung übte, so rettete und befreite er sein Volk Israel wegen seines ernsthaften und würdigen Gebetes. Sie hatten ihn an ihre Erwählung und den Heilsplan erinnert, den er für sie vorgesehen hatte, und baten ihn um seine Barmherzigkeit. Am rechten Beten entscheiden sich Wohl und Wehe des Einzelnen wie des Volkes! Damit hat Pseudo-Philo der un-sinnigen Erzählung einen Sinn eingeschrieben, der sie vom Schatten des Tragischen befreien soll. Hinter allem, was geschieht, steht Gottes Gerech-

---

306 Vgl. zur personifizierten Weisheit S. SCHROER, Weisheit, 27 ff.

tigkeit, der über dem Tun und Ergehen der Menschen wacht. Das, was auf den ersten Blick unergründlich und un-sinnig erscheinen mag, verdankt sich letztlich seiner Vorsehung sowie seinem Heilsplan für Israel. Und wer wie Seila bereit ist, dafür freudig sein eigenes Leben einzusetzen, der ist weiser als alle Weisen des Volkes und dessen Leben bleibt alle Zeit kostbar vor Gott.

2.3. Rabbinica: Toratreue oder Toravergessenheit?

Von den mehrfachen Erwähnungen Jiftachs in Talmud und Midrasch können hier nur einige charakteristische Stimmen vorgestellt werden. Dabei geht es in der Regel um eine Auseinandersetzung mit dem Gelübde Jiftachs. Im babylonischen Talmud-Traktat *Taanit* wird erzählt, dass einst Rabbi Jonatan berichtet habe, drei Männer hätten einen Wunsch ungehörig geäußert, nämlich Elieser, der Knecht Abrahams,[307] Saul, der Sohn des Kisch,[308] und Jiftach. Elieser und Saul habe Gott das durchgehen lassen, nicht aber Jiftach, dem Gileaditer:

Er (Jiftach) habe einst gesagt: »So soll, wer aus der Tür meines Hauses mir entgegengeht etc. Es könnte doch etwas Unreines sein. Und man ließ es ihm (Jiftach) nicht gelingen, denn er stieß auf seine Tochter. Das ist es, was der Prophet zu Israel

---

307 Vgl. 1Mose 24,14: Elieser, der auf Brautwerbung für Isaak ist, bittet Gott, er möge ihn am Brunnen die »Erwählte« erkennen lassen und trifft dabei auf Rebekka.
308 Siehe 1Sam 17,25: König Saul habe demjenigen, der Goliat erschlägt, seine Tochter zur Frau versprochen. Auf diese Weise gelangt David an den Königshof und wird Sauls Schwiegersohn.

gesprochen hat: Ist denn keine Salbe in Gilead oder ist denn kein Arzt da? Ferner heißt es: Was ich weder geboten noch angeordnet habe, und was mir nie in den Sinn gekommen ist. Was ich weder geboten, das ist (die Opferung) des Sohnes des Mescha, Königs von Moab, wie es heißt: Da nahm er seinen erstgeborenen Sohn, der nach ihm König werden sollte, und opferte ihn als Brandopfer. Noch angeordnet habe, das ist (die Opferung der Tochter des Jiftach. Was mir nie in den Sinn gekommen ist, das ist (die Opferung) Isaaks, des Sohnes Abrahams.« (bTaanit 4a)

Auch hier wird die nachlässige Formulierung des Gelübdes Jiftachs getadelt. Hätte doch in der unbestimmten Form, in der er es tat, auch ein unreines, nicht opferbares Tier ihm begegnen können. Die unpersönliche Formulierung »man ließ es ihm nicht gelingen« lässt offen, wer letztlich dafür verantwortlich zu machen ist, dass ihm seine eigene Tochter als Erste entgegenkam. Verbirgt sich hinter dem »man« Gott, ein Dämon, eine unaussprechliche Schicksalsmacht? War Jiftach bereits durch sein Gelübde auf gefährliche Abwege geraten, so wich er schließlich mit der Opferung seiner Tochter ganz und gar vom Willen des Gottes Israels ab, den die Heiligen Schriften der Propheten und der Tora bezeugen. Wieder wird der jüdischen Hermeneutik entsprechend zur Deutung des dunklen Kapitels in Ri 11 eine ganze Reihe von Zitaten der Hebräischen Bibel herangezogen. Dabei erinnert Rabbi Jonatan seine Hörer zunächst an die Klagen des Propheten Jeremia. Wenn sich dieser in den beiden rhetorischen Fragen an das schwer getroffene Israel wandte, ob es denn keine heilende Salbe und keinen Arzt mehr in Gilead gäbe (Jer 8,22), dann kann die Antwort doch nur lauten: Ja, natürlich gibt es diesen! Denn JHWH ist doch seit jeher der Arzt, der den schlimmen Schaden seines Volkes heilt. Und wenn er weiter mit Jeremia daran erinnert, dass JHWH niemals geboten hat, Kinder als Brandopfer darzubringen (Jer 19,5), dann sollte jedermann begreifen, dass auch die Opferung der Tochter durch ihren Vater dem Willen Gottes widersprach. Denn JHWH habe schließlich auch dem Moabiterkönig Mescha nicht befohlen, seinen Sohn zu opfern (2Kön 3,27). Und niemals habe er die Opferung Isaaks durch Abraham im Sinn gehabt (1Mose 22). Diese Tour de horizon durch die Bibel Israels stellt ein für allemal klar, dass JHWH ein barmherziger Gott ist, der keine Menschen- und Kinderopfer fordert, sondern der Arzt Israels (vgl. 2Mose 15,26). Hatte er denn keine Mittel und Wege gewiesen, die das durch Jiftachs Gelübde angerichtete Leid hätten heilen und seine Tochter retten können? Auf diese Frage gibt der Midrasch Genesis Rabba (4./5. Jh. n. Chr.),[309] im Rahmen einer rabbinischen Auslegung von 1Mose 24,13f., eine weiterführende Antwort:

Jephthach sagte Ri 11,31: Wer mir aus meinem Haus entgegenkommt, wenn ich in Frieden zurückkehre, den will ich dem Ewigen zum Opfer darbringen. Wie wäre es denn aber gewesen, wenn ein Esel, oder ein Hund, oder eine Katze ihm entgegengekommen wäre, würde er sie als Opfer dargebracht haben? Allein Gott fügte es ihm nicht nach Wunsch, es kam ihm seine Tochter entgegen […]. R(abbi) Jochanan sagte: Jephthach hätte dafür (für seine Tochter) Geld erlegen sollen. Nach Resch Lakisch war das nicht nötig, da gelehrt worden ist: Wenn einer in Bezug auf ein unreines oder fehlerhaftes Tier sagt: Dies soll ein Opfer sein, so hat er nichts gesagt; hat er aber gesagt: diese sollen als Opfer dargebracht werden, so

---

309 Siehe dazu G. STEMBERGER, Midrasch, 38 ff.

werden sie verkauft und für das erlöste Geld wird ein Opfertier gekauft. War denn damals nicht (der Hohepriester) Pinchas zugegen, welcher dem Jephthach das Gelübde hätte lösen können? Jawohl! Allein er dachte: Er (Jephthach) braucht mich nicht, soll ich etwa zu ihm gehen? Jephthach dagegen wieder dachte: Ich bin das Oberhaupt Israels, soll ich zu ihm gehen? Zwischen diesem und jenem ging die Jungfrau zugrunde. […]

Beide aber, Jephthach und Pinchas wurden für das Blut der Jungfrau bestraft; jener (Jephthach) starb an Gliederabfall, überall, wo er hinkam, löste sich ein Glied von ihm, wie es in Ri 12,7 heisst: Sie begruben ihn in den Städten Gileads, und den Pinchas verließ der heilige Geist, siehe 1Chr 9,20 wo es nicht heißt: Er war Fürst über sie, sondern er war Fürst vormals, als der Ewige noch mit ihm war.« (GenR 60,13)[310]

Der Text knüpft an die rabbinische Debatte im Talmud (bTaanit 4a) an. Erneut ist von vier Männern die Rede, die etwas Ungehöriges von Gott verlangten, Elieser, der Knecht Abrahams, Kaleb, Saul und Jiftach. Während er den drei zuerst Genannten ihre Bitte gewährte, habe er Jiftach für sein nachlässiges Gelübde bestraft, da ihm ja als Erstes aus der Tür seines Hauses auch ein unreines, nicht opferbares Tier (Esel, Hund, Katze)[311] hätte entgegenkommen können. Daher habe Gott selbst es so gefügt, dass ihm seine Tochter entgegenkam. Allerdings nicht mit dem Ziel, sie zu opfern. Vielmehr habe die Tora ja genügend Wege gewiesen, ihren Opfertod zu

---

310 Übersetzung nach A. Wünsche, Bereschit Rabba (= GenR), 282f. Vgl. dazu den Paralleltext in der Auslegung von 3Mose 27,2f. in LevR 37,4 in A. Wünsche, Wajikra Rabba (=LevR), 261f.
311 Der Esel galt nach 3Mose 11,26f. und 5Mose 14,3ff. als unrein, da er kein Wiederkäuer ist und keinen gespaltenen Huf hat; Hund und Katze hingegen, da sie auf Pfoten/Tatzen gingen.

vermeiden. So hätte Jiftach nach Rabbi Jochanan die Möglichkeit gehabt, seine erstgeborene Tochter gegen einen Geldbetrag auszulösen (vgl. 4Mose 18,15f.). Und nach Resch Lakisch hätte es darüber hinaus die Möglichkeit gegeben, für das Lösegeld ein reines Opfertier ohne jeden Fehler zu kaufen (s. 3Mose 27,10f.). Ja, im Grunde sei die Einlösung des Gelübdes gar nicht nötig gewesen. Denn wenn schon das Gelübde eines unreinen Tieres keinerlei Gültigkeit hatte, »um wieviel mehr gilt das für die Darbringung eines *blutigen* Menschenopfers«?[312] Darüber hinaus aber hätte auch der Hohepriester Pinchas tätig werden und Jiftach von seinem Gelübde entbinden können. Weil dieser allerdings dachte, Jiftach brauche ihn nicht, und Jiftach seinerseits glaubte, es schicke sich für ihn als Oberhaupt Israels nicht, zu Pinchas zu gehen und ihn um Hilfe zu bitten, nahm das Unheil seinen Lauf. Jiftachs Tochter wurde das Opfer des Stolzes und der Eitelkeit der beiden wichtigsten Würdenträger Israels. Und daher mussten beide dafür büßen.[313] Jiftach durch den schaurig-rätselhaften Tod des »Gliederabfalls« in den »Städten Gileads« (Ri 12,7), in denen man ihn Stück für Stück begrub;[314] und Pinchas mit dem Verlust des heiligen Geistes, der ihn früher, als JHWH noch mit ihm war, erfüllte (vgl. 1Chr 9,20).

Anders als in der innerbiblischen Tradition verdunkelt sich das Bild Jiftachs zunehmend. Sein Gelübde war leichtfertig gegenüber JHWH und die Opferung seiner Tochter ist das Ergebnis der Toravergessenheit. Denn das jüdische Gesetz hielt genügend Möglich-

---

312 Vgl. dazu A./D.U. ROTTZOLL, Erzählung, 220.
313 Vgl. dazu J. THON, Pinhas, 9.
314 Siehe zu dem merkwürdigen Plural »Städte Gileads« in Ri 12,7 S. 176f.

keiten bereit, das Gelübde auf andere Weise einzulösen.

Erst in der mittelalterlichen Tradition nahmen die Stimmen immer mehr zu, die Zweifel daran äußerten, dass Jiftach seine Tochter tatsächlich geopfert habe. Dabei knüpfen sie an die bereits im Zusammenhang der Auslegung von Ri 11,31 erwähnte Interpretation des Gelübdes Jiftachs durch *David Kimchi* an. Danach habe Jiftach lediglich gelobt, dass diejenige Person, die ihm als Erste aus den Türen seines Hauses entgegenkäme, JHWH gehören solle. Falls es aber ein Tier wäre, wolle er es als Brandopfer darbringen.[315] Dass die Person JHWH gehören soll, bedeutete aber nichts anderes als ihre Bestimmung zum lebenslangen JHWH-Dienst. So wusste man vom angesehenen jüdischen Gelehrten, Schriftsteller und Bibelkommentator *Abraham ibn Esra* (1092–1167) zu berichten, er habe die Auffassung vertreten, dass Jiftach

»seiner Tochter ein Haus außerhalb der Stadt machte/baute, sie sich dort (von der normalen Gesellschaft) abschloß, er sie dort alle ihre (Lebens-)Tage (mit Nahrung) versorgte und sie keinen Mann erkannte. Seine Tochter war/lebte (folglich den Rest ihres Lebens in) Abgeschlossenheit.«[316]

Das Bemühen, Jiftach zu entlasten, ist unverkennbar. Nach *David Kimchi* und *Abraham ibn Esra* war Jiftachs Gelübde alles andere als leichtfertig und unüberlegt. Die Folgen für ihn selbst wie auch für seine Tochter waren aber trotz alledem schwerwiegend. Die Bestimmung seiner Tochter zu lebenslanger Jungfrauschaft

---

315 Siehe S. 124 f.
316 Zitat nach A./D. U. ROTTZOLL, Erzählung, 222.

und Ehelosigkeit nahm dieser die Möglichkeit, in Ehe und Mutterschaft Erfüllung zu finden. Für den Vater bedeutete dies, dass das Band der Generationen riss und er nicht mehr auf ein Weiterleben im Kreis von Kindern und Kindeskindern hoffen durfte. Mit der Erfüllung des Gelübdes durch die Übergabe seiner Tochter an JHWH »opferte« er diesem nicht nur sein einziges Kind, sondern auch seine eigene Zukunft. Dass sich beide, Jiftach und seine Tochter, dem nicht entziehen konnten und wollten, das macht ihre Tragik wie auch ihre Größe aus.

Abraham ibn Esra fand dann mit seiner Strategie der Entlastung Jiftachs bis ins Spätmittelalter hinein etliche Nachfolger, die Ri 11 zunehmend auf dem Hintergrund ihrer eigenen sozialen und kulturellen Gegebenheiten interpretierten. So zeichnete – um einer letzten jüdischen Stimme das Wort zu geben – der Portugiese *Jizchak Abravanel* (1437–1508), Politiker, Bibelausleger und philosophischer Schriftsteller, das Geschick der Tochter Jiftachs in das mittelalterliche christliche Klosterwesen ein.

»Ebenso scheint Jiftach gehandelt zu haben, denn als ihm seine Tochter entgegenkam, wurde sie nicht getötet und ließ er sie nicht als Brandopfer aufsteigen, sondern heiligte sie Gott […], wie ich es von den (Schrift-)Versen her beweisen werde. […] Meine Meinung ist nämlich, daß von dieser (Handlung Jiftachs her) die christlichen Völker […] lernten, Gebäude (der) Abscheidung (›Klöster‹) für die Frauen zu machen, die dorthin eintreten und nicht mehr von dort all ihre (Lebens-)Tage herausgehen […].«[317]

---

317 Zitat nach A./D. U. ROTTZOLL, Erzählung, 223.

Auf diese Weise wurde Jiftachs Tochter zur Urmutter des christlichen Klosterwesens. Indem sie nicht geopfert wurde, sondern in lebenslanger Enthaltsamkeit für den Dienst an JHWH, den Gott Israels, bestimmt war, verwandelte sie sich am Ende doch noch in eine »hebräische Iphigenie«. Denn darin teilte sie das Geschick ihrer griechischen »Schwester«, die – nachdem eine Hirschkuh als Ersatzopfer für sie dargebracht worden war – zu den Taurern in den Tempel der Artemis entrückt wurde. Dort war ihr das Schicksal einer Priesterin auf Lebenszeit bestimmt, dem sie sich erst nach langen Jahren durch Flucht mit Hilfe ihres Bruders Orest zu entziehen vermochte.

3. Christliche Stimmen

Die Erzählung von Jiftach und seiner Tochter stellte nicht nur für den heutigen Leser einen Skandal dar, sondern wurde auch von den Kirchenvätern und Gelehrten der Antike für höchst problematisch gehalten. Dazu kam, dass sie sich nicht nur mit der Erzählung aus dem Richterbuch selbst auseinanderzusetzen hatten, sondern nach dem Abschluss des Kanons der neutestamentlichen Schriften gegen Ende des 2. Jh. auch das Zeugnis des Hebräerbriefes nicht einfach ignorieren konnten. Dieser hatte ja Jiftach in die Wolke der unerschütterlichen Glaubenszeugen des »Alten Bundes« aufgenommen (Hebr 11,32–34).[318] Das führte nicht selten zu Bemühungen, Jiftach zu entlasten, die nach *Walter Groß* mitunter einen »quälenden Eiertanz«[319] darstellen.

---

318 S. S. 194 f.
319 W. Gross, Richter, 627.

3.1. Origenes: Ein stellvertretendes Opfer

Der wohl bedeutendste Gelehrte und Bibelausleger aus der ersten Hälfte des 3. Jh. war Origenes aus Alexandrien. Unter einer Fülle anderer Werke legte er auch eine Auslegung des Johannesevangeliums vor. Im Zusammenhang der Deutung des Wortes »Siehe, das ist Gottes Lamm, das der Welt Sünde trägt!« (Joh 1,29), mit dem Johannes der Täufer auf Jesus hinweist, kommt Origenes auch auf Jiftach zu sprechen. Dabei verweist er zunächst auf den unbekannten Gottesknecht im Jesajabuch, der für die Sünde Israels wie ein Lamm gemartert und zur Schlachtbank geführt wurde (Jes 53,7), sowie auf die Klage des Propheten Jeremia, er selbst sei ein argloses Lamm auf der Schlachtbank seines Volkes (Jer 11,19). Und daraufhin fährt er fort:

»Wenn wir uns zur tieferen Betrachtung eine Weile mit dem Gedanken über solche Opfer befassen wollen, die den reinigen, für den sie gebracht werden, dann müssen wir nachdenken, welcher Sinn darin lag, daß Jephtes Tochter geopfert wurde. Jephte besiegte durch jenes [bekannte] Gelübde [den ihm zuerst Begegnenden zu opfern] die Ammoniter. Und die geopfert werden sollte, willigte ein, zum Vater, der ihr sagte: ›Ich habe meinen Mund wider dich zum Herrn hin aufgetan‹, sprechend: ›Auch wenn du deinen Mund wider mich zum Herrn aufgetan hast, so erfülle dein Gelübde!‹ [...]
Von einem, dem solche Opfer für das Heil von Menschen gebracht werden, wird damit der Eindruck großer Grausamkeit hervorgerufen. Es bedarf aber großer Hochherzigkeit des Geistes und des Blicks, um das, was da die Vorsehung berührend gesagt ist, so zu lösen und so zu erklären, daß wir zugleich über all das wie über Unsagbares und die menschliche Natur Übersteigendes Rede stehen. ›Denn groß sind die Entscheidungen Gottes und undurchdringlich. Darum haben

sich blöde Seelen in ihnen geirrt‹ (Weish 17,1).« (Comm. in Ioannem VI,54)[320]

Origenes nimmt in seiner Deutung des Opfers der Tochter Jiftachs den Opfernutznießer in Blick. Es diente der Reinigung Israels von seiner Sünde des Abfalls von Gott und kam seinem Heil zugute. Damit handelt es sich um das stellvertretende Sühneopfer eines Einzelnen für die Vielen, also genau darum, wovon bereits bei den Propheten die Rede war. Jiftachs Tochter stirbt den Märtyrertod für ihr Volk.

»Man muß also an eine Auflösung böswilliger Mächte durch den Tod der heiligen Märtyrer glauben dergestalt, daß ihre Geduld und ihr Bekenntnis bis zum Tod und ihre Hingabe an die Frömmigkeit, die Schärfe der Ränke jener gegen den Leidenden stumpf macht, so daß, nachdem ihre Kraft stumpf und lahm geworden ist, manch andere Verurteilte entlassen und befreit werden von dem Schweren, mit dem die über ihnen schwebenden bösen Mächte sie bedrückten und schädigten.« (Comm. in Ioannem VI,54)[321]

In der Konsequenz wird das Opfer der Tochter Jiftachs für Israel damit zu einer Präfiguration des Opfers, das Christus, das Lamm, mit seinem Kreuzestod für die ganze Menschheit dargebracht hat.[322]

Dem Außenstehenden mögen solche Opfer als verwerfliche Grausamkeit erscheinen. Und es bedarf in der Tat eines überaus großherzigen Blicks und Geistes, um in solchem Leiden auch nur die Spur der »Vorsehung

---

320 Übersetzung nach R. GÖGLER, Origenes, 196f.
321 R. GÖGLER, Origenes, 197f.
322 Ausführlich dazu Comm. in Ioannem VI,58f. (R. GÖGLER, Origenes, 202–205).

Gottes« (*providentia dei*) erkennen zu wollen, die ja bereits der jüdische Geschichtsschreiber Pseudo-Philo zum Verständnis von Ri 11 bemühte.[323] Sollte wirklich Gottes unsichtbare Hand hinter diesem schweren Leid der Märtyrer stehen? Letztlich bleibt solch ein Geschehen ein Mysterium, das alles, was menschliche Natur und Geist zu begreifen vermögen, übersteigt.

Begibt sich Origenes in seiner Argumentation damit nicht in das Land des Irrationalen, der Mutmaßungen und Geheimnisse, die menschlichem Verstehen unzugänglich bleiben? Und wird darin nicht das Bestreben erkennbar, Jiftach von jeglicher Schuld reinzuwaschen, ja, selbst dem sinnlos-grausamen Geschehen, das er in Gang setzt, noch einen Sinn abzupressen? Dass die martyrologische Deutung von Ri 11 durch Origenes kritische Rückfragen provoziert, verwundert nicht. Immerhin hatte er ja selbst damit gerechnet. Doch sollte gegen alle berechtigten Zweifel und Einwände nicht übersehen werden, dass sich hinter dem Interpretationsmuster vom stellvertretenden Sühnetod Einzelner, der vielen zugute kommt, eine tiefe menschliche Erfahrung verbirgt.[324] Man denke in diesem Zusammenhang nur an die Männer vom 20. Juli 1944, die mit ihrem Opfermut nicht unwesentlich dazu beigetragen haben, dass Deutschland nach dem Kriegsende im Mai 1945 seinen Platz in der Völkergemeinschaft nicht für immer verloren hat.

---

323 Siehe S. 200 ff.
324 Vgl. dazu G. Kittel, Sünden, 56 ff.

3.2. Ambrosius: Eine Kollision der Pflichten

Der Kirchenvater Ambrosius von Mailand war ein bedeutender Bischof im 4. Jh. In seiner Schrift »Von den Pflichten« (*De officiis*) der Kirchendiener geht er auch auf die Problematik der Einhaltung und Erfüllung von Eiden und Gelübden ein und stellt die These auf:

»Manchmal wäre es auch pflichtwidrig, ein Versprechen einzulösen, einen Eid zu halten. [...] Was soll ich denn von Jephte sagen, der zur Erfüllung des Gelübdes, das er gelobt hatte, nämlich Gott darzubringen, was immer ihm zuerst begegnen würde, seine Tochter opferte, weil sie ihm nach dem Siege zuerst in den Weg gekommen war? Besser wäre es gewesen nichts Derartiges zu versprechen, als das Versprechen mit einem Kindesmord einzulösen.« (De off. I 50,255)[325]

Deswegen ermahnt er seine Leser zu einem sorgfältigen Umgang mit Worten und Versprechen gegen jedermann. Jede Form der listigen Täuschung sei zu unterlassen. Und falls jemand ein leichtfertiges oder gar unehrenhaftes Versprechen abgegeben habe, das anderen Schaden zufügen könnte, dann wäre es besser, es nicht zu halten, als durch die Einhaltung ein Unheil anzurichten. Wenn aber dieses Verhalten schon gegenüber dem Nächsten gefordert werden muss, dann um so mehr gegenüber Gott. Daher kommt er noch einmal ausführlich auf Jiftach zu sprechen:

»Häufig bindet sich gar mancher selbst durch einen Eidschwur. Und obschon er merkt, das Versprechen sollte nicht

---

[325] Alle Zitate werden in der Übersetzung von J. E. NIEDERHUBER (Ambrosius) wiedergegeben.

gegeben worden sein, löst er gleichsam mit Rücksicht auf den Eid das Gelübde ein.« (De off. III 12,77)

So einfach wie die Dinge zunächst scheinen, sind sie im Falle Jiftachs allerdings nicht. Denn durch ein unbedachtes Gelübde bringt sich der Gelobende mitunter in eine Situation, die ein echtes Dilemma darstellt. Selbst wenn er bereut, was er gelobte, fühlt er sich doch an die unbedingte Einhaltung des Versprechens gebunden. Er gerät damit in eine tragische Pflichtenkollision, aus der er ohne Schuld nicht mehr herauskommt. Entweder verstößt er gegen die Verpflichtung, die er mit seinem Eid oder seinem Gelübde eingegangen ist, oder er verstößt gegen die Pflicht, mit der Einlösung seines Gelübdes das Leben anderer nicht zu schädigen. Wie ist daher Jiftachs Verhalten in dieser dilemmatischen Entscheidungssituation zu beurteilen:

»Nimmer könnte ich zum Glauben bewogen werden, der Feldherr Jephte habe nicht unvorsichtig sein Gelübde gemacht [...]. Bereute er doch selbst sein Gelübde, da ihm seine Tochter begegnet war. So zerriss er denn seine Kleider und klagte: ›Weh mir, o Tochter, du hast mich verwirrt, zum Stachel des Schmerzes bist du mir geworden.‹ Obschon er aus religiöser Scheu und Angst das bittere Opfer der schmerzlichen Einlösung (des Gelübdes) brachte, hinterließ er doch selbst für die Folgezeit die Anordnung einer jährlichen Trauerfeier. Ein hartes Gelübde, noch bitterer dessen Erfüllung. Wie musste jener selbst es bedauern, der es machte! [...] Ich kann den Mann nicht der Schuld zeihen, der sich zur Erfüllung seines Gelübdes verpflichtet hielt. Bedauerlich aber bleibt eine Pflicht, die mit Kindesmord eingelöst wird.« (De off. III 12,78)

Ambrosius lässt demnach keinerlei Zweifel daran aufkommen, dass Jiftach ein unüberlegtes Gelübde abgelegt hat. Schließlich bereute er selbst es bitterlich und versuchte mit der Einsetzung einer jährlichen viertägigen Trauerfeier für seine Tochter durch die Töchter Israels das angerichtete Unheil – soweit dies überhaupt möglich war – zu kompensieren. Was das Gelübde angeht, ist Jiftach für Ambrosius schuldig, nicht aber was die Erfüllung des Gelübdes angeht, die aus religiöser Scheu und Angst heraus geschah. Damit stellte er die unbedingte Pflicht zur Gelübdeerfüllung über die Pflicht der Schonung des Lebens seiner Tochter. Widersprach Ambrosius mit diesem Urteil nicht seiner zuvor aufgestellten Maxime, dass es mitunter auch pflichtwidrig sein könne, ein einmal gegebenes Versprechen einzulösen, zumal dann, wenn es einen Kindesmord zur Folge habe?

Der Gedankengang macht deutlich, dass nicht nur Jiftach eine dilemmatische Entscheidung zu treffen hatte, sondern auch Ambrosius sich in eine solche Argumentationssituation hineinmanövriert hat. Tat Jiftach denn nun wirklich gut daran, das Gelübde zu erfüllen, oder hätte er nicht von der Erfüllung Abstand nehmen müssen? Und gibt es einen möglichen Ausweg aus solchen Dilemmata, den Ambrosius seinen Lesern empfehlen kann?

»Besser kein Gelöbnis als ein Gelöbnis, dessen Erfüllung derjenige, dem es gemacht wird (Gott), nicht wünschen kann. So haben wir denn an Isaak ein Beispiel hierfür, indem der Herr statt seiner das Opfer eines Widders sich ausbedingte. Nicht immer darf jedwedes Versprechen eingelöst werden. So ändert auch der Herr selbst häufig sein Urteil, wie die Schrift bezeugt.« (De off. III 12,79)

Den Ausweg sucht Ambrosius in der Bibel Israels. Zwei Argumente werden von ihm dafür ins Feld geführt: 1. Es ist besser gar nicht erst zu geloben (5Mose 23,23; Spr 25,25; Koh 5,4f.) als ein Gelübde abzulegen, an dem Gott kein Gefallen haben kann. Und 2. darf und muss nicht jedes Gelübde eingelöst werden. Es gibt die Möglichkeit, das gegebene Versprechen abzuändern, weil Gott selbst nicht immer auf seinen einmal erhobenen Forderungen und Beschlüssen besteht, wofür die Schrift eine ganze Reihe von Exempeln bereithält.[326] So forderte er in 1Mose 22 auch zunächst von Abraham, er möge seinen Sohn Isaak opfern, um das geforderte Sohnesopfer am Ende gegen einen Widder auszutauschen.[327] Wie oft hatte Gott im Zorn wegen des Abfalls Israels zu anderen Göttern sein Volk verworfen, um es am Ende doch zu retten? Daher gilt: So wie Gott seine Barmherzigkeit um Israels und der Menschen willen über die Pflicht stellt, seine Worte und Beschlüsse ungeachtet ihrer verheerenden Folgen auch in die Tat umzusetzen, so hat auch der Mensch die Freiheit, ein einmal gelobtes Gelübde zu ändern, vor allem dann, wenn jedermann ersichtlich sei, dass Gott das Gelobte gar

---

[326] Als weitere Beispiele führt Ambrosius 4Mose 14,11ff.; 16,20ff. an. Hinweisen ließe sich schließlich auch auf den Prolog zur Jiftacherzählung (Ri 10,6–16), in dem JHWH ja auch erklärt, dass er sich Israels nicht mehr erbarmen will, es am Ende aber doch aus der Hand der Ammoniter rettet.

[327] Dass dieses Beispiel nicht unbedingt glücklich gewählt ist, zeigt sich daran, dass es in 1Mose 22 um eine Glaubensprüfung Abrahams geht, bei der Gott das Opfer Isaaks von Anfang an nicht wollte. Lediglich Abraham selbst, der das nicht wusste, hätte der Auffassung sein können, Gott habe am Ende seine Meinung geändert. Ist aber seine unbeirrbare Opferbereitschaft nicht ein deutlicher Hinweis darauf, dass er fest davon überzeugt war, Gott könne gar nicht wollen, was er von ihm forderte?

nicht wünschen kann. Barmherzigkeit geht über rituelle Pflichterfüllung! In dieser Hinsicht bleibt daher das Verhalten Jiftachs in der Pflichtenkollision, in die er sich selbst hineinmanövrierte, höchst ambivalent.

Viel höher ist dagegen das Verhalten seiner Tochter zu rühmen. Höher jedenfalls als die erstaunliche, letztlich aber doch erschreckend unbarmherzige Konsequenz des Vaters in der Erfüllung einer vermeintlich religiösen Pflicht. Was man an ihm, so man will, bewundern mag,

»das findet sich noch viel großartiger und glänzender bei der Jungfrau eingelöst, die dem seufzenden Vater zuredete: ›Tu mit mir gemäß dem Worte, das aus deinem Munde kam!‹ Doch einen Zeitraum von zwei Monaten erbat sie sich, um mit den Altersgenossinnen gemeinschaftlich auf den Bergen zu weilen: sie sollten mit liebevoller Teilnahme ihre dem Tode geweihte Jungfrauschaft beweinen.« […] Doch »des Tages vergaß sie nicht, die Stunde entging ihr nicht: da kehrte sie zum Vater zurück, kehrte gleichsam zur Gelübdeerfüllung wieder und drang aus eigener Entschließung in den Zögernden und bewirkte kraft ihres freien Entschlusses, dass die übereilte Tat seines frevlen Beginnens zu einem Opfer der Frömmigkeit wurde.« (De off. III 12,81)

Wenn jemand das von Jiftach gelobte Opfer »heiligte«, dann war es nicht Jiftach, der Opferdarbringer, sondern seine Tochter, das Opfer selbst. Durch ihre Tapferkeit, mit der sie sich freiwillig dem scheinbar unvermeidlichen Geschick stellte, hat sie sich in die bleibende Erinnerung Israels eingeschrieben. Es liegt nahe, dass heutige Leser mit ihrem eigenen Wertekanon diese von Ambrosius gerühmte freiwillige und tapfere Opferbereitschaft der Tochter Jiftachs nur schwer nachvollziehen können. Wäre nicht aktiver Widerstand anstelle von freiwilliger Unterwerfung das Gebot der Stunde gewesen? Wer solches fordert, sollte dabei bedenken, ob er damit der namenlosen Tochter nicht diejenige Würde abspricht, für die sie selbst mit ihrem Leben einstand.

3.3. Johannes Chrysostomos: Des Teufels List und Gottes Pädagogik

Als ein bedeutender Prediger und »Goldmund« der Ostkirche wurde gegen Ende des 4. Jh. Johannes Chrysostomos aus Antiochia gerühmt. Im Frühjahr 387 war es dort zu Unruhen gekommen. Während Bischof Flavian nach Konstantinopel reiste, um die drohende Vergeltung des Kaisers noch einmal abzuwenden, fiel dem Presbyter Johannes Chrysostomos die Aufgabe zu, mit einer Predigtreihe zur Fastenzeit die Lage in der Stadt zu beruhigen. In der vierzehnten von einundzwanzig Predigten an die Antiochener, in denen er sich immer wieder mit praktischen Fragen der christlichen Lebensführung auseinandersetzt und die starke gemeindepädagogische Bezüge erkennen lassen, widmet er sich der Problematik des leichtfertigen Schwörens und ermahnt die Gemeinde zu Vorsicht und äußerster Zurückhaltung. Als warnendes Beispiel kommt er dabei auch auf Jiftach zu sprechen:

»Denn er (der Teufel) wollte nicht nur einen Meineid veranlassen, sondern er zettelte auch einen Kindesmord an und flocht schon aus der Ferne die Fäden und beeilte sich, die Natur mit sich selber in Zwiespalt zu bringen, und was er einst bei Jefta zustande brachte, das hoffte er auch später bewirken zu können. Denn da jener Gott gelobt hatte, ihm denjenigen zu opfern, der ihm zuerst nach dem Sieg auf dem Schlachtfeld beggenen würde, wurde er ein Kindermörder; denn er opferte ihm das Töchterlein, das ihm zuerst entgegentrat und Gott ließ es zu.« (Ad populum Antiochenum. Homil. XIV, PG 49, 147)[328]

Das tragische Geschick, das Jiftach und seine Tochter ereilte, wird damit weder auf Jiftach, den Menschen, noch auf Gott zurückgeführt, sondern auf dessen Widersacher, den Teufel. Er hat das ganze Unheil bereits aus der Ferne von langer Hand eingefädelt und entpuppt sich damit als der wahre Schuldige des Dramas. Die fürsorgliche »Vorsehung Gottes« (*providentia dei*) wird durch eine negative »Vorsehung des Teufels« (*providentia diaboli*) vergiftet. Jiftach wird gezwungen, gegen seine eigene menschliche Natur zu handeln und sein eigen Fleisch und Blut zu töten. Es liegt auf der Hand, dass diese Deutung der Jiftacherzählung die Absicht verfolgt, sowohl Jiftach als auch Gott zu entlasten. Gott habe die Opferung der Tochter lediglich zugelassen. Trägt er damit aber nicht eine gewisse Mitschuld am Opfertod der unschuldigen Tochter? Und geraten dadurch nicht Juden sowie Christen in Verruf? Doch auch diesen Verdacht versucht Johannes Chrysostomos auszuräumen:

»Ich weiß, dass uns viele von den Ungläubigen wegen dieses Opfers Grausamkeit und Unmenschlichkeit […] vorwerfen; ich möchte aber behaupten, Gott habe dieses Opfer zugelassen, um seine große Sorgfalt und Menschenfreundlichkeit […] zu bezeugen, und aus der Liebe zu unserem Geschlecht jenen Mord nicht verhindert. Denn hätte er nach jenem laut ausgesprochenen Gelübde das Opfer verhindert, so hätten nach Jefta wohl manche mehr solche Gelübde in der Hoffnung ge-

---

328 Zitiert nach U. Hübner, Möglichkeiten, 498.

tan, dass sie Gott nicht annehmen würde, und hätten sich so nach und nach der Ermordung ihrer Kinder schuldig gemacht; da nun Gott aber die wirkliche Erfüllung zuließ, so hat er das bei der ganzen Nachwelt verhindert [...] und gezeigt, dass er an solchen Opfern kein Wohlgefallen hat.« (Ad populum Antiochenum. Homil. XIV, PG 49, 147)

Die dialektische Argumentation des gebildeten Predigers verblüfft. Kann denn wirklich Böses durch die Zulassung von Bösem, Kindermord durch die Zulassung eines Kindermords verhindert werden? Johannes Chrysostomos sieht in dem Geschehen Gottes geheime Pädagogik am Werk. Jiftachs Erfüllung seines Gelübdes soll künftigen Generationen ein warnendes Beispiel sein. Es ist daher besser, leichtfertige Eide und Gelübde zu unterlassen, um auf diese Weise gar nicht erst in die Fänge des Teufels zu geraten, der nur darauf lauert, den Frommen mit sich selbst und mit Gott zu entzweien.

3.4. Augustinus: Vom gerechten und ungerechten Töten

Aurelius Augustinus, Kirchenlehrer und Bischof von Hippo im ausgehenden 4. und frühen 5. Jh., hat sich in seiner Schrift »Vom Gottesstaat« (*De civitate Dei*) ausführlich mit der Problematik der Reichweite und Geltung des biblischen Tötungsverbotes beschäftigt. Er schreibt:

»Der gleiche göttliche Wille, der nicht erlaubt, den Menschen zu töten, hat allerdings gewisse Ausnahmen zugelassen. In solchen Fällen befiehlt Gott zu töten, sei es durch ein gegebenes Gesetz, sei es in Bezug auf eine bestimmte Person zu gegebener Zeit durch ausdrücklichen Befehl. In einem solchen

Falle tötet aber nicht der selbst, der dem Befehlenden den Dienst schuldet, so wie das Schwert dem, der es führt, nur Beistand leistet.« (De civitate I,21)[329]

Damit wird deutlich, dass das Töten eines Menschen nur dann gerechtfertigt ist, wenn es ausdrücklich auf Gottes Geheiß hin geschieht, um dem Bösen in den Arm zu fallen. Und in diesem Falle gibt es nicht nur die Erlaubnis, sondern sogar die Pflicht, auf Gottes Rat hin »der öffentlichen Gewalt gemäß göttlichen Gesetzen« Genüge zu tun und »Verbrecher mit dem Tod zu bestrafen«. Wer dem nachkommt, verstößt keineswegs gegen das Gebot »Du sollst nicht töten!«. Im Rahmen dieser Überlegungen geht er auch auf 1Mose 22, Ri 11 und 16 ein und erörtert die Frage, ob und wie das Verhalten Abrahams und Jiftachs jeweils recht gewesen sei:

»Abraham ist niemals des Verbrechens der Grausamkeit beschuldigt, sondern wegen seiner Frömmigkeit gerühmt worden, weil er seinen Sohn töten wollte, freilich nicht aus Frevel, sondern aus Gehorsam. Und mit Recht wird gefragt, ob man es für einen Befehl Gottes halten soll, dass Jephte seine Tochter, die ihrem Vater entgegenkam, tötete, weil er Gott gelobt hatte, das zu opfern, was ihm bei der Rückkehr aus der siegreichen Schlacht als Erstes begegnen würde. Auch Samson, der sich selbst mit den Feinden unter den Trümmern des Hauses begrub, wird nur dadurch entschuldigt, dass ihm der Geist, der durch ihn Wunder vollbrachte, die Tat heimlich befohlen hatte. Von solchen Fällen abgesehen, in denen ein gerechtes Gesetz ganz allgemein, oder Gott als Quell der Gerechtigkeit selbst im Besonderen zu töten befiehlt, macht jeder sich

---

329 Übersetzung nach C. J. PERL, Gottesstaat, 49.

des Mordverbrechens schuldig, der einen Menschen, gleichviel ob sich selbst oder einen anderen, tötet.« (De civitate I,21)

Ausschlaggebend für ein gerechtes Töten ist daher ein gerechtes Gesetz sowie in besonderen Fällen der Befehl Gottes, der ja selbst eine Quelle der Gerechtigkeit ist. Da Abraham ausdrücklich auf Gottes Befehl hin handelte, wird sein unbedingter Gehorsam zu Recht gerühmt. Und selbst wenn er Isaak tatsächlich geopfert hätte, was er am Ende ja nicht musste, träfe ihn keinerlei Schuld, weil es Gott ihm nun einmal befohlen hatte. Ein wenig anders liegt der Fall allerdings bei Jiftach. Ob er sich mit der Opferung seiner Tochter auf einen ausdrücklichen Befehl Gottes berufen kann, das lässt sich mit guten Gründen in Zweifel ziehen. Er könnte einzig und allein deswegen entschuldigt werden, weil er wie auch der Richter Simson vom Geist Gottes erfüllt war (Ri 11,29), der ihm möglicherweise dazu den Auftrag gab.

In seinem Alterswerk »Fragen zum Pentateuch« (*Quaestiones in Pentateuchum*) hat Augustinus diese Frage noch einmal aufgenommen. Danach habe Jiftach gegen das Tötungsverbot verstoßen, weil er anders als Abraham nicht auf Gottes Befehl hin handelte, sondern aufgrund des Gelübdes, das seinem eigenen Willen entsprang. Diese Eigenwilligkeit bestrafte Gott damit, dass er ihm die eigene Tochter entgegenkommen ließ. Doch vermag Gott selbst aus Bösem noch Gutes werden zu lassen. Denn zu »dem guten Zweck, seinem Volk zu helfen, bediente« er sich »des fehlerhaften und sündigen Sinnes des Jiftach.«[330] Trotz seines Vergehens ist Jiftach allerdings nicht durchweg zu verurteilen. Vielmehr ist

---

330 So W. Gross, Richter, 628.

er auch dafür zu loben, »dass er, wenn schon in diesem Irrtum verfangen, aus Gottesfurcht das Gelübde erfüllte und darin der beschlossenen gerechten göttlichen Strafe nicht zu entgehen versuchte.«[331]

3.5. Martin Luther: Die Entzauberung der Helden

Zum entscheidenden Vers in Ri 11,39, in dem festgestellt wird, dass Jiftach sein Gelübde erfüllt habe, hat *Martin Luther* in seiner »Deutschen Bibel« eine Randglosse hinzugefügt:

»Man will, er habe sie nicht geopffert. Aber der Text stehet da klar. So siehet man auch beides an den Richtern und Königen, das sie nach großen Thaten, haben auch große torheit müssen begehen zu verhüten den leidigen hochmut.« (WA.DB 9/1, 131)

Das Fazit, das *Luther* aus Ri 11 zieht, lässt zunächst einmal den Mut zu einer nüchternen Texttreue erkennen. Ja, die Heiligen Schriften Israels und der Kirche wissen manches zu erzählen, das, wenn es nach unserem Willen ginge, besser nicht geschehen wäre und geschrieben stünde. Und in der Wirkungsgeschichte hat es ja nicht an exegetischen Winkelzügen gefehlt, um Auswege aus dem zu suchen, was sich unseren Vorstellungen, unserem Empfinden und unserer Moral nicht fügen will, oder dem öffentlichen Ruf von Israel und Kirche schaden könnte. So ließ man Jiftachs Tochter eben doch am Leben und weihte sie dem Dienst an JHWH. Weil aber für *Luther* die Autorität der Heiligen Schrift allemal über der Autorität ihrer Ausleger steht, wehrt er sich gegen

---

331 Ebd.

alle Versuche, die Schrift »zu verbessern« oder dem jeweiligen Geschmack der Zeit anzupassen: »Der Text stehet da klar«! Und deswegen gilt es, sich ihm in Zu- und Widerspruch zu stellen. Denn nicht alles, was geschrieben steht, sei den Lesern zur Nachahmung empfohlen. Vielmehr mag es ihnen auch als Mahnung und abschreckendes Beispiel dienen, durch das uns Gott die Augen für das öffnet, was dem Verderben dient. Daher fügt er seiner Randglosse die Bemerkung über die Richter und Könige hinzu. Wer Großes vollbracht hat, ist vor Torheit nicht gefeit, ja, unter Umständen vielleicht anfälliger dafür als diejenigen, die im Kleinen und Bescheidenen wirken. Macht macht hochmütig. Das ist ihre größte Versuchung! *Luther* konnte sie rühmen und preisen, die Väter Israels, Abraham, Mose, Josua, Richter, Könige, Propheten und Apostel. Doch auch als Helden und Zeugen des Glaubens blieben sie Mensch, und als Menschen große Sünder vor Gott, bedürftig seiner Barmherzigkeit und Vergebung.

Insofern trägt *Luthers* Randglosse zur Entzauberung der Helden bei. Wofür uns die Tragödienforschung die Augen öffnete, dass der tragische Held weder einen makellosen und unanfechtbaren Charakter hat, noch von beispielloser Bosheit durchtrieben ist,[332] dieses Wissen um den Menschen wird in seiner dramatischen Tiefe erst vor Gott gewiss. Wollte uns der »tragische Dichter« aus Israel, wenn man ihn einmal so nennen darf, der uns von Jiftach und seiner Tochter zu erzählen wusste, an diese *conditio humana* erinnern, die in seiner Größe und seinem Versagen liegt?

---

332 Siehe S. 25 ff.

D VERZEICHNISSE

Literaturverzeichnis

Aristoteles, Poetik. Griechisch/Deutsch, übersetzt und herausgegeben von M. Fuhrmann, Stuttgart 1994.

Assis, E., Self-Interest or Communal Interest: A critical Examination of Some Synchronic Studies of the Book of Judges. Örebro Studies in Literary History and Criticism 1, Örebro 2001.

Assmann, J., Ma'at. Gerechtigkeit und Unsterblichkeit im Alten Ägypten, München 1990.

Assmann, J., Herrschaft und Heil. Politische Theologie in Altägypten, Israel und Europa, München/Wien 2000.

Assmann, J., Exodus. Die Revolution der Alten Welt, München ²2015.

Auerbach, E., Mimesis. Dargestellte Wirklichkeit in der abendländischen Literatur, Tübingen/Basel ¹⁰2001.

Baeck, L., Werke Bd. 6. Briefe, Reden, Aufsätze, Gütersloh 2003.

Baltzer, K., Die Biographie der Propheten, Neukirchen-Vluyn 1975.

Bartelmus, R., Jephtha – Anmerkungen eines Exegeten zu G. F. Händels musikalisch-theologischer Deutung einer »entlegenen« alttestamentlichen Tradition, in: Ders., Theologische Klangrede – Musikalische Resonanzen auf biblische Texte, Ästhetik – Theologie – Liturgik Bd. 56, Berlin/Münster ²2012, 65–85.

Barth, K., Kirchliche Dogmatik II/1. Die Lehre von Gott, Zürich 1946.

Bauks, M., Jephtas Tochter. Traditions-, religions- und rezeptionsgeschichtliche Studien zu Richter 11,29–40, FAT 71, Tübingen 2010.

Baumgartner, W., Israelitisch-griechische Sagenbeziehungen, in: Ders., Zum Alten Testament und seiner Umwelt. Ausgewählte Aufsätze, Leiden 1959, 147–178.

Becker, U., Richterzeit und Königtum. Redaktionsgeschichtliche Studien zum Richterbuch, BZAW 192, Berlin/New York 1990.

Benjamin, W., Ursprung des deutschen Trauerspiels, Frankfurt a. M. 1978.

Bloch, E., Das Prinzip Hoffnung Bd. III, Frankfurt a. M. ³1976.

BÖHLER, D., Jiftach und die Tora. Eine intertextuelle Auslegung von Ri 10,6–12,7, ÖBS 34, Frankfurt a. M. 2008

BONNET, C. / NIEHR, H., Religionen in der Umwelt des Alten Testaments II. Phönizier, Punier, Aramäer, Stuttgart 2010, 158ff.

BORGER, R., Assyrische Staatsverträge, TUAT I/2, Gütersloh 1983, 155–177.

BRANDT, S., Hat es sachlich und theologisch Sinn, von »Opfer« zu reden?, in: B. Janowski / M. Welker (Hg.), Opfer. Theologische und kulturelle Kontexte, Frankfurt a. M. 2000, 247–281.

BRECHT, B., Ausgewählte Werke, Bd. 2: Stücke, Frankfurt a. M. 1997.

BUBER, M., Die Schrift 2, Bücher der Geschichte, Heidelberg 1979.

BUDDE, K., Das Buch der Richter, KHC VII, Freiburg u. a. 1897.

BURKERT, W., Griechische Tragödie und Opferritual, in: Ders., Wilder Ursprung. Opferritual und Mythos, Berlin 1990, 13–39.

BURKERT, W., Kulte des Altertums. Biologische Grundlagen der Religion, München 1998.

CARR, D. M., Schrift und Erinnerungskultur. Die Entstehung der Bibel und der antiken Literatur im Rahmen der Schreiberausbildung, AThANT 107, Zürich 2015.

CLEMENTZ, H., Des Flavius Josephus Jüdische Altertümer Bd. I, Berlin/Wien 1923.

DIETRICH, J., Der Tod von eigener Hand. Studien zum Suizid im Alten Testament, Alten Ägypten und Alten Orient (ORA 19), Tübingen 2017.

DIETRICH, M. / LORTZ, O., Lieder und Gebete aus Ugarit und Emar, TUAT II/6, Gütersloh 1991, 818–826.

DIETRICH, W., David. Der Herrscher mit der Harfe, BG 14, Leipzig 2006.

DIETZFELBINGER, CHR., Pseudo-Philo: Antiquitates Biblicae, in: Jüdische Schriften aus hellenistisch-römischer Zeit Bd. 2, JSHRZ II, Gütersloh 1975.

DOHMEN, CHR., Exodus 1–18, HThKAT, Freiburg/Basel/Wien 2015.

DOHMEN, CHR. / STEMBERGER, G., Hermeneutik der Jüdischen Bibel und des Alten Testaments, Stuttgart/Berlin/Köln 1996.

DONNER, H., Geschichte des Volkes Israel und seiner Nachbarn in Grundzügen, ATDErg. 4/1 u. 2, Göttingen 1984/86.

DUHM, B., Das Buch Jesaja, Göttingen ⁵1968.

Ebener, D., Euripides. Tragödien IV, Iphigenie im Lande der Taurer, Schriften und Quellen der Alten Welt Bd. 30,4, Berlin 1970.
Ebener, D., Euripides. Tragödien VI, Iphigenie auf Aulis, Schriften und Quellen der Alten Welt Bd. 30,6, Berlin 1980.
Engelken, K., Frauen im Alten Testament. Eine begriffsgeschichtliche und sozialrechtliche Studie zur Stellung der Frau im Alten Testament, BWANT 130, Stuttgart/Berlin/Köln 1990.
Exum, J.Ch., Tragedy and Biblical Narrative. Arrows of the Almighty, Cambridge 1992.
Exum, Ch., Was sagt das Richterbuch den Frauen?, SBS 169, Stuttgart 1997.

Feuchtwanger, L., Die Jüdin von Toledo – Jefta und seine Tochter. Zwei Romane, Ges. Werke Bd. 9, Berlin/Weimar, 1966.
Finkelstein, I., Das vergessene Königreich. Israel und die verborgenen Ursprünge der Bibel, München 2014.
Finkelstein, I. / Silberman, N.A., Keine Posaunen vor Jericho. Die archäologische Wahrheit über die Bibel, München 2002.
Fischer, G., Jeremia 1–25, HThKAT, Freiburg/Basel/Wien 2005.
Fischer, G., Jeremia 26–52, HThKAT, Freiburg/Basel/Wien 2005.
Flashar, H., Die *Poetik* des Aristoteles und die griechische Tragödie, in: Ders. (Hg.), Tragödie. Idee und Transformation, Colloquium Rauricum Bd. 5, Stuttgart/Leipzig 1997, 50–64.
Fritz, V., Die Entstehung Israels im 12. und 11. Jahrhundert v. Chr. (BE 2), Stuttgart/Berlin/Köln 1996.

Gass, E., Die Ortsnamen des Richterbuches in historischer und redaktioneller Perspektive, ADPV 35, Wiesbaden 2005.
Gerber, Chr., Ein Bild des Judentums für Nichtjuden von Flavius Josephus. Untersuchungen zu seiner Schrift »Contra Apionem«, AGJU 40, Leiden 1997.
Gerhards, M., Homer und die Bibel. Studien zur Interpretation der Ilias und ausgewählter alttestamentlicher Texte (WMANT 144), Neukirchen-Vluyn 2015.
Gillmayr-Bucher, S., Erzählte Welten im Richterbuch. Narratologische Aspekte eines polyfonen Diskurses, Biblical Interpretation Series 116, Leiden/Boston 2013.
Gögler, R., Origenes. Das Evangelium nach Johannes, Zürich/Köln 1959.
Görg, M., Richter (NEB.AT), Würzburg 1993.
Görg, M., Amoriter, NBL I, Zürich 1991, 90–92.

Görg, M., Efraim, NBL I, Zürich 1991, 473–474.
Görg, M., Schamgar, NBL III, Zürich 2001, 462.
Grätz, S., Baal, www.WiBiLex, 2006.
Gross, W., Richter (HThKAT), Freiburg/Basel/Wien 2009.
Grumbach, R. (Hg.), Kanzler von Müller. Unterhaltungen mit Goethe, München ²1982.
Gunkel, H., Das Märchen im Alten Testament, Frankfurt a. M. 1987.
Gunkel, H., Genesis, Berlin ³1963.

Hardmeier, Chr., Textwelten der Bibel entdecken. Grundlagen und Verfahren einer textpragmatischen Literaturwissenschaft der Bibel, Bd. I/1, Gütersloh 2003.
Hendel, R. S., Sibilants and *šibbōlet* (Judges 12:6), BASOR 302, 69-75.
Hentschel, G., 1Samuel, NEB, Würzburg 1994.
Hentschel, G., 2 Könige, NEB, Würzburg 1985.
Hentschel, G., Saul. Schuld, Reue und Tragik eines »Gesalbten« (BG 7), Leipzig 2003.
Hentschel, G., Jiftach. Eine umstrittene biblische Gestalt, in: P. Chalupa / L. Zajícová (Eds.), »Láska z čistého srdce, z dobrého svědomí a z upřímné víry« (1 Tim 1,5), FS L. Tichému, Olomouc 2008, 22–38.
Hertzberg, H. W., Die Bücher Josua, Richter, Ruth, ATD 9, Berlin 1957.
Hörisch, J., Die Wut des Verstehens: Zur Kritik der Hermeneutik, Frankfurt a. M. 1988.
Hoof, D., Opfer – Engel – Menschenkind. Studien zum Kindheitsverständnis in Altertum und früher Neuzeit, Bochum 1999.
Houtman, C. / Spronk, K., Jefta und seine Tochter. Rezeptionsgeschichtliche Studien zu Richter 11,29–40, ATM 21, Zürich/Berlin 2007.
Hübner, U., Hermeneutische Möglichkeiten. Zur frühen Rezeptionsgeschichte der Jefta-Tradition, in: E. Blum / Chr. Macholz / E. W. Stegemann (Hg.), Die Hebräische Bibel und ihre zweifache Nachgeschichte, FS R. Rendtorff, Neukirchen-Vluyn 1990, 489–501.
Hübner, U., Ammon, RGG⁴ I, Tübingen 1998, 414–415.
Hübner, U., Jiftach, NBL II, Zürich/Düsseldorf 1995, 342–343.

Jacob, B., Das Buch Genesis, Stuttgart 2000.
Janowski, B., JHWH der Richter – ein rettender Gott. Psalm 7

und das Motiv des Gottesgerichts, in: Ders., Die rettende Gerechtigkeit. Beiträge zur Theologie des Alten Testaments 2, Neukirchen-Vluyn 1999, 92–124.

JANOWSKI, B., *De profundis*. Tod und Leben in der Bildsprache der Psalmen, in: Ders., Der Gott des Lebens. Beiträge zur Theologie des Alten Testaments 3, Neukirchen-Vluyn 2003, 244–266.

JANOWSKI, B., Ein Gott, der straft und tötet. Zwölf Fragen zum Gottesbild des Alten Testaments, Neukirchen-Vluyn 2013.

JANOWSKI, B., Anthropologie des Alten Testaments, Tübingen 2019.

JERICKE, D., Hebräer/Hapiru, www.WiBiLex.de, 2012.

JOSEPH, M., Trauer, Trauergebräuche, Jüdisches Lexikon IV/2, Frankfurt a. M. ²1987, 1035–1039.

JOST, R., Gender, Sexualität und Macht in der Anthropologie des Richterbuches, BWANT 164, Stuttgart u. a. 2006.

JOST, R., Hure/Hurerei, www.WiBiLex.de, 2007.

KEEL, O., Kanaanäische Sühneriten auf ägyptischen Tempelreliefs, VT 25, 1975, 413–469.

KEEL, O., Die Geschichte Jerusalems und die Entstehung des Monotheismus Teil I, Göttingen 2007.

KESSLER, R., Sozialgeschichte des Alten Israel. Eine Einführung, Darmstadt 2006, 63 ff.

KIERKEGAARD, S., Furcht und Zittern, in: H. Diem, Kierkegaard. Auswahl und Einleitung, Frankfurt a. M./Hamburg 1956, 65–77.

KIERKEGAARD, S., Schriftproben, hrsg. von T. Hagemann, Frankfurt a. M. 2005.

KITTEL, G., »Wenn du Sünden bewahrst, Herr, wer wird bestehen?« (Ps 130,3). Die Realität der Sünde und die Frage der Erlösung im Alten Testament, in: W. H. Ritter (Hg.), Erlösung ohne Opfer?, BThS 22, Göttingen 2003, 56–82.

KLINGER, B., Im und durch das Leiden lernen. Das Buch Ijob als Drama, BBB 155, Berlin 2007.

KNAUF, E. A., Richter (ZBK.AT), Zürich 2016.

KÖCKERT, M., Fear of Issac, DDD, Leiden/Boston/Köln 1999, 329–331.

KÖCKERT, M., Die Zehn Gebote, München 2007.

KÖCKERT, M., Abraham. Ahnvater – Vorbild – Kultstifter, BG 31, Leipzig 2017.

KÖRTING, C., Fest (AT), www.WiBiLex.de, 2007.

KRAHE, S., Ermordete Kinder und andere Geschichten von Gottes Unmoral, Würzburg 1999.

Kreuzer, S., Zahl, NBL III, Düsseldorf/Zürich 2001, 1155–1169.
Kunz-Lübcke, A., Interkulturell lesen! Die Geschichte von Jiftach und seiner Tochter in Jdc 11,30–40 in textsemantischer Perspektive, in: L. Morenz / St. Schorch (Hg.), Was ist ein Text? Alttestamentliche, ägyptologische und altorientalische Perspektiven (BZAW 362), Berlin/New York 2007, 258–283.
Kunz-Lübcke, A., Wahrnehmung von Adoleszenz in der Hebräischen Bibel und in den Nachbarkulturen Israels, in: Kunz-Lübcke, A. / Lux, R. (Hg.), »Schaffe mir Kinder…«. Beiträge zur Kindheit im alten Israel und in seinen Nachbarkulturen, ABG 21, Leipzig 2006, 165–195.
Kunz-Lübcke, A., Das Kind in den antiken Kulturen des Mittelmeers. Israel – Ägypten – Griechenland, Neukirchen-Vluyn 2007.
Kutsch, E., »Trauerbräuche« und »Selbstminderungsriten« im Alten Testament, in: Ders., Kleine Schriften zum Alten Testament, BZAW 168, Berlin/New York 1986, 78–95.

Lang, B., Jahwe, der biblische Gott. Ein Porträt, München 2002.
Lang, B., Mose und der zornmütige Gott, www.perlentaucher.de, 06.02.13.
Liess, K., Leben, www.WiBiLex.de, 2008.
Lipschits, O., The Fall and Rise of Jerusalem. Juda under Babylonian Rule, Winona Lake 2005.
Lorenz, G., Gelübde I. Religionswissenschaftlich, RGG⁴ 3, Tübingen 2000, 605.
Luther, M., Werke. Deutsche Bibel, WA.DB 9/1, Weimar 1939.
Lux, R., Hiob. Im Räderwerk des Bösen, BG 25, Leipzig ³2018.
Lux, R., Die Weisen Israels. Meister der Sprache – Lehrer des Volkes – Quelle des Lebens, Leipzig 1992.
Lux, R., Ein Gott der tötet? Gott und die Gewalt im Alten Testament, in: W. Ratzmann (Hg.), Religio – Christentum – Gewalt. Einblicke und Perspektiven, Leipzig 2004, 11–37.
Lux, R., Richter und Retter. Gottesbilder als Platzhalter des Unsichtbaren, in: Ders., Unser Gott kommt und schweiget nicht, Leipzig 2018, 11–35.

Malina, B. J., Rituale der Lebensexklusivität. Zu einer Definition des Opfers, in: B. Janowski / M. Welker (Hg.), Opfer. Theologische und kulturelle Kontexte, Frankfurt a. M. 2000, 23–57.
Mann, Th., Das Gesetz, in: Erzählungen, Ges. Werke IX, Berlin 1955, 864–933.
Marcus, D., Jephthah and his Vow, Lubbock 1986.

Marx, A., Opferlogik im alten Israel, in: B. Janowski / M. Welker (Hg.), Opfer. Theologische und kulturelle Kontexte, Frankfurt a. M. 2000, 129–149.

Mauss, M., Die Gabe. Form und Funktion des Austausches in archaischen Gesellschaften, Frankfurt a. M. 1990.

Michel, A., Gott und Gewalt gegen Kinder im Alten Testament, FAT 37, Tübingen 2003.

Michel, A., Gewalt gegen Kinder im alten Israel. Eine sozialgeschichtliche Perspektive, in: A. Kunz-Lübcke / R. Lux (Hg.), »Schaffe mir Kinder…«. Beiträge zur Kindheit im alten Israel und in seinen Nachbarkulturen, ABG 21, Leipzig 2006, 137–163.

Miskotte, K. H., Wenn die Götter schweigen. Vom Sinn des Alten Testaments, München 1966.

Neef, H.-D., Ephraim. Studien zur Geschichte des Stammes Ephraim von der Landnahme bis zur frühen Königszeit, BZAW 238, Berlin / New York 1995.

Neu, R., Von der Anarchie zum Staat. Entwicklungsgeschichte Israels vom Nomadentum zur Monarchie im Spiegel der Ethnosoziologie, Neukirchen-Vluyn 1992.

Niederhuber, J. E., Des heiligen Kirchenlehrers Ambrosius von Mailand Pflichtenlehre und ausgewählte kleinere Schriften, BKV I 32, Kempten / München 1917.

Niehr, H., Rechtsprechung in Israel. Untersuchungen zur Geschichte der Gerichtsorganisation im Alten Testament, SBS 130, Stuttgart 1987.

Niemann, H. M., Herrschaft, Königtum und Staat. Skizzen zur soziokulturellen Entwicklung im monarchischen Israel, FAT 6, Tübingen 1993.

Nünlist, R., Idomeneus, DNP 5, Stuttgart / Weimar 1998, 894–895.

Oberhänsli-Widmer, G., Hiob in jüdischer Antike und Moderne. Die *Wirkungsgeschichte* Hiobs in der jüdischen Literatur, Neukirchen-Vluyn 2003.

Otto, E., Krieg und Frieden in der hebräischen Bibel und im Alten Orient. Aspekte für eine Friedensordnung in der Moderne, Stuttgart u. a. 1999.

Otto, E., Das Gesetz des Mose, Darmstadt 2007.

Otto, E., Deuteronomium 12,1–23,15, HThKAT, Freiburg / Basel / Wien 2016.

Perl, C. J. (Hg.), Aurelius Augustinus' Werke. Der Gottesstaat. De civitate Dei, Bd. I, Paderborn u. a. 1979.

von Rad, G., Weisheit in Israel, Neukirchen-Vluyn 1970.

Rasche, M., Das Phänomen des Tragischen und die tragische Dimension des Christentums, ThPh 89, 2014, 514–533.

Ratschow, L., Eine törichte Frau und drei schöne Töchter. Eine wirkungskritische Studie zu den Frauenfiguren im Hiobbuch im frühen Judentum, ABG 61, Leipzig 2019.

Richter, W., »Die Überlieferungen um Jephtah: Ri 10,17–12,6«, Biblica 47, 1966, 485–556.

Richter, W., Das Gelübde als theologische Rahmung der Jakobsüberlieferung, BZ NF 11, 1967, 21–52.

Robinson, H. W., Corporate Personality in Ancient Israel, Edinburgh 1981.

Römer, Th., Why Would the Deuteronomists Tell about the Sacrifice of Jephtah's Daughter, JSOT 77, 1998, 27–38.

Rosenzweig, F., Der Stern der Erlösung, Gesammelte Schriften II, Haag 1976.

Rottzoll, A. / D. U., Die Erzählung von Jiftach und seiner Tochter (Jdc 11,30–40) in der mittelalterlich-jüdischen und historisch-kritischen Bibelexegese, ZAW 115, 2003, 210–230.

Sauer, G., Jesus Sirach / Ben Sira, ATD Apokryphen 1, Göttingen 2000.

Schadewaldt, W., Die griechische Tragödie. Tübinger Vorlesungen Bd. 4, Frankfurt a. M. 1991.

Schäfer-Lichtenberger, Chr., Stadt und Eidgenossenschaft im Alten Testament. Eine Auseinandersetzung mit Max Webers Studie »Das antike Judentum«, BZAW 156, Berlin / New York 1983.

Scherer, A., Überlieferungen von Religion und Krieg. Exegetische und religionsgeschichtliche Untersuchungen zu Richter 3–8 und verwandten Texten, WMANT 105, Neukirchen-Vluyn 2005.

Scherer, A., Richter, kleine, www.WiBiLex, 2005.

Schmid, K., Literaturgeschichte des Alten Testaments, Darmstadt 2008.

Schmitt, R., Astarte, www.WiBiLex, 2007.

Schreiner, J., Jeremia (NEB.AT), Leipzig 1987.

Schroer, S., Die Weisheit hat ihr Haus gebaut. Studien zur Gestalt der Sophia in den biblischen Schriften, Mainz 1996.

Seifert, E., Tochter und Vater im Alten Testament. Eine ideologiekritische Untersuchung zur Verfügungsgewalt von Vätern über ihre Töchter, Neukirchen-Vluyn 1997.

Sigrist, Chr., Segmentäre Gesellschaft, in: Chr. Sigrist / R. Neu

(Hg.), Ethnologische Texte zum Alten Testament Bd. 1. Vor- und Frühgeschichte Israels, Neukirchen-Vluyn 1989, 106–122.
SMELIK, K. A. D., Historische Dokumente aus dem alten Israel, Göttingen 1987.
SOGGIN, J. A., Judges. A Commentary, OTL, Philadelphia 1981.
SPIECKERMANN, H., »Barmherzig und gnädig ist der Herr ...«, in: Ders., Gottes Liebe zu Israel. Studien zur Theologie des Alten Testaments, FAT 33, Tübingen 2001, 3–19.
STEINS, G., Die »Bindung Isaaks« im Kanon (Gen 22). Grundlagen und Programm einer kanonisch-intertextuellen Lektüre, HBS 20, Freiburg i. Br. 1999.
STEMBERGER, G., Midrasch. Vom Umgang der Rabbinen mit der Bibel, München 1989.
STOLZ, F., Grundzüge der Religionswissenschaft, Göttingen 1988.
STROHM, H., Nachwort zu Euripides, Iphigenie in Aulis. Tragödie, nach der Übers. von J. J. Donner, Stuttgart 1978, 74–80.
SZONDI, P., Versuch über das Tragische, Frankfurt a. M. 1961.

THON, J., Pinhas Ben Eleasar – der levitische Priester am Ende der Tora. Traditions- und literaturgeschichtliche Untersuchung unter Einbeziehung historisch-geographischer Fragen, ABG 20, Leipzig 2006.
TILLICH, P., Berliner Vorlesungen III (1951–1958), Werke Bd. XVI, Berlin / New York 2009.
TITA, H., Gelübde als Bekenntnis. Eine Studie zu den Gelübden im Alten Testament, OBO 181, Freiburg / Göttingen 2001
TRIBLE, PH., A Daughter's Death: Feminism, Literary Criticism, and the Bible, in: M. P. O'Connor / D. N. Freedman (Ed.), in: Backgrounds for the Bible, Winona Lake 1987, 1–14.
TROPPER, J., Die šibbolæt-Falle (Ri 12,6), ZAH 10, 1997, 198–200.

DE VAUX, R., Das Alte Testament und seine Lebensordnungen II, Freiburg / Basel / Wien 1962.

WAGNER, V., Älteste (AT), www.WiBiLex, 2008.
WEIMAR, P., Brandopfer, NBL II, Zürich 1991, 321–323.
WILLI-PLEIN, I., Opfer und Ritus im kultischen Lebenszusammenhang, in: B. Janowski / M. Welker (Hg.), Opfer. Theologische und kulturelle Kontexte, Frankfurt a. M. 2000, 150–177.
WÜNSCHE, A., Midrasch Bereschit Rabba, Leipzig 1880.
WÜNSCHE, A., Midrasch Wajikra Rabba, Leipzig 1884.
WÜRTHWEIN, E., Die Bücher der Könige. 1Kön 17 – 2Kön 25, ATD 11,2, Göttingen 1984.

ZENGER, E. (Hg.), Stuttgarter Altes Testament. Einheitsübersetzung mit Kommentar und Lexikon, Stuttgart 2004.

ZENGER, E., Ein Gott der Rache? Feindpsalmen verstehen, Freiburg/Basel/Wien 1994.

ZIMMERMANN, B., Euripides, DNP 4, Stuttgart/Weimar 1998, 280–289.

ZIMMERMANN, B., Die griechische Tragödie. Eine Einführung, München/Zürich 1986.

Abbildungsverzeichnis

Abb. 1: Opferung der Iphigenie. Quelle: I. Trencsenyi-Waldapfel, Die Töchter der Erinnerung. Götter- und Heldensagen der Griechen und Römer mit einem Ausblick auf die vergleichende Mythologie, Berlin 1968, Abb. 36.

Abb. 2: Jiftachs harfespielende Tochter. Quelle: Große Frauen der Bibel in Bild und Text, Freiburg/Basel Wien 1993, S. 128.

Abb. 3: Baal-Stele aus Ugarit. Quelle: O. Keel, Die Welt der altorientalischen Bildsymbolik und das Alte Testament, Neukirchen-Vluyn ⁵1996, S. 193.

Abb. 4: Astarte, Ägypten 14. Jh. v. Chr. Quelle: O. Keel, Die Welt der altorientalischen Bildsymbolik und das Alte Testament, Neukirchen-Vluyn ⁵1996, S. 216.

Abb. 5: Ostjordanland nach Ri 11. Quelle: W. Gross, Richter, HThKAT, Freiburg/Basel/Wien 2009, 595.

Abb. 6: Relief Tiglatpileser III. aus Nimrud. Quelle: H. Gressmann, Altorientalische Bilder zum Alten Testament, AOT, Berlin/Leipzig ²1927, Tafel CXXXVI.

Abb. 7: Meša-Stele aus Diban. Quelle: A. Jepsen (Hg.), Von Sinuhe bis Nebukadnezar. Dokumente aus der Umwelt des Alten Testaments, Berlin 1975, Abb. 68.

Abb. 8: Ostrakon mit Ramses III. Quelle: O. Keel, Die Welt der altorientalischen Bildsymbolik und das Alte Testament, Göttingen ⁵1996, S. 273.

Abb. 9: Erstürmung Askalons. Quelle: M. Bauks, Jephtas Tochter, FAT 71, Tübingen 2010, S. 35.

Abb. 10: Gustave Doré, Jiftachs Tochter. Quelle: Große Frauen der Bibel in Bild und Text, Freiburg/Basel/Wien 1993, S. 124.

Abb. 11: Jakob Holgers, Begegnung Jiftachs mit seiner Tochter. Quelle: Große Frauen der Bibel in Bild und Text, Freiburg/Basel/Wien 1993, S. 126.

Abb. 12: Jean-Paul Laurens, Jiftachs Tochter. Quelle: Große Frauen der Bibel in Bild und Text, Freiburg/Basel/Wien 1993, S. 129.

Abb. 13: Charles Lebrun, Opferung der Tochter Jiftachs. Quelle: Große Frauen der Bibel in Bild und Text, Freiburg/Basel/Wien 1993, S. 133.

Abb. 14: Flip van der Burgt, Jiftach und seine Tochter. Quelle: Houtman, C./Spronk, K., Jefta und seine Tochter. Rezeptionsgeschichtliche Studien zu Richter 11,29–40, ATM 21, Zürich/Berlin 2007, S. 172.